Beck'sche Reihe

BsR 1163

BsR

Die über 100 Texte dieses Bandes laden den Leser ein zu Spaziergängen in Gärten: alte und neue, reale und erdachte. Wir erleben den Garten als Ort der Zuflucht und der Geselligkeit, der Arbeit und der Erholung – und vieler Arten von Freuden. Aber zur menschlichen Erfahrung gehört auch, daß das Gartenglück bedroht ist, das Refugium zerstört wird. – Was immer der Garten dem Menschen bedeutet hat – vom Garten Eden bis zum Nutz- oder Ziergarten von heute, vom Palastgarten der römischen Antike bis zum Erholungspark des 20. Jahrhunderts –, hat seinen Niederschlag gefunden bei Dichtern und Essayisten, Theologen und Philosophen, Kunsthistorikern und Geschichtsschreibern. Sie entführen den Leser dieser Anthologie an den „wunderbarsten Ort von der Welt“ (Goethe), wo Geist und Gemüse, Düfte und Dornen, Poesie und Petersilie einträchtig nebeneinander gedeihen.

Gartenlob

Ein kulturgeschichtliches Lesebuch

Mit einem Nachwort
von Wolfgang Beck

VERLAG C. H. BECK

Redaktion: Dieter Beisel, Karin Beth, Raimund Bezold,
Detlef Felken, Ingrid Kinzel-Amuser, Stefan von der Lahr,
Stephan Meyer, Matthias Politycki, Peter Schünemann,
Michael Wachinger, Ernst-Peter Wieckenberg,
Christine Zeile

Die Deutsche Bibliothek – CIP-Einheitsaufnahme

Gartenlob : ein kulturgeschichtliches Lesebuch / mit einem Nachw. von Wolfgang Beck. [Red.: Dieter Beisel ...]. – Orig.-Ausg. – München : Beck, 1997
(Beck'sche Reihe ; 1163)
ISBN 3 406 39263 6
NE: Beisel, Dieter [Red.]; GT

Originalausgabe
ISBN 3 406 39263 6

Umschlagentwurf: Uwe Göbel, München
Umschlagabbildung: Claude Monet, Coin de jardin à Montgeron
(auch: Les Dahlias), St. Petersburg, Eremitage

Gesamtherstellung: C. H. Beck'sche Buchdruckerei, Nördlingen
Gedruckt auf säurefreiem, alterungsbeständigem Papier
(hergestellt aus chlorfrei gebleichtem Zellstoff)
Printed in Germany

Für Günther Schiwy

Inhalt

Fürstengärten – Volksgärten

Zuflucht und Bedrohung

Gartenfreuden

Gartenjahr und Lebenszeit

Vorwort

Am Anfang des Alten Testaments steht die Geschichte von einem Garten, *dem* Garten, der das vollendete Glück verbürgt. Er ist zum Sinnbild für die Aussöhnung des Menschen mit Gott und der Natur geworden. Dieses Sinnbild hat seine Kraft über die Jahrhunderte hinweg nie ganz verloren. Im Jahre 1560 läßt Nikolaus Hermann den Text seines Liedes „Lobt Gott, ihr Christen alle gleich" mit der Strophe enden: „Heut schließt er wieder auf die Tür, zum schönen Paradeis; der Cherub steht nicht mehr dafür. Gott sei Lob Ehr und Preis!" Wenn Georg Christoph Lichtenberg in dem hier abgedruckten Brief vom Juni 1775 sich mit Adam vergleicht, dann bringt er trotz aller ironischen Brechung den Wunsch nach einem Glück zum Ausdruck, wie es einmal im Garten Eden gegenwärtig war. Noch die Tagebuchnotiz Jochen Kleppers vom Anfang des Zweiten Weltkrieges – die in den dritten Abschnitt des Lesebuchs aufgenommen wurde – spielt auf das biblische Paradies an.

„Garten", so belehren uns die Lexika und so auch das 1909 im Verlag C. H. Beck erschienene Werk „Etymologie der neuhochdeutschen Sprache" von Herman Hirt, bedeutet ursprünglich „Gehege, eingefriedetes Grundstück". Der Garten war also ein Ort der Zuflucht, der Geborgenheit. Der erste Abschnitt dieses Lesebuchs soll eine Vorstellung vom Umgang des Menschen mit diesem Ort der Zuflucht vermitteln. Der Leser durchwandert gleichsam die Gärten, die im Laufe der Jahrhunderte angelegt worden sind: von den Gärten des Alten Orients und der griechisch-römischen Antike über die des Mittelalters bis zu denen der Frühen Neuzeit, wie sie uns noch heute in den höfischen Anlagen nach französischem Vorbild und dann in den Parks nach englischem Muster präsent sind. Er bekommt dabei zugleich eine Vorstellung von der Vielfalt der Beziehungen der Menschen zum Garten, so etwa in den Texten über die

Blumen der Griechen, über die Klostergärten des Mittelalters oder die Ruinenromantik am Ende des 18. Jahrhunderts.

Der zweite Abschnitt „Fürstengärten – Volksgärten" lädt den Leser noch einmal zu einem Gang durch die Geschichte ein. Aber es geht dabei um ein besonderes Thema: um die Geschichte des Hofgartens und um seine Öffnung zum Volkspark im Laufe des 18. Jahrhunderts. Richard Alewyn zeigt eindrucksvoll am Beispiel der Anlagen des Absolutismus, nach welchen Gesetzen der Hofgarten angelegt ist. Seine Ordnung erschließt sich im Grunde nur dem Blick des Fürsten, der von einem Aussichtspunkt seines Palastes aus die gesamte Anlage zu überblicken vermag. Erlebt der nicht dem engsten Kreis des Herrschers angehörende Untertan den Garten eher als labyrinthisch-unübersichtlich, dann entspricht das durchaus dem Programm, nach dem die Bäume und Beete, die Gewässer und Wege angelegt sind. Wenn im 18. Jahrhundert die Zentralperspektive aufgegeben, der Park umgestaltet und für die Bürger geöffnet wird, dann ist das nicht nur eine Revolution in der Geschichte des Gartenbaus, es ist ein politisches Ereignis. Der im öffentlichen Garten wandelnde Besucher darf sich jetzt als ein Individuum erfahren, das auf *seine* Weise die Natur erlebt. Mit dieser Befreiung setzt freilich auch der sentimentale Umgang mit dem Garten ein.

Mit Absicht haben wir dem vierten Kapitel, das den Gartenfreuden gilt, ein anderes vorangestellt, in dem dunklere Töne angeschlagen werden. Davon, daß das Gartenglück immer bedroht war, legen hier die Texte Simon Dachs und Goethes Zeugnis ab. Aber erst die Dichter der Moderne erkennen, daß die Grenzziehung zwischen der bedrohlichen Außenwelt und der idyllischen Innenwelt des Gartens eine Lüge sein kann. Das Unheimliche, der Wahnsinn dringen nicht von jenseits der Gartenzäune in das Refugium ein, sie sind in seinem Inneren. Es gehört zu den entsetzlichen Erfahrungen unseres Jahrhunderts, daß die Wirklichkeit solche düsteren poetischen Entwürfe noch übertroffen hat. Auch das wird in diesem Abschnitt sichtbar.

„Gartenfreuden" heißt das dann folgende Kapitel. Es vergegenwärtigt den Garten als Stätte entspannender Arbeit, als Spender von Nahrung und Gesundheit, aber auch als Ort der Geselligkeit, des erotischen und des geistigen Vergnügens.

Der letzte Abschnitt führt den Leser durch das Gartenjahr. Aber er erinnert zugleich daran, daß der Garten in seinen unterschiedlichen Zuständen immer auch symbolisch verstanden wurde: als Ort der Vergänglichkeit, der Trauer, aber auch der Erinnerung, der Hoffnung und des Glücks.

Alle Beiträge, mit Ausnahme eines Textes, wurden aus Büchern des Verlags C. H. Beck entnommen. Horst Fuhrmann hat für diesen Band einen Originalbeitrag geschrieben: Klostergärten im Mittelalter. Ihm sei dafür ganz herzlich gedankt. Das Lesebuch ist ein Abschiedsgeschenk aller Mitarbeiter der geisteswissenschaftlich-schöngeistigen Abteilung des Verlags an ihren Kollegen Günther Schiwy. Die Redaktion lag bei den Lektorinnen und Lektoren der Abteilung und dem Volontär Michael Wachinger. Günther Schiwy – Kenner der Gartengeschichte und -symbolik und praktizierender Gartenliebhaber zugleich – hat 20 Jahre lang das Programm des Hauses entscheidend mitgeprägt. Nicht wenige der Autoren, aus deren Werken hier ein Text entnommen wurde, hat er für den Verlag gewinnen können.

Anmerkungen und Quellenhinweise der Originaltexte wurden für diesen Band in den meisten Fällen gestrichen. Textkürzungen und erklärende Einfügungen der Redaktion wurden durch eckige Klammern kenntlich gemacht.

München, im Sommer 1996

Vom Garten Eden
zum angelegten Park

André Parrot

Der Garten Eden

Im 1. Buch Mose heißt es: „Dann legte Gott, der Herr, in Eden, im Osten, einen Garten an und setzte dorthin den Menschen, den er geformt hatte. Gott, der Herr, ließ aus dem Ackerboden allerlei Bäume wachsen, verlockend anzusehen und mit köstlichen Früchten [. . .]

Ein Strom entspringt in Eden, der den Garten bewässert; dort teilt er sich und wird zu vier Hauptflüssen. Der eine heißt Pischon [. . .] Der zweite Strom heißt Gihon [. . .] Der dritte Strom heißt Tigris; er ist es, der östlich an Assur vorbeifließt. Der vierte Strom ist der Eufrat." (1. Mose II, 8–14).

Es dürfte in der gesamten orientalischen Literatur kaum eine Stelle geben, die das Erwachen der Menschheit auf dem Boden Mesopotamiens zutreffender charakterisierte; jener Boden ist, nach biblischer Überlieferung, ein Garten, eine schattige und kühle Oase, von vier Flüssen bewässert, wovon zwei eben der Tigris und der Euphrat sind. In der Ikonographie ist die Erinnerung an diese vier Wasserarme erhalten geblieben, wie wir noch sehen werden. Die Abbildung des ersten Menschenpaars und der Schlange unter dem Baum der Versuchung wird man hingegen vergebens suchen. Das Rollsiegel im Britischen Museum, auf dem man diese Darstellung erkennen zu können meinte und das man in der ersten Begeisterung „Rollsiegel der Versuchung" nannte, entspricht sicher nicht dieser Szene im 1. Buch Mose. Der Augenschein sollte nicht zu einer voreiligen Auslegung verleiten, durch die dem Stück mehr Bedeutung beigemessen wird, als es tatsächlich besitzt; trotz allem ist es unseres Erachtens sehr wichtig. Ohne die Darstellung in irgendeiner Weise zu überfordern, muß man jedoch zugeben, daß sie die Atmosphäre des biblischen Paradieses gut wiedergibt (1. Mose III): Gott der Herr wandelt im Garten, in dem das erste Menschenpaar weilt; er kann mit Adam Zwiesprache halten; mitten im Garten steht ein Baum, den zu berühren verboten ist. Eine Schlange spielt die Rolle des Verführers. Das Rollsiegel zeigt nebeneinander einen Gott, einen Baum, eine Frau, eine Schlange [. . .] Zufall, versichert man jetzt gern. Ohne dieser Streitfrage hier weiter nachzugehen, stellen wir einfach fest, daß diese Darstellung aus dem III. Jahrtausend vortrefflich in die mesopotamische Welt paßt, wo die ersten Menschen zusammen mit Göttern unter schattenspendenden Bäumen lebten, ihr Reich mit den Vögeln und wilden Tieren teilten, von denen nicht eines gefährlich schien. Dieses mit einer freigebigen Natur gesegnete Land mußte jedoch erobert werden, ehe es kultiviert werden konnte. Wir kennen heute die einzelnen Abschnitte dieser Besitzergreifung.

Mesopotamien bedeutet auf Griechisch „Land zwischen den Flüssen", aber das Gebiet der mesopotamischen Kultur läßt sich durch Euphrat und Tigris nicht begrenzen. Es erstreckt sich mehr oder weniger über beide Flüsse hinaus, in südöstlicher Richtung vor allem, wo es bis tief in den heutigen Iran hineinreicht. Von den armenischen Bergen im Norden bis hinab zum Persischen Golf umfaßt es eine ungeheuer weite Fläche von fast zweitausend Kilometern Länge. Sie stößt im Westen an die syrisch-arabische Wüste, während sie im Osten von den iranischen Hochebenen begrenzt wird. Ein äußerst fruchtbares Alluvialland, da dem ergiebigen Boden weder Sonne noch Wasser fehlt. Kein Wunder, daß die Menschen es als ideales Siedlungsland ansahen und sich hier frühzeitig niederließen, zuerst im Norden und dann, je weiter die Sümpfe zurückwichen, immer mehr nach Süden zu.

Egon Friedell
Die Blumen der Griechen

Die Kräuter, Stauden und Gräser beginnen im Herbst, wenn die ersten Regen fallen, zu sprießen, überdauern den Winter, strotzen im Frühling im üppigsten Flor, verdorren und zerfallen in der Trockenperiode. Die Holzpflanzen sind immergrüne Hartlaubgewächse, deren Blätter gegen die Verdunstung durch eine feste, lederartige, metallisch glänzende Oberhaut geschützt sind; auch durch Ausscheidung ätherischer Öle, die zum Beispiel den Lorbeer so aromatisch macht. Bei den Koniferen tut die geringe Oberflächenentwicklung der Nadeln diesen Dienst. Die Blumen sind weitständig, da sie mit dem spärlichen Wasser haushalten müssen. In höheren Regionen, wo mehr Feuchtigkeit herrscht, oder an Quellen, Sümpfen, perennierenden Flüssen findet sich auch eine Vegetation, die sich mehr dem mitteleuropäischen Typus nähert. Die genügsame Welt der Büsche, Sträucher und Zwergbäume muß dem Südländer die Wiesen und Matten des Nordens ersetzen.

Die Lieblingsblumen der Griechen waren Rose und Lilie, Veilchen, Krokus und Hyazinthe; zu Kränzen verwendeten sie am liebsten Myrte und Lorbeer, Ölbaum, Fichte und Eppich, eine Sellerieart mit stark duftenden Blättern. Die Rose, *rhodon*, und die Lilie, *leirion*, kommen in Gleichnissen schon bei Homer vor: er nennt die Morgenröte rosenfingrig und die Haut des Aias lilienzart; und Aphrodite salbt den Leichnam des Hektor mit rosenduftendem Öl. Aber schon ein antiker Forscher hat die Frage aufgeworfen, woher es komme, daß Homer das Rosenöl kenne, die Rose aber nicht. Aber alltägliche Vergleiche sind oft von den exotischsten Dingen hergeholt: wir sprechen ja auch von Krokodilstränen und Basiliskenblick, ohne daß diese unfreundlichen Geschöpfe zu unserer Landesfauna gehören. Aber um 600, zur Zeit Sapphos, war die Rose, die die

Dichterin sehr liebte und (vielleicht als erste) im Bild der Mädchenblüte erblickte, schon allgemeiner Festschmuck: die Tänzerin und die Flötenspielerin, schöne Knaben und verliebte Paare, der Trinker und sein Becher sind mit Rosen bekränzt. Die Lilie war zumeist die weiße. Unter der Viole, *ion*, versteht Homer immer nur das schwarze Veilchen; später lernte man auch die hellen Sorten kennen: den Goldlack (auch bei uns früher im Volksmund „Gelbveigelein“ genannt) und die Levkoje, deren Namen nichts anderes bedeutet als *leukon ion*, das weiße Veilchen. Athen heißt bei Pindar und Aristophanes veilchenbekränzt: möglicherweise gab es also damals schon ausgedehnte Kulturen; und auf dem Markt bekam man dort den ganzen Winter hindurch frische Violen, was vielleicht sogar auf Treibhauszucht hinweist. Der Krokus war wegen seines Dufts beliebt, der uns heute nicht mehr so viel sagt, und seine Narbe lieferte den Safran, der als Küchenwürze, Medikament und Schönheitsmittel Verwendung fand; vor allem aber verlieh er Schuhen, Schleiern und Gewändern (und wahrscheinlich auch dem Frauenhaar) den Glanz einer hochgelben Farbe, die von den alten fast ebenso geschätzt wurde wie der Purpur; wir benützen ihn nur noch zum Färben von Konditorwaren. Trotz ihrer Blumenliebe scheinen aber die Griechen vor der Alexandrinerzeit eigentliche Ziergärten oder gar Parks nicht gekannt zu haben. Homer weiß nur von Nutzpflanzungen, selbst von Feldblumen spricht er nur selten.

Antje Krug

Aromata und Heilpflanzen

Das Problem der antiken Pharmakologie bestand darin, daß die Chemie als Wissenschaft noch nicht existierte. Es war den Ärzten nicht möglich, die Bestandteile einer Pflanze oder eines Minerals voneinander zu trennen und in ihrer Wirkung zu beurteilen. Ebensowenig vermochten sie den therapeutisch wirksamen Stoff zu isolieren und gezielt anzuwenden. Erfahrung gepaart mit Beobachtungsgabe kam daher die Aufgabe zu, die eigentliche Materia medica aufzubauen. Wenn in Therapieanweisungen und Rezepten bestimmte Stoffe besonders häufig genannt werden, dann waren sie gewissermaßen erprobte Standardmittel der Pharmakologie.

Wein und Öl goß der Barmherzige Samariter in die Wunden des Mannes, der unter die Räuber gefallen war (Lukas X, 30 ff.). Das Öl linderte und verhinderte ein Austrocknen der Wunden, hinzu kam eine leicht bakterizide Wirkung des Weins. Die je nach Alter des Weins unterschiedlich starke Wirkung hat G. Majno experimentell nachvollzogen und damit Galen gerechtfertigt, der auf einem angemessenen Alter dieser beiden Mittel insistierte. Leicht desinfizierend und dazu adstringierend wirken auch verschiedene Mineralien, die der Arzt für offene Wunden verschrieb, um das Blut zu stillen. Dazu gehören verschiedene Kupferverbindungen wie Kupferoxid, Kupfersulfat oder Kupferalaun, Zinkoxid als Pulver oder Salbe, aber auch Blei und Bleioxid. Die toxische Wirkung dieses Metalls, die durch die häufige Verwendung von Bleigefäßen oder Bleiwasserrohren auftrat, wurde jedoch verkannt. Die bakterizide und damit konservierende Wirkung von reinem Bienenhonig wurde vielfältig genutzt, in der Medizin wie in der Küche.

Antiseptische Wirkung war gewissermaßen nur ein Nebenprodukt bei Pflanzen, die aus ganz anderen Gründen hochgeschätzt waren. In allen antiken Kulturen wurden an ätherischen Ölen reiche Harze im Kult verwendet. Diese Harze stammen von verschiedenen Bäumen und Sträuchern; sie quellen aus Verletzungen der Rinde, die zufällig entstanden oder künstlich beigebracht sind, und werden nach Erstarren gesammelt. Zu diesen Gewächsen gehören als die bekanntesten Weihrauch, Myrrhe und Balsam. Im griechischen Raum gedeiht Mastix (Pistacia lentiscus), dessen beste Sorte von Chios stammte. Das elastische Harz dieser Pistazienart ließ sich gut kauen und war daher als Kaugummi zur Verbesserung des Atems geschätzt. Da Mastix wie auch die anderen Harze löslich und klebrig war, eignete er sich besonders zum Vermischen mit anderen Stoffen und zum Abdichten von Verbänden.

Myrrhe und Weihrauch sind legendenumwoben. Beide Gewächse – buschartige Bäume – gehören zu der Familie der Burseraceae und sind im südlichen Arabien sowie auf der gegenüberliegenden afrikanischen Seite, dem Punt der Ägypter und dem heutigen Somalia, heimisch. Die Handelswege in die Mittelmeerländer waren weit und wurden von den einheimischen Stämmen kontrolliert, so daß Myrrhe und Weihrauch und besonders Balsam zu den teuersten Pflanzenprodukten zählten. Plinius behandelt sie denn auch an mehreren Stellen seiner Naturgeschichte, und fast das ganze Buch XII ist den Aromata gewidmet. Den Herkunftsländern, die in der Antike von einem feuchteren Klima als heute begünstigt waren, trug ihr Reichtum an Harzen den Namen *Arabia Felix* – Glückliches Arabien ein. „Gold, Weihrauch und Myrrhe" waren angemessene Geschenke beim Regierungsantritt eines Königs oder Kaisers, die Drei Könige aus dem Morgenland brachten sie dem angekündigten König der Juden dar (Matth. II 11 f.).

Das Harz des dornigen Myrrhenbaums (Commiphora myrrha) ist in trockenem Zustand hart, in Flüssigkeit aber leicht löslich. Zu dem aromatisch-bitteren Geschmack und der adstringierenden Wirkung kommt eine deutlich erkennbare antiseptische hinzu, die G. Majno im Experiment illustriert hat. Der Anwendungsbereich der Myrrhe ist vielfältig, sie ist Bestandteil zahlreicher Rezepte. Dioskurides (I 77) und Celsus (V 1 ff.) schreiben ihr folgende Eigenschaften zu: „Erwärmend" im Sinne der Humoralpathologie, austrocknend, adstringierend, wundverklebend, auszehrend und ausbrennend. Myrrhe wurde daher zur Behandlung von Wunden, Entzündungen und Verdauungsstörungen eingesetzt. Unter den „Markenartikeln" gab es auch ein Präparat Myrrhon, von dem sich mehrere Töpfchen mit gestempelter Inschrift, ähnlich den Lykion-Töpfchen, erhalten haben. Es war demnach eine flüssige bis halbfeste Zubereitung. Auch die gallischen Augensalbenstempel nennen häufig Myrrhenpräparate (*Diasmyrnes*), die als Kollyrien in fester Form gehandelt und gegen Augenleiden und zur Narbenpflege verschrieben wurden.

Weihrauch ist das Harz des Weihrauchbaums (Commiphora Boswellia), das beim Verbrennen intensiv duftet, – das kultische Räucherwerk schlechthin. Er wurde im medizinischen Bereich nicht ganz so häufig verwandt wie Myrrhe. Die duftenden Qualitäten der Harze waren bei der Wundbehandlung nicht unwillkommen, da infizierte und und besonders brandige Wunden übel riechen. Weihrauchkörnchen gekaut verhalfen zu einem guten Atem und verdeckten eine Alkoholfahne. Balsam sind die Absonderungen verschiedener Hölzer, die zu den Balsamgewächsen zählen. Am höchsten geschätzt war der Mekka- oder Gileadbalsam (*Opobalsamum*) (Commiphora gileadensis), der ebenfalls auf der arabischen Halbinsel heimisch ist. Obwohl der Balsamstrauch kultiviert wurde, betrug sein Preis ein vielfaches vom Wert der Myrrhe oder des Weihrauchs. Selbst die kleingehackten Zweige, die bei der Parfümzubereitung mitgekocht wurden, waren noch ein gewinnbringendes Geschäft. Die Könige von Judäa unterhielten zwei Balsamgärten. Königin Kleopatra VII. ließ sich diese Kostbarkeit von Marcus Antonius als Morgengabe schenken, Pompeius führte Bäume daraus im Triumphzug durch Rom, und nach der Eroberung von Jerusalem wurden sie kaiserliche Domäne (Plinius, NH XII 54, 111 ff.). Galen schätzte sich glücklich, daß er dort unverfälschten Gileadbalsam beziehen konnte.

Ein bitter schmeckendes, aber duftendes Harz wurde aus dem Saft der Aloe gewonnen, einer Liliacea, die in verschiedenen Ländern des Vorderen Orients wächst. Die beste Sorte kam nach Dioskurides (III 22) aus Indien. Der Wirkstoff der agavenähnlichen Pflanze, das Aloin, ist tonisierend und kräftig abführend; wie die anderen Harze war auch dieses leicht desinfizierend und klebrig. Celsus (V 20,2) nennt als besonders berühmt ein Wundpräparat nach Polyeidos mit Namen „Das Siegel". Es bestand aus Alaun, Kupfervitriol, Myrrhe, Aloe, Granatapfelköpfchen und Ochsengalle, überwiegend adstringierende, blutstillende und desinfizierende Ingredienzen.

Zu den Therapiegrundlagen der hippokratischen Medizin gehörte die Befreiung des Körpers von „schlechten Säften" und Schadstoffen im Sinne der Säftelehre. Gewaltsame Körperentleerung durch Brech- und Abführmittel war daher eine Standardbehandlung. Wegen seiner spontanen und drastischen Wirkung wurde der Nieswurz hochgeschätzt, der Helleboros, für dessen Gebrauch sogar das Wort ἐλλεβορίζειν – „helleborisieren" – geprägt worden war. In der Antike unterschied man zwei Arten von Nieswurz, den Schwarzen, Ἑλλέβορος μέλας oder Melampodion, und den Weißen, Ἑλλέβορος λευκὸς, botanisch gesehen zwei verschiedene Pflanzen. Der Schwarze Nieswurz ist die bekannte Christrose (Helleborus niger), eine Ranunculacea. Hauptsächlich der Wurzelstock, aber auch alle übrigen Pflanzenteile enthalten das Helleborin, das schleimhautreizend Niesen und Erbrechen auslöst, und das Hellebrin, das ähnlich wie Digitalis das Herz tonisiert. Der Weiße Nieswurz ist eine Liliacea, hier als Weißer Germer (Veratrum album) bekannt. Die Wirkstoffe des Wurzelstocks, Alkaloide, wirken ebenfalls sehr stark auf Herz, Atmung, Gefäße und Nerven, in ähnlicher Form und Giftigkeit wie die der Christrose.

Als Medikament löste der Nieswurz beim Patienten heftige Reaktionen aus. Vor einem tödlichen Ausgang der „Behandlung" rettete zumeist der Brechreiz, der den Patienten von dem eingenommenen Pharmakon befreite. Da lediglich die starke Wirkung wahrgenommen wurde, die aber im Rahmen der Therapie als positiv bewertet wurde und als erwünscht, konnten die antiken Ärzte den Giftcharakter dieser Pflanzen nur teilweise verstehen. Der Arzt Ktesias von Knidos, ein Zeitgenosse des Hippokrates, erwähnt daher, daß zu Zeiten seines Vaters Nieswurz nur zurückhaltend verordnet wurde, um die Patienten nicht in Gefahr zu bringen. Man war sich über die rechte Dosierung, die zwischen Gift und Heilmittel trennt, noch nicht im klaren (bei Oribasios, Littré I 69). Durch die Erschütterung von Körper – und Seele – errang der Nieswurz auch Wertschätzung bei der Behandlung von Geisteskrankheiten; der Patient sollte aus seiner Erstarrung aufgerüttelt werden (Dioskurides IV 149; Celsus III 18, 17.20).

Archäologisch und literarisch gut bezeugt und dennoch schwer bestimmbar ist das Silphion. Die hochgeschätzte und mit Silber aufgewogene Pflanze war in römischer Zeit ausgerottet worden. Zu Plinius' Zeit konnte nur noch ein einziger Stengel aufgetrieben werden, der Kaiser Nero zum Geschenk gemacht wurde. Silphion gedieh nur auf einem eng begrenzten Gebiet, den trockenen Böden der Kyrenaika (Strabo XVIII C 837.838); Versuche, es anderswo anzupflanzen oder es auch nur zu kultivieren, waren fehlgeschlagen (Theophrast VI 3). Von dieser Pflanze wurden Blätter, Stengel und Wurzeln als Gemüse gegessen, ihr Milchsaft diente als Gewürz und Heilmittel, entweder getrocknet oder mit Mehl zu einem Brei verknetet, da er frisch nicht lange haltbar war.

Der früheste schriftliche Bericht findet sich bei Herodot (IV 169), Münzen und ein Vasenbild führen aber in weit frühere Zeit hinauf. Auf dem Innenbild der „Arkesilas-Schale", die etwa um 560 v. Chr. entstanden ist, wird das Packen, Wiegen und Einlagern von Silphion dargestellt. Überwacht wird das kostbare Gut von dem kyrenäischen König Arkesilas persönlich. Es könnte damit Arkesilas II. (565/60–555/50 v. Chr.) gemeint sein, zu dessen Lebzeiten das Bild entstanden ist, denkbar ist aber auch sein Vorgänger Arkesilas I. (599–583 v. Chr.), der länger und glücklicher regierte. Vor dem König liegt in weißen Knollen – sollte damit der mit Mehl verknetete Saft gemeint sein? – das Silphion, das in Säcke verpackt, gewogen und schließlich unter den Augen eines Wächters eingelagert wird. Wegen eines Zwischenfalls beim Wiegen hat sich einer der Männer vor dem König zu rechtfertigen. Seit etwa derselben Zeit trägt auch die Silberprägung der Stadt Kyrene, die dem Silphionhandel einen beträchtlichen Reichtum verdankte, Silphiondarstellungen, entweder die ganze Staude oder den zweiflügeligen, herzförmig stilisierten Samen.

Nach den Darstellungen und den eingehenden Beschreibungen bei Dioskurides (III 84) und Plinius (XIX 15,38 ff.) war das Silphion ein Doldenblütler (Umbellifera). Aus einem fleischigen Wurzelstock entsproß in einer Grundrosette ein kräftiger, gerippter und hohler Stengel; von diesem gingen paarweise Blätter aus. Die Doldenblüten entsprossen den Blattachseln und der Spitze des Stengels. Der harzige Milchsaft wurde durch Anritzen von Wurzel und Stengel gewonnen. Dieses Harz, *laserpicium*, wurde als purgierend, magenstärkend und überhaupt universell heilsam gerühmt und medizinisch genutzt (Plinius XXII 48,100 ff.). Da die Pflanze zugleich als hervorragendes Viehmastfutter gesucht war, dürfte ihr Verschwinden durch Raubbau der ohnehin nur begrenzt wachsenden Bestände eine Folge ökologischen Mißbrauchs gewesen sein, wie er auch in der Antike vorkam. Bisher ist es nicht gelungen, im Bereich der Syrte Restbestände dieser Pflanze aufzuspüren. Ihre eindeutige Bestimmung und eine Prüfung ihrer pharmakologischen Qualitäten steht daher noch aus.

Schon frühzeitig wurde, wie bei allen Rohstoffen, ein Substitut für das teure Produkt angeboten. Als „syrisches Silphion“ wurde eine Pflanze importiert, die durch den Alexanderzug bekannt geworden war, wahrscheinlich der Narthex asa foetida, ebenfalls eine Umbellifera, die im indischen Raum beheimatet war. Ihre heutigen Namen Asant, Stinkasant, Flöhkraut oder Teufelsdreck weisen auf stinkenden, knoblauchartigen Geruch hin. Um das als wohlriechend beschriebene Silphion zu ersetzen, konnte der Asant wohl nur stark verdünnt gebraucht werden. In der älteren Pharmakologie ist der Asant als krampfstillendes, beruhigendes und die Peristaltik anregendes Mittel bis in die Neuzeit angewandt worden.

Carl Schneider
Hellenistische Gartenkultur

Zwei völlig neue Ereignisse waren charakteristisch: die ersten Bergbesteigungen und das Anlegen künstlicher Landschaften. Philipp V. bestieg vermutlich die Witoscha bei Sofia; das mag in erster Linie militärische Gründe gehabt haben, aber es setzte voraus, daß er nicht der einzige war, der eine solche Bergbesteigung unternahm. Einem solchen Verlangen entsprachen die künstlichen Berge mit Gebirgsflora und sogar einem Aussichtsturm, die in den Volksparks einiger Großstädte angelegt wurden. Der landschaftlich gestaltete *Park* ist eine rein hellenistische Schöpfung und weder von den persischen Jagdgehegen noch von den Luxusgärten orientalischer Herrscher herzuleiten. Allein die Tatsache, daß er dem Großstädter zur Erholung und Ergötzung diente, unterschied ihn völlig von allen anderen Formen. Zwar haben Alexander und die Seleukiden in noch bestehenden persischen Wildparks gejagt, aber wir kennen kein einziges Beispiel dafür, daß irgendeine orientalische Gartenform neu angelegt wurde. Schon die Athener der klassischen Zeit wollten in wohlbewässerten und schattigen Gärten spazierengehen, jetzt hatte der Mensch der modernen Stadt auch den Wunsch, bei diesem Spaziergang in der

Nähe seiner Stadt Landschaft zu erleben. Nur so erklärt sich die Daphne oder gar das riesige Parkviertel des in einer trostlosen Landschaft liegenden Alexandreia. Auch da, wo uns die Quellen im Stich lassen, ist anzunehmen, daß die am hippodamischen Stadtplan und an den Forderungen der Ärzte geschulten Planer der neuen Städte Grünflächen bei der Anlage einkalkulierten, die der Größe der Planung entsprachen und die von der Gartenarchitektur je nach dem Reichtum der Stadt oder der Großzügigkeit einiger Stifter mit Hainen, Grotten und Brunnen ausgestaltet werden konnten.

Leider wissen wir fast gar nichts über die hellenistischen Palast- und größeren Privatgärten, selbst nicht über die Gärten Epikurs, der Akademie, des Lykeions und des Kynosarges. Es ist gefährlich, Rückschlüsse aus römischen Gärten ziehen zu wollen, aber vielleicht geben die Parklandschaften der hellenistischen Landschaftsmalerei mit ihren Baumgruppen, Hainen, Blumenanlagen, zahmen Tieren, Lauben und Statuen einen gewissen Eindruck davon. So ähnlich mögen die berühmten Gärten der Ptolemaier, die in ganz Ägypten den Gartenbau privilegierten, ausgesehen haben, und so hat sich etwa der Alexanderroman den Garten vorgestellt, in dem Philippos nachdenklich zwischen zahmen Vögeln sitzt. Vom Garten der Akademie rühmte man noch lange die besonders schönen Bäume, die erst Sulla fällen ließ.

Ebenso typischer Ausdruck der Zeit waren die *Kleingärten* als eine Form, die Natur in die Stadt einzubeziehen. Im ptolemaischen Ägypten setzte sich die reiche Tradition ägyptischer Hausgärten fort, zu denen auch Blumentöpfe und Pflanzenkübel gehörten, die selbst im heißesten Sommer noch bewässert werden konnten. In kleineren Häusern blieb noch die Möglichkeit des Dachgartens oder wenigstens des Blumentopfes auf dem Dache, im Hof oder vor dem Fenster. Die Häufigkeit dieser Nachahmungen der Natur im Kleinen auf den Darstellungen ist ein Spiegelbild für das neue Naturgefühl.

Dieses Gefühl war universal: Wenn es auch in den Riesenstädten Alexandreia und Antiocheia am ausgeprägtesten gewesen sein wird, gibt die neue Komödie einen ähnlichen Eindruck von Athen. Viele ihrer intimsten Szenen spielten im umhegten Bereich des Kleingartens. Aristoteles besaß ein kleines Haus mit Garten in Chalkis, der Maler Protogenes, der zwischen den Blumen zu sitzen und zu malen pflegte, eines in Rhodos. In Pergamon sind mehrere Gartenbesitzer bekannt, und in Grenzziehungs- und Verkaufsakten und bei Grundstücksprozessen ist häufig von Gärten die Rede. Im Garten trafen sich die Liebenden, dort begrub man, wenn möglich, die Toten oder stellte hier ihre Aschenurne auf. Immer waren es idyllische Gärten, die der Liebe zur idyllischen Landschaft entsprachen, voll Farbe und Duft, nicht ohne Rasenbänke oder Bänke aus Stein und Holz, Statuen aus Stein, Holz oder Terrakotta, und wenn möglich mit kleinen Wasserspielen. Für größere Gärten waren schattenspendende Bäume wesentlich, kleinere besaßen wenigstens ein paar Obstbäume; Nutzbeete legten wohl nur die Ärmeren an. Für größere Gärten hielt man sich einen Gärtner, aber viele hatten auch Freude daran, ihren Garten selbst in Ordnung zu halten. Ein hübsches Weihepigramm eines unbekannten Verfassers zählt das Gerät auf, das zum Kleingartenbau unerläßlich war: eine zweizinkige Hacke, eine Sichel, ein alter grober Regenmantel, derbe, ungegerbte Schuhe, ein Pflock zum Pflanzenstecken, eine Gießkanne.

Vor allem begeisterte sich dieses Naturgefühl stets aufs neue an den *Blumen*, und zwar an den Gartenblumen mehr als an den wildwachsenden. Auch das war ein neuer Zug: Man pflückte die Blüten zu den Kränzen nicht mehr auf der Wiese, sondern holte sie aus den Gärten. Zu den alten griechischen Lieblingsblumen kamen neue, die man im Orient kennengelernt hatte; umgekehrt wurden griechische Pflanzen in die Gärten der neuen Städte im Osten gebracht; Theophrast hat ein ganzes Buch darüber geschrieben, welche griechischen Gewächse man in asiatischen Gärten pflanzen könne und welche dort nicht gediehen. Die alten Zentren der Blumenzucht, Kyrene und das griechische Unteritalien, nahmen einen neuen Aufschwung, und neue entstanden in Makedonien, am Schwarzen Meer und in Syrien. Durch die oft bezeugte Anordnung der Pflanzen in Beeten und Rabatten verband sich hellenistische Blumenliebe mit hellenistischem Blick für den Effekt, der sich auch durch Blumenkörbe, Kränze und Girlanden erreichen ließ. Einige davon müssen – aus der Dichtung und bildenden Kunst zu schließen – wahre Monstrositäten gewesen sein.

Leider lassen sich nicht alle griechischen Blumennamen der hellenistischen Zeit völlig sicher identifizieren, selbst nicht mit Hilfe der gelehrten Botaniker und ihrer Abschreiber von Theophrast bis Plinius. Doch dürfte das ausführliche Kranzgedicht des Meleagros etwa den Katalog der Blumen darstellen, die der hellenistische Mensch geliebt oder wenigstens gern gesehen hat, wenn auch in ihm nicht alle Termini botanisch einwandfrei interpretiert werden können. Den ersten Rang nahmen, wie bisher in der griechischen Welt, die seit der mykenischen Zeit unverändert geliebten, aber in neuen Formen gezüchteten Lilien, die Rosen und die Veilchen ein. Ohne Rosen scheint kein kleineres oder größeres Ereignis mehr möglich gewesen zu sein. Sie fehlten bei keinem Gastmahl, sie schmückten die Braut, man steckte sie sich an die Brust oder ins Haar; man liebte sie als Knospe ebenso wie voll aufgeblüht, und Könige wie Antiochos III. mochten sie nicht einmal im Kriegslager missen. Man züchtete sie in großen Rosengärten, zum Beispiel im Fayum, und man brachte sie sogar im Winter zur Blüte.

Veilchen benutzte man unter anderem zum Einfassen größerer Blumenbeete, schenkte sie aber auch als Schnittblumen oder flocht sie zu Kränzen. Eine Modeblume war in den Gärten des östlichen hellenistischen Raumes die Levkoje, die man in Syrien kultivierte. Sonst gab es eine ganze Fülle alter griechischer und neu angepflanzter orientalischer Blumen; häufig begegnete man Wolfsmilch- und Malvengewächsen, Krokus, Hyazinthen, Narzissen, Iris, aber auch Anemonen und Distelarten, und schließlich asiatischen Duftpflanzen und afrikanischem Lotos dort, wo sie gediehen. Unter den Heckenpflanzen und Bäumen bevorzugte das neue Naturgefühl die Koniferen des Ostmittelmeer-Raumes, die Eichen, von denen eine zuversichtliche Beruhigung ausging, Ölbaum, Lorbeer und Myrte, die Obstbäume, in einigen Gebieten die Zypresse, die schattige Platane. Doch war es auch der zunächst fremden Palme allmählich gelungen, sich eine Art Heimatrecht zu verschaffen. Die heilige Palme von Delos gab ihr mythischen Glanz. Doch sind die Darstellungen aus vorrömischer Zeit selten.

Harald Mielsch

Mythologische Landschaften

Die Idee, Statuen vor einem landschaftlich gegliederten Hintergrund aufzustellen, taucht schon in hellenistischer Zeit auf – das berühmteste Beispiel ist die Nike von Samothrake, die sich auf einem Schiffsbug niederläßt, der von Wasser und Klippen umgeben war. Im 2. Jahrhundert v. Chr. muß es dann ganze Ensembles von Statuen gegeben haben, die in parkähnlichen Anlagen standen. Reste davon kennen wir aus Rhodos, wo allerdings die Statuen selbst nicht erhalten sind. In solchen Parks waren wohl auch Gruppen wie die berühmte Gruppe der Niobe und ihrer Kinder aufgestellt, die ja der Sage nach unter freiem Himmel von den Pfeilen des Apoll und der Artemis getroffen wurden.

Für den römischen Villenbesitzer, vor allem den an den Küsten von Latium und Kampanien, lag die Übernahme solcher mythologischer Landschaften nicht nur im Rahmen der allgemeinen Aneignung griechischer Kunst nahe. Es gibt vielmehr noch einen direkteren Anlaß: Ein Teil der Abenteuer des Odysseus wurde nämlich an den Küsten von Latium und Kampanien lokalisiert. Domitian in seiner Villa am Fuße des Circeo, der Heimat der Zauberin Kirke, konnte sich sicherlich wie Odysseus in deren Palast fühlen. Ein weiteres Abenteuer des Odysseus, nämlich der Tod des größten Teils seiner Begleiter bei den Lästrygonen, spielte sich nicht weit südlich davon in der Nähe von Formiae ab (Plinius, NH III 5,59). Zwischen diesen beiden Punkten liegt die Villa von Sperlonga, die wahrscheinlich mit der Villa „ad speluncas“ identisch ist, in der Tiberius fast durch einen Steinschlag ums Leben gekommen wäre (Sueton, Tiberius 39; Tacitus, Ann. 4,49).

Daß die Villa auch in kaiserlichem Besitz war, ist wahrscheinlich, wenngleich nicht absolut sicher. Sie gehört jedenfalls in ihrem ursprünglichen Kern zu den zahlreichen Meervillen des früheren 1. Jahrhunderts v. Chr. und wurde in augusteischer Zeit weiter ausgebaut. Dabei wurde eine große natürliche Grotte in dem Vorgebirge, das die Terrassen der Villa nach Süden begrenzt, zu einer mythologischen Landschaft umgestaltet. Im vorderen Teil der Grotte wurde ein kreisrundes Becken angelegt, davor ein rechteckiges, in dem sich eine kleine Insel befindet, die als Pavillon dienen konnte und ihrerseits wieder ein kleines rechteckiges Wasserbecken besitzt. Das Ineinandergreifen von Wasser und begehbaren Zonen ist also ähnlich gestaltet wie in dem Vogelhaus des Varro. Auch in Sperlonga war wie stets die eigentliche Sehenswürdigkeit so inszeniert, daß man sie beim Tafeln genießen konnte, und auch hier ist der ökonomische Zweck nicht völlig außer acht gelassen, denn die Mauern der Insel dienten gleichzeitig als Unterschlupf für Fische, die in den Becken gehalten wurden. Wie am Canopus der Villa Hadriana muß auch diese Anlage mit Booten befahren worden sein. Von dem Inselchen aus sah der Besitzer der Villa in die Grotte hinein, die durch mehrere Statuengruppen von zum Teil gewaltigen Ausmaßen einige Hauptabenteuer des Odysseus nacherleben ließ. Im Hintergrund der Grotte war es die Gruppe des Polyphem, der von Odysseus und seinen Gefährten geblendet wird – ein Abenteuer, für das eine solche Höhle den idealen Rahmen bot. Die Gruppe, die vollständigste der in den fünfziger Jahren in unzähligen Fragmenten aufgefundenen Statuenausstattung der Grotte, ist in ihrer Rekonstruktion heute weitgehend gesichert. Die Datierung ist wie bei den restlichen Skulpturen umstritten, doch scheint die Annahme, daß es sich um Kopien hellenistischer Werke des 2. Jahrhunderts v. Chr. durch frühkaiserzeitliche Bildhauer aus Rhodos handelt, am wahrscheinlichsten.

In der Mitte des Beckens stellte eine weitere große Gruppe das Skylla-Abenteuer dar. Auf die Vorgeschichte der Odyssee spielen zwei weitere kleinere Gruppen an, die wohl auf den beiden Vorsprüngen zwischen dem kreisförmigen und dem rechteckigen Becken standen, nämlich die von Odysseus und Diomedes mit dem Palladion und die von Menelaos mit dem Leichnam des Patroklos. Die mythologischen Anspielungen gehen aber noch weiter. Links vom Eingang der Grotte ist ein Felssporn zu einem Schiffsbug umgearbeitet worden. Nach einer Mosaikverkleidung mit Inschrift handelt es sich dabei um die Argo, das Schiff der Argonauten. Die Zusammenstellung mit den Abenteuern des Odysseus ergibt sich daraus, daß die Argonauten bei ihrem Rückweg vom Schwarzen Meer über Donau, Rhein und Rhône ins Tyrrhenische Meer gelangen und sich von Kirke entsühnen lassen wollen. Das verbindende Element ist also die mythologische Landschaft.

Der gedankliche Zusammenhang, der durch die beiden vorderen Statuengruppen gegeben war, wurde wahrscheinlich im späten 1. Jahrhundert n. Chr. erweitert, indem man weitere Episoden der trojanischen Geschichte darstellte, den Raub des Ganymed durch den Adler und wahrscheinlich auch die Befreiung der Hesione beim ersten Zug der Griechen gegen Troja. Schon in der ersten Ausstattung gab es aber Elemente, die sich nicht zu dem mythologischen

Programm fügen, nämlich kleine Satyrknaben, die um das Becken auf der Trikliniumsinsel saßen und mit dem Wasser zu spielen schienen – ein durch mehrere Repliken belegtes, beliebtes Motiv, das als Schmuck des Beckens adäquat und wahrscheinlich schon traditionell war.

Noch deutlicher stehen die verschiedenen Ausstattungselemente nebeneinander in einem neu entdeckten Triklinienraum in Baiae, der sich heute unter dem Meer befindet. An der Rückwand dieses Raumes, der nur mit Booten vom Meer her erreichbar war, stand eine kleinere Polyphem-Gruppe, die einen etwas früheren Zeitpunkt des Geschehens darstellt, in dem Polyphem trunken gemacht wird. An den Seitenwänden dieser „Polyphemgrotte" standen aber verschiedene Statuen, die nicht zu der mythologischen Landschaft gehören, nämlich Dionysos und vor allem Porträts von Mitgliedern des Kaiserhauses, darunter Antonia Minor, die Mutter des Claudius, als Venus Genetrix.

Einheitlicher war vielleicht die Ausstattung des sogenannten Ninfeo Bergantino, einer Grotte am Albaner See, die zur Villa des Domitian in Castelgandolfo gehört. Aus ihr stammen wahrscheinlich die unterlebensgroßen Figuren eines liegenden Polyphem und einer Skylla, von der sich nur der Unterleib aus schwarzem Marmor erhalten hat. Die genaue Aufstellung ist allerdings noch nicht bekannt.

Christoff Neumeister

Ein Privatpark über Massengräbern

Der *Clivus suburanus* führte auf ein Stadttor der Servianischen Mauer zu, auf die *Porta Esquilina*. Sie wurde in Augusteischer Zeit erneuert und hat überraschenderweise die Zeiten überdauert; in der Via S. Vito kann man sie besichtigen. In den Handbüchern wird sie unter der Bezeichnung

Arcus Gallieni geführt, nach einer erst sehr viel später (262 n. Chr.) auf ihr angebrachten, diesen Kaiser nennenden Inschrift. Trat man durch sie hindurch, dann bot sich in *republikanischer* Zeit draußen vor der Stadt ein unheimlicher, ja grauenvoller Anblick: Durch Grenzsteine (*cippi*) war hier entlang der Straße ein Geländestreifen von ungefähr 300 x 90 m als Armen- und Sklavenfriedhof abgegrenzt. Sklaven wurden in der Antike bekanntlich nicht als vollwertige Menschen betrachtet, sondern als sächlicher Besitz, nur daß dieser hier auf Menschenfüßen lief. Die Griechen bezeichneten einen Sklaven infolgedessen mit dem sächlichen Wort ἀνδράποδον: „Sache mit Füßen wie ein Mensch" (so wie sie ein Stück Vieh als „Vierfüßler", τετράποδον, bezeichneten), oder auch als παίς (lateinisch: *puer*): „Knaben" – wohlgemerkt ganz unabhängig vom Alter des betreffenden Sklaven –, billigten ihm also allenfalls den Status eines unmündigen Kindes zu. Ein solcher „Gegenstand" verlor, sobald er durch den Tod „unbrauchbar" geworden war, natürlich jeden Wert und wurde weggeworfen wie ein nicht mehr funktionsfähiges Gerät. In Rom wurden die Leichen von Sklaven hier herausgebracht und in vorbereitete Gruben von vier bis fünf Metern im Quadrat geworfen, in denen sie dann unter freiem Himmel verrotteten. Das Gelände wurde deshalb mit dem Pluralwort *puticuli* bezeichnet, was sich entweder von *puteus* („Grube") oder von *putescere* („verwesen") ableitet. 1874 hat man beim Bau von Miethäusern in dieser Gegend nicht weniger als 75 solcher Massengräber gefunden. Die verwesenden Kadaver lockten Wölfe und Aasvögel an, welche Leichenteile hierhin und dorthin verschleppten. Überall sah man verblichene Knochen herumliegen, und die Gegend galt sicherlich zu Recht als ungesund. Auch eine Hinrichtungsstätte war in der Nähe.

So sah es also hier in republikanischer Zeit aus. Dann aber – zwischen 40 und 35 v. Chr. – ließ Maecenas, der reiche und mächtige Freund Octavians (des späteren Augustus) und berühmte Gönner der Dichter Horaz, Vergil und Properz, dieses unheimliche Gräberfeld einebnen und über ihm einen Park anlegen: die *Horti Maecenatis.* Die längst funktionslos gewordene alte Stadtmauer, die hier durch eine breite Aufschüttung (*agger*) hinterfangen war, wurde in die Gartengestaltung mit einbezogen und zu einem erhöhten Spazierweg umgestaltet.

Von alledem wissen wir unter anderem durch eine Satire des Horaz. Der Dichter läßt dort eine Gartenfigur dieses Parkes sprechen, ein hölzernes, roh geschnitztes Standbild des Fruchbarkeitsgottes Priapus, wie es die Römer zur Abschreckung von Vögeln und Dieben aufstellten. So ein Gartenpriap trug in der Rechten eine Sichel, und aus dem Unterleib ragte ihm ein ungeheures, rot angemaltes Glied hervor. Folgendes sagt er bei Horaz über den Garten, den er bewacht (Sermones I,8,8–16):

„Hierher wurden *früher* die Leichen von Sklaven gebracht,
die man aus den engen Zellen (*die sie bewohnt hatten*) hinausgeworfen hatte.
Mitsklaven hatten sie für den Transport in einen billigen Kasten gelegt;
dies hier war (*auch*) der gemeinschaftliche Begräbnisplatz für die arme Plebs:
Dem Spaßmacher Pantolabus und dem (*ruinierten*) Verschwender Nomentanus räumten
hier Grenzsteine ein vorn 1000 Fuß breites, 300 Fuß tiefes, „unveräußerliches Grab“ ein.
Jetzt aber kann man auf dem Esquilin wohnen, denn er ist nun eine gesunde Gegend, und kann
auf dem sonnenbeschienenen Stadtwall spazieren gehen, von dem man noch vor kurzem bedrückt
auf ein häßliches, von bleichen Knochen übersätes Feld hinausschaute.“

Horst Fuhrmann

Klostergärten im Mittelalter

Wer kennt sie nicht, die Klosterliköre, benannt nach einem Kloster, in dessen Souvenirladen sie denn auch bevorzugt vertrieben werden (Ettaler, Andechser, Beuroner usw. Klosterlikör), gewonnen aus den Kräutern des Klostergartens, den ein besonderes Flair umgibt: geheimnisvoll und heilsam? Die Erfolgsautorin mittelalterlicher Kriminalromane Ellis Peters (1913–1995) läßt ihren herbarkundigen benediktinischen Hauptheiden Cadfael, einen Laienbruder des 12. Jahrhunderts, im Kräutergarten der Abtei Shrewsbury agieren, wo gefährliche Pflanzen wachsen, das „Mönchskraut“ zum Beispiel (der Eisenhut, aus dem giftiges Öl gewonnen werden kann), und wo Cadfael seine Ruhe sucht und sich am blühenden Mohn erfreut („Der Vorabend des Jahrmarkts“). Ein Garten, so scheint es, gehört zum Kloster wie der Kreuzgang und der Mönchschor. Wer aber nach konkreten, heute noch vorhandenen Spuren mittelalterlicher Klostergärten sucht, wird enttäuscht sein.

Zunächst: Archäologische Reste früh- und hochmittelalterlicher Gärten, die über Anlage und Pflanzenbestand Auskunft geben könnten, gibt es nicht bis auf wenige Ausnahmen (so etwa in Hull/England). Immerhin: Den Pflanzenbestand eines Mustergartens um 800 kennen wir aus der „Verordnung über die Krongüter“ (Capitulare de villis). Karl der Große (†814) hatte für das ganze Reich angewiesen, was für die Versorgung von Heer und Hof angebaut und bereitgestellt werden sollte. Ein eigenes Kapitel handelt von Gartenpflanzen und Kräutern, aber es ist die Frage, ob hier Literatur, antike Vorlagen, rezipiert oder die Wirklichkeit wiedergegeben ist.

Kostbar für unsere Vorstellung eines Klostergartens ist der um 820 entstandene und im Original noch erhaltene Klosterplan von St. Gallen, der die Anlage eines Kräutergartens erkennen läßt: die Einteilung nach Beeten, die passende Stelle im Klosterbereich, den Zugang usw. In unmittelbarer Nachbarschaft zu St. Gallen hat wenig später der Abt Walahfrid Strabo (†849) des Inselklosters Reichenau ein Gedicht über die Pflanzen verfaßt, die in einem „Gärtlein" (hortulus) wachsen, und die Übereinstimmung der in beiden Zeugnissen genannten Gewächse ist nicht unbedingt erstaunlich, handelt es sich doch jeweils um eine benediktinische Anlage im Bodenseeraum: Rose, Liebstöckel, Raute, Kerbel, Fenchel, verschiedene Salbei-, Lilien- und Minzearten, dazu ein von Indien kommender Strauch, der zur Salbenherstellung diente, die Kostwurz. Walahfrid führt noch weitere Pflanzen auf, so den Wermut, die Melone, den Kürbis, die Schafgarbe, auch ziemlich unbekannte wie den Odermennig, die Eberraute und die Bettonica. Wir sind für die Konkretheit der Angaben dankbar, denn die monastische Literatur ergeht sich weitläufig in sphärischen Beschreibungen.

Von den Kirchenvätern an gehören Garten und Kloster zwar zusammen, und der Mönchsvater Benedikt betrachtet den Garten als Schutzwall gegen die Welt („damit für die Mönche kein Zwang nach draußen zu schweifen besteht, was ganz und gar ihren Seelen nicht nützt"), wo der Mönch den 12. Grad der Demut üben soll: sein Haupt gesenkt zu halten. Aber über die praktische Anlage erfahren wir wenig in der monastischen Literatur, und selbst die „Mönchsgewohnheiten", die den Alltag in einzelnen Klöstern oder Klosterfamilien vorschreiben, lassen uns im Stich, höchstens daß er als ein Bereich auftritt, wo größere Freiheiten gestaltet sind, ein Zufluchtsort zum Gespräch, nicht gerade zum Lachen, aber von hinweggenommenem Ernst. Der Garten ist im geistlichen Schrifttum mit mancherlei Deutungen behaftet. Cassiodor feiert ihn, denn seine Früchte seien himmlisch, obwohl sie irdisch scheinen, und Isidor von Sevilla, dessen sinnstiftende Wortauslegungen das ganze Mittelalter befruchteten, leitet das Wort (h)ortus (= Garten) von oriri (entstehen) ab, ein nützlicher Ort, „wo immer etwas wächst".

Die Praxis hat den Klostergarten gestaltet, nicht ein theoretisches „Sachbuch"-Schrifttum. Den Kräuter- und Nutzgarten der Karolingerzeit und seiner Bepflanzung haben wir beim St. Galler Plan und im Gedicht Walahfrids kennengelernt. In den nächsten Jahrhunderten wurden die Pflanzenbestände beider Gattungen weitgehend getrennt. In Beeten wurden die Pflanzen des Nutzgartens gezogen, während man die pflegeintensiveren und vor allem die Sinne mehr erfreuenden Gewächse stärker für sich ansiedelte: Rosen, Lilien, Mohn, wobei für die Bevorzugung dieser Pflanzen zunächst der Duft eher ausschlaggebend war, später erst, woran wir heute zunächst denken würden, die Farbenpracht der Blüten. Was die Verwendung der Kräuter betrifft, so geben erst die spätmittelalterlichen Herbarien und Kräuterbücher präzisere Auskunft, wo und wofür sie eingesetzt wurden. Daß nicht nur körperliche Leiden gemildert werden sollten, sagt uns schon die Benediktinernonne Hildegard von Bingen, die allerdings – auch hier – gewiß nicht frei war von ganz persönlichen und sonst nicht anzutreffenden Deutungen. So empfiehlt sie Fenchel gegen Schlaflosigkeit, Minze gegen Wollust, Muskatnuß gegen unmäßiges Lachen, Feigenlaub oder überhaupt älteres Laub, getunkt in Nachttau, helfe gegen unbändiges Schreien, ein Absud aus Brennesseln hebe die Vergeßlichkeit auf. Von etwas zweifelhaftem Charakter sind die Pflanz- und Pflückanweisungen der Hildegard, die „edle und gute Pflanzen" absonderte, wie sie auch nur adlige Konventualinnen um sich duldete, denn man sperre ja auch „Ochsen, Esel, Schafe und Böcke" nicht gemeinsam in einen Stall.

Ein eigenes Kapitel ist die Verbindung des Obst- oder Baumgartens mit dem Mönchsfriedhof, der in der Regel des Heiligen Benedikt merkwürdigerweise gar nicht vorkommt. Schon der St. Galler Klosterplan sah die Grablege der Mönche unter den Bäumen vor, wo sie offenbar anonym beigesetzt wurden. Der weite Raum des, wie es heißt, „domartigen“ Baumgartens mit seinen Gräbern sollte frei bleiben von jederart Gebäuden, und es gab mancherlei allegorische Auslegung, daß dort etwas entstehen solle (hortus – oriri), wo Abgestorbenes liegt.

Durch Jahrhunderte hantierte man, was die Ausnutzung der Gartenkräuter betrifft, mit trockenen oder getrockneten Produkten, was aber den Nachteil des allmählichen Zerfalls in sich schloß. Von den Arabern übernahm man die alkoholische Konservierung und mit ihr die ars destillandi. Jetzt erst begann die Zeit jener Kräuterschnäpse, die man mit den Klostergärten in Verbindung bringt, deren berühmtester wohl, gestapelt in jeder Spirituosenhandlung, der Benedictine D.O.M. ist, zum ersten Mal belegt um 1510 im Benediktinerkloster Fécamp und 1534 mit einem königlichen Privileg ausgestattet. Auf dem Flaschenhals stehen, etwas blasphemisch, die Buchstaben D.O.M., Deo Optimo Maximo (dem besten, größten Gott), aber die emsige kommerzielle Ausnützung läßt die Abkunft des Getränks vom mittelalterlichen Klostergarten nicht erkennen.

Heinrich Schipperges

Vom Walten der Natur

Für Hildegard von Bingen, die gelehrte Äbtissin des 12. Jahrhunderts, ist die Natur noch in keiner Weise ein methodisch abgegrenzter Raum objektivierbarer Erfahrungen. „Natur“ ist eher die Bedeutungsträgerin einer ganzen Welt von Zeichen, die in Stein und Stern, mit Pflanze und Tier über die elementaren Kräfte unmittelbar an den Menschen gerichtet sind. Alle Elemente dienten dem Menschen; sie wirkten mit ihm wie er mit ihnen. „Bei solchem gegenseitigen Bund gab die Erde ihre Lebensgrüne (viriditas) je nach der Art und der Natur des Menschen, wie auch entsprechend seiner Denkweise und seinem Lebenswandel."

Hier spürt man noch die ursprüngliche Pflanzung: Gottes Gegenwärtigkeit in der Schöpfung, jenen blühenden Garten, „in welchem der Herr Seine Augen weidet", Augenweide auch dem aufstaunenden Menschen, der im Buch der Natur liest, alle Zeichen deutet, sich mit allen Dingen bespricht, wie auch er angesprochen wird, aber auch jene dem Menschen anvertraute Natur, die das Schicksal des gefallenen Menschen teilt, seine Traurigkeit wehklagend demonstriert und die Hoffnung vorbringt, wieder heimgeholt zu werden zu ihrem Schöpfer. Denn Wohnung Gottes in der Schöpfung zu sein, das ist bei Hildegard der geistige Sinn der Natur.

Gott war im Anfang – so beginnt die „Heilkunde" –: ein Sein voller Leben, das Licht werden wollte. Aus lauter Güte hat der allmächtige Vater die Welt ins Leben gerufen und mitten darin den Menschen, der die ganze Kreatur repräsentiert. Gott übergab dem Menschen die ganze Welt, „auf daß er sie mit seiner Manneskraft durchdringe (penetrare), damit er alles wisse und alles erkenne. Denn der Mensch ist die gesamte Schöpfung (homo omnis creatura), und der Hauch des Lebens, der kein Lebensende hat, west in ihm." Hat Gott doch den Menschen wie einen „überaus schönen Edelstein" (elegantissimum lapidem) auf diese Erde gesetzt, auf daß „in seinem Glanze sich die ganze Schöpfung selber" betrachte.

Durch sein Versagen freilich ist der Mensch ein gebrechliches Wesen (homo destitutus) geworden, hinfällig, krank und dem Tod unterworfen. Sein Autonomiebestreben (superbia) störte den natürlichen Bezug zur Kreatur; er ward zum Rebell (homo rebellis), der seinen inneren Widerspruch nun durch die Geschichte zu tragen hat. Krankheit ist dabei das signifikante Merkmal der existentiellen Destitution und Deformation, die unter dem Bild der Schwarzgalle (melancolia) gedeutet wird. Dieser Schwermut als Symbol von Kranksein wirkt jedoch ständig die Grünheit (viriditas) entgegen, eine naturhafte Lebenskraft, die den Menschen geleitet zum Heil (homo restitutus).

Für die Geheimnisse im Walten der Natur kennt die heilkundige Klosterfrau Hildegard ein herzhaftes Schlüsselwort, das die grünende Lebensfrische aller natürlichen Dinge gleicherweise umfaßt wie die Genesungsprozesse im biologischen Organismus und auch alle geistige Vitalität und Gesundheit. Es ist jene Grünkraft (viriditas), die auf eine höchst geheimnisvolle Weise eingeborgen ist „in Tieren und Fischen und Vögeln, in allen Kräutern und Blumen und Bäumen", in aller Schönheit der Welt.

Dieses Grün wird zunächst rein natürlich verstanden und aus seinem elementaren Zusammenhang erfaßt. Die Grünheit erscheint in Halm und Gras und wird von den vier Elementen unterhalten: von Feuer und Erde, von Wasser und Luft. Das Grüne durchfeuchtet den Stein, schillert in den Gewässern, lodert in der Flamme und weht besonders erfrischend in jener Luft, aus welcher „die Gräser in der Morgenfrühe ihr Grün so gierig trinken wie ein Lamm seine Milch". In der so typischen Steigerung symbolistischer Interpretationsschemata werden die Bilder vom Grün dann sogleich aus dem naturhaften Bereich herausgehoben und geistig verdichtet. Nur deshalb kann Hildegard behaupten, daß auch das Fleisch des Menschen grün sei, daß das Blut eine besondere Grünkraft besitze. Grün ist alles das, was wir „Seele" nennen und was hier die „grünende Kraft des Leibes" genannt wird. Vor allem in der Geschlechtlichkeit blüht die grüne Farbe, im Mark des Mannes (virilitas) wie auch in der keimenden Frucht. Im Grün ihres Blutes wird die Frau fruchtbar, tritt ihr lebenserfrischender Quellgrund (viriditas floriditatis feminae) besonders schön in Erscheinung. Auch des Menschen Vernunft (rationalitas) trägt die grüne Farbe, all sein Wissen (scientia) und mehr noch sein Gewissen (conscientia).

Es spricht für die geistige Kühnheit dieser mittelalterlichen Frau, daß sie sich einfach nicht mit den natürlichen Sinnbildern zu beruhigen vermag, daß sie ihre Schau von der Welt immer auch zu transzendieren weiß und in einen eschatologischen Horizont zwingt. Auf diese Weise wird ihr nicht von ungefähr gerade die augenscheinlich so natürliche Grünkraft zum Spiegelbild für jene Grünheit, die im Grund der Ewigkeit verborgen liegt. Wie in einer hermeneutischen Spirale schwingen und steigern sich die Bilder und stoßen kühn in die letzten transzendentalen Bezirke vor.

Insofern kann Hildegard sagen: „Es gibt eine Kraft aus der Ewigkeit, und diese ist grün." Diese geheimnisvolle Grünheit färbt die gesamte Heilsgeschichte: In Abraham, dem Vater der Fruchtbarkeit, war sie mächtig; in Christus brach sie durch, da Er im „grünen Schoße" der Jungfrau Mensch wurde. Und so schenkt auch der Heilige Geist dem Menschen jenen grünenden Raum, aus dem heraus er bereit ist, Antwort zu geben im Wort und sich hinzugeben im Werk. Und wir wundern uns nun nicht mehr, daß ausgerechnet in ihrer „Heilkunde" der Hildegardische Kernsatz steht: „opus verbi viriditas est". Das Werk des Vaters im Wort des Sohnes ist die lichtgrüne Herzkraft des Geistes. Die Wirklichkeit des Wortes ist grünendes Leben!

Aus lichtem Grün sind Himmel und Erde geschaffen, und alle Schönheit der Welt erblüht aus dem Heiligen Geist als dem Wurzelgrund alles geschaffenen Seins. „Dieser Geist macht die Welt von aller Unlauterkeit rein. Alle Schuld wird getilgt, jeder Schmerz gelindert, jede Wunde gesalbt. So ist Geist Leben, leuchtendes, lobwürdiges Leben, ein Leben, das alles aufweckt und wiedererwecket das All."

Vom tiefsten Grund bis ins höchste Licht strahlt die grünende Lebenskraft wie eine gewaltige Baumkrone bis in den Himmel, weit über Sonne, Mond und Sterne hinaus. Aus der unermeßlichen Grünfülle des Paradieses tritt sie selbst in unseren dürren Zeiten noch in Erscheinung und grünt und blüht bis hinein in die smaragdene Schönheit des Himmlischen Jerusalem. Unter diesem Horizont sieht Hildegard den Geist der Welt durchbrausen, um in aller Geschichte die grünende Antwort zu entzünden: „Somit ist Gottes Wirklichkeit nie vergeblich. Keines Seiner Werke bleibt ohne Frucht; alles Wirken kommt erfüllt wieder zurück. Gottes Wort wird vernommen und erhält Antwort. Der Geist geht aus, grünt und bringt Frucht: Das ist das Leben!"

Die Natur als solche begegnet uns somit nicht als Heimat an sich, nicht als „heile Welt"; sie bedarf des gestaltenden und richtunggebenden Eingreifens durch den vernunftbegabten Menschen. Als Geschöpf Gottes sollte der Mensch schöpferisch wirken und sich seine eigene Welt gestalten. Mit diesen Leitlinien fällt ein grundsätzliches Licht auf Hildegards Physiologie und Pathologie. Krankheit gilt nicht als pathogenetischer Prozeß, sondern als ein Unterbleiben und Unterlassen (modus deficiens), als ein Ermangeln oder auch Verfehlen. Demgegenüber kann ein schöpferischer Prozeß (creatio) nur jener Gesundheit zugesprochen werden, die aus lichtem Grün (viriditas) ihre schöpferische Kraft zieht, in einem Ordnungs-Prozeß, der eine ganze Welt an Ordnung in Gang bringt und der auch die Hoffnung der trauernden Natur noch vorträgt, einmal wieder heimgeholt zu werden zu ihrem Schöpfer in einem ewigen Leben.

Hansjörg Küster

Gärten der Renaissance und des Barock

Fürsten, Adlige und reiche Bürger entdeckten in der frühen Neuzeit die Vorzüge des Landlebens. Sie prägten diejenigen Landschaften besonders stark, in denen sie große Gutshöfe anlegten und die Verkoppelung durchführten. Und auch dort, wo keine großen Schläge aus den alten Wölbäckern geschaffen wurden, waren Nicht-Agrarier auf dem Lande präsent. Dies hatte in mehrerer Hinsicht mit dem Zeitgeist zu tun.

Seit dem Ende des Mittelalters wuchsen viele Städte nicht weiter. Sie waren in ihren Mauerringen erstarrt wie Insekten in ihren Chitinpanzern. Ein Rückgrat der Stadtentwicklung, „organisches Wachstum", wie es die Stadtplaner wohl nennen würden, gab es noch nicht. Die mitteleuropäische Stadt, in der im Mittelalter die Freiheit gewunken hatte, galt nun als zu eng. Ihr stand die Weite des Landes gegenüber, das von Wäldern weitgehend entblößt und zur übernutzten Kulturlandschaft geworden war, über die der Blick, nicht von Wäldern gehindert, bis zu den Bergen am Horizont reichte. Da man sich in der Zeit der Renaissance besonders stark mit der Antike beschäftigte, las man die Bucolica des Vergil und die Beschreibungen des Landlebens von Plinius und Columella. Reiche oberitalienische Kaufleute hatten im Veneto Villen gebaut, um sich wenigstens zeitweilig aus der Enge und dem Trubel des Stadtlebens zurückziehen zu können. Die Künstler der Zeit malten nun Staffage auf ihre Bilder, stellten die Landschaft mehr oder weniger detailgetreu dar: Man sieht die Weite der Landschaft, die Spuren der Nutzungsformen an den Bäumen; Wälder fehlen weitgehend, und die Felsen stehen blank und schroff da, weil ihre Krume der Bodenerosion zum Opfer gefallen war. Die Künstler malten auch die Pflanzen der Gärten, die man zur „Lust" anlegte, um sich an der Blütenpracht von Narzissus und Tulipan zu erfreuen.

Eines der ältesten Landhäuser in Deutschland entstand noch im Mittelalter. Der Rothenburger Bürgermeister Toppler erbaute sich ein kleines Schloß im Taubergrund, das sogenannte Topplerschlößchen; sicher hatte es von Anfang an einen Garten. Dieses Schlößchen ist eigentlich noch kein richtiges Landhaus, man sieht ihm an, wie unbeholfen der Stadtbürger auf dem Lande Fuß faßte. Obwohl er im Taubertal viel Platz zum Bauen gehabt hätte, errichtete er ein

Stadthaus auf kleinem Grundriß und mit überkragenden Stockwerken.

Daß man so auf dem Land nicht bauen mußte, erkannten die landhungrigen Potentaten dann bald. Die Lübecker, Kölner, Nürnberger und Augsburger Kaufleute erwarben Land in den Dörfern der Umgebung ihrer Heimatstädte, dazu vielleicht eine alte Burg. Aber auch der bevorrechtigte Herrenhof, den es in jedem Dorf gab, war begehrt. Viele Bürger hatten nun mehr Geld als Adlige. Es kam ihnen darauf an, dem Adel gleichgestellt zu werden, sie wollten einen Adelstitel erwerben. Burg und Herrenhof mußten umgebaut werden. Viele mittelalterliche Burgen wurden zu Schlössern der Renaissance. Aus wehrhaften Wasserburgen im Münsterland wurden liebliche Wasserschlösser, von idyllischen Wassergräben umgeben, deren Wasser sich auch noch in die Gärten des „Hauses“ leiten ließ. Neben den dörflichen Herrenhöfen wurden Herrenhäuser gebaut, die nach Art von Villen nicht befestigt wurden, sondern dem Land gegenüber offen waren. Gärten und Parks gehörten dazu, sie bildeten mit Schloß oder Herrenhaus eine Einheit; die mittelalterliche Burg hatte die „Natur“ dagegen wie die ummauerte Stadt ausgesperrt.

Der Garten mußte eine Vielfalt von heimischen und exotischen Pflanzenarten sowie abwechslungsreiche pflanzliche Formen enthalten, damit er einen Erlebniswert besaß. Wie man ihn gestaltete, ließ sich der beherrschten Natur abgukken. Elemente aus der mittelalterlichen Kulturlandschaft inspirierten vielleicht diejenigen, die einen Garten anlegten, wenn auch nur unbewußt. Durch die Niederwaldnutzung waren die Formen von Bäumen soweit manipuliert worden, daß daraus Büsche geworden waren. Durch Schneiteln bekamen die Bäume eine ungewöhnliche Fasson. Die weit ausladenden knorrigen Baumriesen der Hudewälder wirkten besonders malerisch; man konnte unter ihnen hindurchsehen, weil die unteren Äste abgefressen waren. Man kann – vielleicht etwas weit hergeholt – behaupten, daß bei der

Gartengestaltung in der Zeit vom 15. bis zum 19. Jahrhundert einerseits das aus der Holznutzung herrührende Prinzip der Behandlung von Bäumen mehr zur Geltung kam, andererseits das, was aus der Beweidung von Waldland resultierte. Im Italienischen Garten der Renaissance und im Französischen Garten des Barock spielte das Schneiteln, das Zurechtstutzen von Natur zu allen möglichen Formen, eine große Rolle. Wer einen Englischen Garten anlegte, orientierte sich am Bild eines Hudewaldes.

Kleine Renaissance-Gärten mit Rabatten, Wegen und Beeten lagen neben den frühen Landhäusern. Die Anlage eines Französischen Gartens dagegen war ein so gewaltiges Unternehmen, daß sich ihr praktisch nur reiche Landesherren zuwenden konnten. Vor allem im 18. Jahrhundert wurden auch die Fürsten von der Stadtflucht erfaßt; bis dahin hatten sie noch ihre Schlösser in der Stadt bewohnt. Ihre Gärten lagen damals schon daneben, weil die mittelalterlichen Burgen in der Peripherie, nie im Zentrum der Städte standen. Die Herrscher in Dresden, München und Stuttgart hatten am Ende des Mittelalters nicht nur die Stadtgrenze, sondern auch ihren Garten direkt vor Augen, in dem sie lustwandeln konnten. Die siedlungsnahe Lage der Gärten hatte noch einen anderen Grund: Nahe bei der Stadt war der Boden im Lauf der Zeit besonders gut gedüngt worden, weil dort Abfälle deponiert wurden. Aus kompostiertem Abfall war ein idealer Gartenboden entstanden.

In der zweiten Hälfte des 17. Jahrhunderts hatte Ludwig XIV., der Sonnenkönig, die imponierende Anlage von Versailles erbauen lassen, ein riesiges Schloß vor den Toren von Paris mit seinem weitläufigen Garten, in dem das zentralistische Prinzip des Absolutismus der Natur aufgezwungen worden war. Der König blickte vom Schloß aus in schier endlose Schneisen, die seinen früheren Forst teilten; vor ihm lagen Beete und Rabatten mit kunstvoll beschnittenen Büschen und Bäumen, die in die Architektur einbezogen waren. Der Buchsbaum, eine immergrüne Pflanze des wintermilden Westeuropa, war das beliebteste Schneitelobjekt der Gärtner. Aus ihm wurden nicht nur Rabatten, sondern sogar Figuren gestaltet.

Auch die anderen Fürsten wollten sich à la Louis XIV. mit dem Staat personifizieren, sich auf diese Weise über den immer reicheren neuen Adel erheben: So ein Schloß und so einen Park wie in Versailles brauchten sie ebenfalls.

In München und Dresden wurden die ehemals noch wenigstens andeutungsweise wehrhaften Residenzen repräsentativ umgebaut und erweitert. In Bonn, Münster und Berlin stellte man die Schlösser neben die alten Befestigungsringe, in Stuttgart steht seitdem das Neue Schloß neben dem Alten – mitten im ehemaligen Schloßpark. Andere Schlösser wurden noch offensichtlicher Versailles nachgebaut. Sie entstanden abgesetzt von der Residenzstadt: Sanssouci in Potsdam, gehörig entfernt von Berlin, Wilhelmshöhe oberhalb von Kassel, Ludwigsburg und Solitude bei Stuttgart, Schleißheim und Nymphenburg vor den Toren von München. Sanssouci, Wilhelmshöhe und Solitude wurden an hervorragenden Aussichtspunkten errichtet. Unterhalb der Solitude zieht sich heute noch eine schnurgerade Straße nach Ludwigsburg hin, die später die Basis der württembergischen Landesvermessung werden sollte. Bau und Lage des Schlosses Solitude wurden übrigens zu Beginn des 20. Jahrhunderts nachgeahmt, als die Schwaben ein Schloß für ihren Dichterfürsten bauten: das Schiller-Nationalmuseum in Marbach am Neckar.

In Ludwigsburg entstand neben dem Schloß eine Stadt auf dem Reißbrett, ebenso wie in Mannheim und Berlin (die Friedrichstadt). Um das Schloß und den Park von Schwetzingen zu errichten, mußte ein Stück Forst geopfert werden. Dies taten auch die badischen Herren aus Durlach, um das noch heute überaus eindrucksvolle Schloß-, Stadt- und Parkensemble von Karlsruhe anzulegen. Dort wurde das Schloß – wie in Versailles – am Schnittpunkt von zentrierter

Natur und zentrierter Stadt errichtet: Nördlich dehnt sich der in Schneisen geteilte Wald, der in Schloßnähe zum Französischen Garten wurde, südlich die planmäßig aufgeführte Stadt, die spätere badische Metropole.

In der Nähe der Schlösser wurde die Natur zurechtgestutzt. Man pflanzte Rabatten aus exakt geschnittenem Buchsbaum, gelb, rot oder blau blühenden Blumen. Platanen wurden zu schirmförmigem Wuchs gezogen, Maulbeerbäume erhielten völlig runde Kronen. Hatte man diese exotischen Gewächse nicht zur Verfügung, verfuhr man ebenso mit einheimischem Gehölz, zum Beispiel mit Linden. Auch Hainbuchenhecken ließen sich beliebig, aber nach genauen Anweisungen stutzen, oder man schuf „lebende Lauben" und Spaliere aus heimischen Obstbäumen wie im Schloßpark zu Dachau.

Bernd Roeck

Die Blume als Zeichen Gottes

Augustinus, in dessen ‚Gottesstaat' die ganze Vielfalt der Wunder des Ostens Erwähnung findet – Skiapoden, Pygmäen, Kynokephaloi und anderes –, meinte, alle menschlichen Wesen stammten von Adam ab, seien Geschöpfe Gottes, mögen sie „an Leibesgestalt, Farbe, Bewegung oder Stimme uns noch so fremdartig vorkommen". Und er stellte fest: „Gott ist der Schöpfer aller und weiß am besten, wo und wann es angebracht ist oder war, etwas zu schaffen; er versteht sich auch darauf, bald aus gleichen, bald aus verschiedenen Teilstücken das Teppichmuster des schönen Weltalls zu weben. Aber wer das Ganze nicht zu überschauen vermag, wird durch die vermeintliche Häßlichkeit eines Teilstücks beleidigt, weil er nicht erkennt, wozu es paßt und worauf es sich bezieht."

Während Augustinus auch Hermaphroditen erwähnt, die es – wie er meint – zu allen Zeiten gegeben hätte, kommentiert unser Augsburger Chronist Kölderer dergleichen als „erzaigung und straff uber die grausam unzucht", und ähnliche Interpretationen finden sich häufiger in seiner Chronik. Er steht damit beispielhaft für den Wandel in der Einstellung gegenüber solchen Erscheinungen (mag es sich dabei nun um wirkliche Mißgeburten oder um Gebilde der Phantasie gehandelt haben). Die Wurzel dieses Paradigmenwechsels lag wohl zunächst – so paradox das klingt – im Wunsch, sich den Erscheinungen der Natur über einen wissenschaftlichen Zugriff zu nähern. Das konnte bedeuten, über die Aussagen Augustinus' hinaus *Begründungen* zu finden für die in den Monstern manifest werdenden Abweichungen von der Normalität, verlangte eine Logik, die in der Lage war, dergleichen in seinen Ursachen zu fassen. Es war selbstverständlich, hier auch Ursachen metaphysischer Art in Erwägung zu ziehen. Das kam ohnedies den moralisierenden Tendenzen des 16. Jahrhunderts entgegen – das konfessionelle Zeitalter war gewiß mehr als andere Epochen geneigt, am Himmel und auf Erden göttliche Mahnungen zu erkennen; aber darüber hinaus hielt man praktisch alles im Prinzip für sinnvoll, deutbar – spektakuläre Phänomene wie Monster, Regenbogen, Kometen, Erdbeben ebenso, wie – für unsere Begriffe – recht unscheinbare Dinge. Kölderers Chronik bietet unzählige Beispiele, gleicht über weite Strecken dem Versuch, das „Bilderrätsel Welt" einer schlüssigen Deutung zuzuführen.

Das schönste Beispiel vielleicht (und wieder ein Beleg für die Andersartigkeit des Besonderen in der frühen Neuzeit) ist seine Interpretation einer seltsamen Blume, die im Juli 1589 für den Preis von zwei Gulden auf dem Augsburger Markt zum Verkauf angeboten wurde. Es handelte sich um einen Türkenbund, wie an einem „klain gipffelin, wie sonst die türckhischen hüett haben", zu erkennen war. Er fertigte sogar – „so vill ich kundt hab" – eine Federzeichnung an und fügte sie seiner Chronik ein. Im August, teilt der Chronist mit, sei die Blüte abgefallen – ein für seine Auslegung sehr wichtiger Umstand. „Mein ringfüegs bedenckhen gib ich, dz es des türckhischen reichs fal anzaig", folgert Kölderer, „wiewol die h. schrifft zuvor gnueg darvon sagt unnd clar am tag ist."

In der äußeren Gestalt der Blume, ihrem Welken enthüllte sich für den schreibenden Handwerkersohn der Gang der Geschichte. Dabei ging es natürlich nicht nur darum, Hinweise auf eine „aktuell" bevorstehende politische Entwicklung – den Zusammenbruch der Türkei – zu gewinnen. Die Vorstellung vom Untergang des türkischen Reiches implizierte für jeden einigermaßen gebildeten Protestanten einen sicheren Hinweis darauf, daß überhaupt das Ende der Zeiten bevorstehen müsse. Viele meinten, im Türken neben dem Papst den endzeitlichen Widersacher Gottes zu erkennen: Der Türkenkrieg, der gerade im letzten Jahrzehnt des 16. Jahrhunderts heftig aufflammte, galt manchen als apokalyptisches Ringen, nach dem die Geschichte enden würde.

Die Blume wurde so zum Vorzeichen des Jüngsten Tages. Das war eine Interpretation, die sich zu zahlreichen Prophezeiungen des ausgehenden 16. Jahrhunderts stellen ließe. Komplizierte Zahlenspekulationen oder merkwürdige Naturerscheinungen – so wurde 1587 aus Danzig von einem Hering berichtet, dessen Schuppen die Schrift: „IVDICIVM", Gericht, bildeten – zeigten, daß bedeutende Entwicklungen bevorstanden.

Allen diesen Versuchen, in die Zukunft zu schauen, lag die Hypothese zugrunde, daß Gott sich „wunderbar" in der Welt zu erkennen gebe (wie es Kölderer einmal ausdrückt); das bedeutete zugleich, daß diese Welt sinnvoll, geordnet war, ihr Gesetz in Gottes Willen hatte. Nichts war somit prinzipiell bedeutungslos. In der Gestalt der Dinge, im Zusammentreffen von Himmelserscheinungen und Katastrophen mit politischen Entwicklungen artikulierten sich Mitteilungen Gottes. Denn wenn die Welt als Ganzes sinnvoll war, mußte das nicht auch für ihre Bestandteile gelten? Es ist leicht einzusehen, daß solche Vorstellungen aus einer Ordnungskonzeption resultierten: aus dem Bestreben, das scheinbare Chaos der Dinge und Ereignisse als zusammenhängendes Ganzes zu begreifen, dessen Kohärenz die Gottheit gewährleistete.

Solche Gedanken wird man vor allem in der Theologie erwarten, aber es besteht kein Zweifel, daß sie in weiten Kreisen Allgemeingut waren.

Joseph von Eichendorff
Prinz Rokoko

Prinz Rokoko, hast die Gassen
Abgezirkelt fein mit Bäumen
Und die Bäume scheren lassen,
Daß sie nicht vom Wald mehr träumen.

Wo sonst nur gemein Gefieder
Ließ sein bäurisch Lied erschallen,
Muß ein Papagei jetzt bieder:
Vivat Prinz Rokoko! lallen.

Quellen, die sich unterfingen,
Durch die Waldesnacht zu tosen,
Läßt du als Fontänen springen
Und mit goldnen Bällen kosen.

Und bei ihrem sanften Rauschen
Geht Damöt bebändert flöten,
Und in Rosenhecken lauschen
Daphnen frommentzückt Damöten:

Prinz Rokoko, Prinz Rokoko,
Laß dir raten, sei nicht dumm!
In den Bäumen, wie in Träumen,
Gehen Frühlingsstimmen um.

Springbrunn in dem Marmorbecken
Singt ein wunderbares Lied,
Deine Taxusbäume recken
Sehnend sich aus Reih und Glied.

Daphne will nicht weiter schweifen,
Und Damöt erschrocken schmält,
Können beide nicht begreifen,
Was sich da der Wald erzählt.

Laß die Wälder ungeschoren;
Anders rauschts, als du gedacht,
Sie sind mit dem Lenz verschworen,
Und der Lenz kommt über Nacht.

Oswald Spengler
Der Park und die Ferne

In der ebenfalls damals, zugleich mit der Ölmalerei und dem Kontrapunkt herangereiften *Gartenkunst* erscheinen dementsprechend die langgestreckten Teiche, Buchengänge, Alleen, Durchblicke, Galerien, um auch im Bilde der freien Natur dieselbe Tendenz zum Ausdruck zu bringen, welche die von den frühen Niederländern als Grundaufgabe ihrer Kunst empfundene und von Brunellesco, Alberti und Piero della Francesca theoretisch behandelte Linearperspektive im Gemälde darstellt. Man wird finden, daß sie als die mathematische Weihe des durch den Rahmen seitlich abgegrenzten und in die Tiefe mächtig gesteigerten Bildraumes – sei er

Landschaft oder Interieur – gerade damals mit einer gewissen Absichtlichkeit zum Vortrag gebracht wurde. Das Ursymbol kündigt sich an. Im Unendlichen liegt der Punkt, in dem die perspektivischen Linien zusammentreffen. Weil sie ihn vermied, weil sie die Ferne nicht anerkannte, besaß die antike Malerei keine Perspektive. *Folglich* ist auch der Park, die bewußte Gestaltung der Natur im Sinne räumlicher Fernwirkung, innerhalb der antiken Künste unmöglich. Es gab in Athen und Rom keine irgendwie bedeutende Gartenkunst. Erst die Kaiserzeit fand an orientalischen Anlagen Geschmack, deren kurze und betonte Abschlüsse jeder Blick auf die erhaltenen Pläne offenbart. Der erste Gartentheoretiker des Abendlandes, L. B. Alberti, lehrte denn auch um 1450 schon die Beziehung der Anlage auf das Haus, d. h. auf die Betrachter in ihm, und von seinen Entwürfen bis zu den Parks der Villen Ludovisi und Albani zeigt sich ein immer stärkeres Hervortreten perspektivischer Fernblicke. Frankreich hat dem seit Franz I. die langen Wasserstreifen hinzugefügt (Fontainebleau).

Das bedeutsamste Element im abendländischen Gartenbilde ist mithin der *point de vue* der großen Rokokoparks, auf den sich ihre Alleen und beschnittenen Laubgänge öffnen und durch den sich der Blick in weite schwindende Fernen verliert. Er fehlt selbst der chinesischen Gartenkunst. Aber er hat ein vollkommenes Gegenstück in gewissen hellen, silbernen „Fernfarben" der pastoralen Musik des beginnenden 18. Jahrhunderts, bei Couperin z. B. Erst der *point de vue* gibt den Schlüssel zum Verständnis dieser seltsamen menschlichen Art, die Natur der symbolischen Formensprache einer Kunst zu unterwerfen. Die Auflösung endlicher Zahlengebilde in unendliche Reihen ist ein verwandtes Prinzip. Wie hier die Formel des Restgliedes den letzten Sinn der Reihe, so ist es dort der Blick ins Grenzenlose, der dem Auge des faustischen Menschen den Sinn der Natur erschließt. *Wir* waren es und nicht die Hellenen, nicht die Menschen der Hochrenaissance, welche die unbegrenzten Fernsichten vom Hochgebirge aus schätzten und suchten. Das ist eine faustische Sehnsucht. Man will *allein* mit dem unendlichen Raume sein. Dies Symbol bis zum Äußersten zu steigern, war die große Tat der nordfranzösischen Gartenbaumeister, nach der epochemachenden Schöpfung Fouquets in Vaux-le-Vicomte vor allem Lenôtres. Man vergleiche den Renaissancepark der mediceischen Zeit mit seiner Übersichtlichkeit, seiner heitren Nähe und Rundung, dem Kommensurablen seiner Linien, Umrisse und Baumgruppen, mit diesem geheimen Zug in die Ferne, der alle Wasserkünste, Statuenreihen, Gebüsche, Labyrinthe bewegt, und man findet in diesem Stück Gartengeschichte das Schicksal der abendländischen Ölmalerei wieder.

Aber Ferne – das ist zugleich eine *historische* Empfindung. In der Ferne wird der Raum zur Zeit. Der Horizont bedeutet die Zukunft. *Der Barockpark ist der Park der späten Jahreszeit*, des nahen Endes, der fallenden Blätter. Ein Renaissancepark ist für den Sommer und den Mittag gedacht. Er ist zeitlos. Nichts in seiner Formensprache erinnert an Vergänglichkeit. Erst die Perspektive ruft die Ahnung von etwas Vergehendem, Flüchtigem, Letztem wach.

Schon das Wort „Ferne“ hat in der abendländischen Lyrik aller Sprachen einen wehmütig herbstlichen Akzent, den man in der griechischen und lateinischen vergebens sucht. Man findet ihn schon in den ossianischen Gesängen Macphersons, bei Hölderlin, dann in Nietzsches Dionysos-Dithyramben, endlich bei Baudelaire, Verlaine, George und Droem. Die späte Poesie der welkenden Alleen, der endlosen Straßenzüge unserer Weltstädte, der Pfeilerreihen eines Domes, der Gipfel einer fernen Gebirgskette verrät noch einmal, daß das Tiefenerlebnis, das uns den Weltraum schafft, im letzten Grunde die innere Gewißheit eines Schicksals, einer vorbestimmten Richtung, der *Zeit*, des Unwiderruflichen ist. Hier, im Erlebnis des Horizontes als der Zukunft, tritt die Identität der Zeit mit der „dritten Dimension“ des *erlebten* Raumes, des lebendigen Sichdehnens, unmittelbar zutage. Wir haben zuletzt auch das Straßenbild der großen Städte diesem Schicksalszuge des Versailler Parkes unterworfen und mächtige geradlinige, in der Ferne verschwindende Straßenfluchten angelegt, selbst unter Aufopferung althistorischer Viertel – deren Symbolik jetzt die geringere geworden war –, während antike Weltstädte mit ängstlicher Sorgfalt das Gewirr krummer Gäßchen vorschoben, damit der apollinische Mensch sich in ihnen als Körper unter Körpern fühle. Das praktische Bedürfnis war hier wie immer nur die Maske eines tiefinnerlichen Zwanges.

Friedrich von Müller
Lob der französischen Gartenformen

Mittwoch 15. Juni
Abermalige Spazierfahrt mit Goethe nach Belvedere. Wir fielen umherwandelnd in eine große Gesellschaft bei Völkel. Besichtigung der Winterhäuser. Lob der frühern französischen Gartenformen, wenigstens für große Schlösser: „Die geräumigen Laubdächer, Berceaux, Quinconces, lassen doch eine zahlreiche Gesellschaft sich anständig entwickeln und vereinen, während man in unseren englischen Anlagen, die ich naturspäßige nennen möchte, allerwärts aneinander stößt, sich hemmt oder verliert.“
Donnerstags früh im Römischen Haus soll Goethe beim Großherzog sehr liebenswürdig und heiter gewesen sein.

Egon Friedell
Erwachen des neuzeitlichen Natursinns

Ferner ist England, was noch viel wichtiger ist, das Geburtsland des modernen Naturgefühls. Im Jahre 1728 entwarf Langley in seinen „Neuen Grundsätzen der Gartenkunst" das erste Programm des „englischen Gartens". Er wendet sich darin aufs entschiedenste gegen die geometrische Parktradition von Versailles, die die Natur verkrüppelt und entseelt hatte, und will überhaupt keine geraden Baumreihen mehr dulden, sondern nur irreguläre Anlagen: wild wachsende Sträucher, kleine Waldpartien, Hopfenanpflanzungen, Viehweiden, Felsen und Abgründe. Alles dieses soll aber – und hierin spricht sich noch immer echtes Rokokogefühl aus – künstlich erzeugt werden: Hirsche und Rehe in Einhegungen sollen freies Naturleben, eingebaute Ruinen, ja sogar auf Leinwand gemalte Berge sollen Wildromantik vortäuschen; es herrscht noch immer, wenn auch mit verändertem Vorzeichen, das Barockprinzip, aus der Natur eine Theaterdekoration zu machen. Diese Ideen wurden zum Teil von William Kent in seinen *„fermes ornées"* verwirklicht. Montesquieu, der erste große Anglomane in Frankreich, verwandelte zu Anfang der Dreißiger Jahre nach seiner Rückkehr aus England den Park seines Stammschlosses in einen englischen Garten. Für den erwachenden Natursinn zeugen auch die damals beliebten *„bals champêtres"* und die sogenannten „Wirtschaften", bei denen vornehme Damen und Herren sich als Weinschenker, Bauern, Jäger und Fischer kostümierten und „einfaches Landleben" spielten. Man findet Freude am Schlittenfahren und Klopstock besingt den „Eislauf". Im Sommer gewöhnen sich die eleganten Damen an den breiten strohernen Schäferhut. Es handelt sich vorläufig erst um ein Kokettieren mit der Natur, und im wesentlichen ist es, trotz Bergprospekten und Ruinenkultus, noch nicht die romantische Natur, die man meint, sondern die idyllische, gastliche, rührende, die Lämmer-, Bächlein- und Wiesennatur, die sich sanft zu den Füßen des Menschen schmiegt; das höchste Lob, das jene Zeit einer Naturszenerie zu spenden weiß, ist die Bezeichnung „angenehm". Zudem ist die Auffassung noch stark vom wolffischen Rationalismus und Utilitarismus durchsetzt. Man liebt die ländliche Natur vor allem als Spenderin schmackhafter Gemüse, nahrhafter Milch und frischer Eier. Das Hochgebirge ist verhaßt. Samuel Johnson nennt noch 1755 in seinem „Dictionary", den die Engländer als ein Weltwunder anstaunten, die Berge „krankhafte Auswüchse und unnatürliche Geschwülste der Erdoberfläche" und schrieb nach seiner Reise in die schottischen Hochlande: „Ein an blühende Triften und wogende Kornfelder gewöhntes Auge wird durch diesen weiten Bereich hoffnungsloser Unfruchtbarkeit zurückgeschreckt": mit Behagen vermag eben der Blick nur auf Gegenden zu ruhen, die Brot und Butter liefern; die Hochlande sind unfruchtbar, also können sie nicht schön sein. Auch Hallers Gedicht „Die Alpen", das ungeheure Sensation machte, bringt mit Anschaulichkeit nur die menschliche Staffage der schweizerischen Landschaft, dazu noch moralisierend und politisierend.

Hans-Dieter Gelfert

Der englische Garten

Im 18. Jahrhundert nahm die Kultur Englands endgültig das Gesicht an, das seitdem in kontinentalen Augen als typisch englisch gilt. Damals trennte sich England in Mode, Möbelbau, Kunst, Architektur, Philosophie und gesellschaftlicher Etikette von Frankreich, der anderen Hegemonialmacht in Fragen des Geschmacks. Das wird nirgends deutlicher als in jenem Kulturerzeugnis, das seitdem mit dem Adjektiv englisch weltweit zu einem festen Begriff geworden ist, dem englischen Garten. Da dieser stets als ästhetische Einbettung eines Hauses konzipiert wurde, müssen wir ihn in Verbindung mit dem zweiten englischen Kulturerzeugnis sehen, das ebenfalls zu einem festen Begriff geworden ist, dem englischen Landhaus. Wir haben schon mehrfach angedeutet, daß England, obwohl es wie Frankreich und Deutschland von einer kleinen Adelsschicht dominiert wurde, dennoch viel früher und viel stärker eine Tendenz zu bürgerlicher Intimität und Privatheit ausgebildet hat. Das hängt, wie wir sahen, mit der Tatsache zusammen, daß die englischen Hochadligen keine Territorialfürsten waren und deshalb auf ihren Schlössern einen höchst privaten Lebensstil pflegen konnten, der sich von dem eines Bürgers nur durch die größeren räumlichen und finanziellen Dimensionen unterschied. Nach der Entmachtung der Krone durch die Glorreiche Revolution gab es für die Adligen kaum noch die Verpflichtung, sich durch Repräsentation Ansehen bei Hofe zu verschaffen. Das erklärt, weshalb der englische Adel sich gerade im 18. Jahrhundert ganz auf den Ausbau seiner Landsitze konzentrierte. Überall entstanden neue Schlösser im klassizistischen Stil, oder es wurden alte Tudorbauten, meist von Heinrich VIII. enteignete Klöster, klassizistisch umgestaltet. Das Stilideal zu Beginn des Jahrhunderts war ein barockisierender Klassizismus, der bald darauf einem strengen Palladianismus wich, bis in der zweiten Hälfte des Jahrhunderts Robert Adam seinen berühmten Adam-Stil schuf, in dem sich klassizistische Strenge und wohnliche Intimität wunderbar verbanden. Als *Georgian style* ging dieser Stil dann auch in die bürgerliche Architektur ein und prägt noch heute Städte wie Bath und Edinburgh. Im 19. Jahrhundert erwarben sich dann auch wohlhabende Städter einen Landsitz und schufen dort jenen schon erwähnten Exportartikel, der in Berlin und Umgebung vor allem durch Muthesius populär wurde. Es ist das englische Landhaus, das sich unregelmäßig mit Erkern und Schrägen in die Landschaft einfügte und damit typisch pittoresk war. Das englische Landhaus des 18. Jahrhunderts war allerdings noch das genaue Gegenteil von romantisch. Vielmehr war es von klassizistischer Strenge, mit Säulenportiko und symmetrisch gegliederter Fassade. Sieht man einmal von den Häusern ab, die in der zweiten Hälfte des Jahrhunderts in dem damals gerade wiederbelebten gotischen Stil gebaut wurden, so gibt es am englischen Landhaus jener Zeit nichts Romantisches. Um so romantischer ist das, was das Haus umgibt, der Garten.

Bis ins frühe 18. Jahrhundert hinein hatten auch die Engländer ihre Gärten nach französischem und italienischem Vorbild angelegt. Es waren *ornamental gardens*, in denen noch der kleinste Strauch die formende Hand des Menschen erkennen lassen sollte. Wege, Rasenstücke und Blumenrabatten verrieten bei allem Formenreichtum eine strenge Künstlichkeit. Erste Kritik an dieser Einschnürung der Natur in ein von der Mode diktiertes Korsett regte sich schon gegen Ende des 17. Jahrhunderts. Mit dem Aufkommen der bürgerlichen Empfindsamkeitskultur wuchs die Kritik immer mehr, und bald wandte sich alles einer neuen Mode zu, die in ganz Europa als typisch englisch empfunden wurde. Es war der Landschaftsgarten, der die Illusion vermittelte, als ginge man durch ein Stück unberührter Natur. Bei der Betrachtung des pittoresken englischen Stilideals hatten wir Addisons Traum aus dem Jahre 1710 erwähnt, in dem ihm die Freiheit als Göttin eines Naturreichs erschienen war, das die typischen Züge des Pittoresken trug. Darin zeigt sich bereits, daß das englische Gartenideal von Anfang an als sichtbarer Ausdruck von Freiheit empfunden wurde. Wie sehr selbst die Kontinentaleuropäer so fühlten, belegt kein englischer Garten besser als der, der just diesen Namen trägt, nämlich der Münchener. Er wurde in bewußter Reaktion auf die Französische Revolution geschaffen, und sein Urheber Benjamin Thomson, besser bekannt als Reichsgraf Rumford, hatte erklärt: „Mein Werk soll nicht bloß einem Stande, sondern dem ganzen Volke zugute kommen."

Die englischen Theoretiker, die sich im 18. Jahrhundert mit der Ästhetik des Gartens auseinandersetzten, haben das demokratische Element darin kaum jemals explizit ausgesprochen. Dies wäre auch kaum zu erwarten gewesen, da es zum Wesen ideologischer Ausdrucksformen gehört, daß ihre wahren Motive durch scheinbare Rationalisierungen verschleiert werden. Indirekt haben sie aber im Zusammenhang mit dem Garten ein höchst komplexes politisch-soziales Problem diskutiert. Sie suchten nach einer Schönheitsformel, und sie glaubten, sie in einer bestimmten Balance von Vielfalt und Einheit zu finden. Alle Teile eines Ensembles sollten sich zu einem Ganzen fügen. Wenn die Teile in das Ganze durch Veredelung eingefügt wurden, entstand Schönheit. Wenn sie aber vom Ganzen überwältigt und in ihm aufgelöst wurden, trat die Wirkung des Erhabenen ein. Die Engländer liebten nun aber, wie wir gezeigt haben, gerade solche Gebilde, in denen die einzelnen Teile weder vom Ganzen unterjocht noch in dieses durch Veredelung eingefügt wurden, vielmehr sollten sie in einer eigenwilligen Unregelmäßigkeit nebeneinander bestehen und dennoch ästhetische Lust bewirken. Es spricht alles dafür, daß dies das ästhetische Äquivalent zu der in England zuerst aufkommenden bürgerlich-freiheitlichen Gesellschaft ist. Es mag kurios anmuten, daß als Inbegriff der Balance zwischen Vielfalt und Einheit die Schlangenlinie galt. Der Maler Hogarth, der 1751 sein interessantes Buch *Analysis of Beauty* veröffentlichte, hielt diese sogenannte *serpentine line* für so wichtig, daß er sie als „Schönheitslinie" bezeichnete und sie auf seinem Selbstporträt verewigte. Auf dem Bild schwingt sich über seine Palette die Schlangenlinie und darunter steht „line of beauty". Was ist an der Schlangenlinie so besonders, daß sie als Inbegriff von Vielfalt in der Einheit gelten konnte? Mathematisch gesehen ist es eine Sinuskurve. Das Charakteristische an einer solchen ist, daß sie an jedem

Punkt eine andere Steigung hat, daß aber die Veränderung der Steigung wiederum nach einer Sinusfunktion erfolgt, nämlich Kosinus. Wir haben also innerhalb einer einzigen Funktion unendlich viele Punkte verschiedener Steigung, die ihrerseits wieder dieser Funktion gehorchen. Hogarth konnte von der mathematischen Gesetzmäßigkeit seiner Schlangenlinie noch gar nichts wissen, da die Differentialrechnung, auf der sie beruht, damals nur wenigen Eingeweihten bekannt war. Aber er hatte mit dem Auge des Malers intuitiv gespürt, daß es die Kurve war, die das Ideal von größtmöglicher Vielfalt bei größtmöglicher Einheit am besten verwirklichte. Auch die Gartenarchitekten wußten dies. Deshalb schufen sie künstliche Gewässer, die sich in Schlangenlinien durch den Park zogen. In Kensington Gardens, dem westlichen Teil des Hyde Parks, heißt ein See noch heute *The Serpentine*. Er hat zeitweilig traurige Berühmtheit erlangt, weil er das bevorzugte Gewässer war, in dem sich liebeskranke junge Frauen ertränkten. Ein anderes Mittel, mit dem die Gärtner die Vielfalt in der Einheit erhöhten, waren die sogenannten Hahas. Man versteht darunter versenkte Zäune, die einerseits unsichtbar sein sollten, um die Vision von grenzenloser Offenheit zu erreichen, andererseits aber doch das Vieh vom gepflegten Rasen fernhielten. Hahas hießen sie, weil dem Besucher ein erstauntes Aha entschlüpfte, wenn er plötzlich vor dem Graben stand, auf dessen Grund sich der Zaun befand. Auf diese Weise gelang es den Gartengestaltern, die gesamte Umgebung bis zum Horizont in die Einheit des Gartens aufzunehmen, wobei die Einheit selber unsichtbar blieb und nur im Zusammenspiel ihrer vielfältigen Teile spürbar war. In der Geschichte des englischen Gartens läßt sich beobachten, wie bei den ersten Großmeistern, bei William Kent und dem legendären Capability Brown, bei aller Natürlichkeit noch eine klassische Klarheit der Linienführung vorherrschte, während danach bei Humphry Repton die pittoreske Vielfalt überwiegt.

Der englische Garten bewirkte auf dem Felde des Geschmacks annähernd das gleiche wie die Französische Revolution auf politischem Gebiet. In Friedrich Nicolais parodistischem Roman *Die Freuden des jungen Werthers* wird erzählt, wie sich oberhalb von Werthers kleinem Anwesen ein Engländer ansiedelt, der sogleich mit der Anlage eines englischen Gartens beginnt. Dazu gehörte selbstverständlich auch ein Teich mit künstlichem Wasserfall. Da aber bricht der Damm, und die Wassermassen spülen Werthers Gärtchen hinweg. Dies ist die Satire eines Aufklärers, der sich über die neue Mode lustig macht. Sie zeigt aber auch, wie Europa von dieser Mode buchstäblich überschwemmt wurde. Daß sich in der Ästhetik des englischen Landschaftsgartens ein modernes bürgerliches Freiheitsbewußtsein ausdrückte, dürfte hinreichend plausibel geworden sein. Trotzdem bleibt noch die Frage, weshalb dieses Bewußtsein sich ausgerechnet den Landschaftsgarten zum Medium wählte. Damit eine solche Kunstform entstehen kann, muß man sie nicht nur geschmacklich wollen, man muß sie sich auch leisten können. Im 17. Jahrhundert haben verschiedene englische Reisende ihre Verwunderung über die enorme Landverschwendung zum Ausdruck gebracht, die in Frankreich mit der Anlage großer Gärten betrieben wurde. Das war in einer Zeit, als England durch wiederkehrende Mißernten mehrfach von Hungersnöten heimgesucht wurde. Doch dann im 18. Jahrhundert, als die lang anhaltende landwirtschaftliche Revolution einsetzte, wurde England zu einem Weizenexporteur. Die Weizenüberschüsse waren für den Großgrundbesitz ein Anlaß, die Gin-Herstellung zu begünstigen, um den Preisverfall zu stoppen. Das löste im Land und vor allem in London die sogenannte Gin-Krise aus. In den dreißiger Jahren gab es in London Bezirke, wo jedes siebte Haus einer Straße einen Gin-Ausschank hatte. Die Auswirkungen auf den Gesundheitszustand der Bevölkerung waren so verheerend, daß zeitweilig die Londoner Sterberate über der Geburtenrate lag. Gegen den Widerstand des Großgrundbesitzes gelang es schließlich, durch steuerliche Maßnahmen den Gin-Konsum zu drosseln, und von da an setzte der steile Anstieg der Bevölkerungszahl ein, die sich innerhalb eines halben Jahrhunderts nahezu verdoppelte. Gegen diesen Hintergrund gesehen erscheint die Entwicklung des englischen Gartens auch ökonomisch als plausibel; denn es wurde dadurch Anbaufläche aus der Produktion genommen. Die „Stillegungsprämie", die der Großgrundbesitzer einheimste, war keine Subvention, dafür aber ein beträchtlicher Statusgewinn. Das 18. Jahrhundert war das des steilen Aufstiegs der hochadligen Großgrundbesitzer, die ihre Güter vor allem auf Kosten der niederen Gentry und der Freibauern vergrößerten. Letztere hatten oft nicht das Geld, die teuren Einhegungen zu finanzieren. Deshalb verkauften sie ihr Land und investierten ihr Kapital in städtische Manufakturunternehmen. Der Hochadel seinerseits hatte in der ersten Hälfte des Jahrhunderts oft mehr Kapital, als die Wirtschaft vor Beginn der industriellen Revolution aufnehmen konnte. So kam es zu dem, was der amerikanische Soziologe Thorstein Veblen *conspicuous consumption* nennt, also Konsum aus reinen Statusgründen. Damals war es durchaus keine Seltenheit, daß ein Adliger in einer Nacht zehntausend Pfund verspielte, das Jahreseinkommen von fünfhundert Arbeitern. Eine sehr viel sympathischere Form der Verschwendung war da die Stillegung eines großen Areals fruchtbaren Ackerlandes und seine Umwandlung in einen vollkommen nutzlosen Park. Der Garten, und sei es auch nur das handtuchgroße Gärtchen hinter dem Reihenhaus, ist bis heute etwas, das in England mit tiefen Emotionen besetzt ist. In jeder Buchhandlung zeugt eine umfangreiche Abteilung für Gartenliteratur von dieser englischen Obsession. Und ein Cottage auf dem Lande ist noch heute der Traum jedes Engländers.

Novalis
Roman und englischer Garten

In einem Roman (der übrigens eine Ähnlichkeit mit einem englischen Garten hat) muß nur jedes Wort poetisch sein. *Keine platte Natur* etc.

Christlob Mylius
Vauxhall

Den 25. August ging ich zu Wasser mit dem Herrn D. Cooper und dem französischen Abt *d'Hernouville* nach Vauxhall, ein Garten am westlichen Ende der Stadt, jenseits der Themse, welcher zum öffentlichen Vergnügen bestimmt ist. Es ist auch sehr wohl alles da eingerichtet. Der ganze Garten besteht eigentlich aus Alleen von lauter Ahornbäumen. Um die Mitte ist ein erhabnes, bedecktes Orchester gebaut mit einer Orgel. Gegenüber an der Seite ist ein großer runder Salon schön gezieret und auch mit einem Orchester und mit einer Orgel versehen, um sich desselben zu bedienen, wenn es regnet. Nicht weit von dem Orchester im Garten ist Händels marmorne Statue. Er sitzt in seinem Negligé und spielt auf des Orpheus Leier. Diese Statue scheint mir nach Proportion des Piedestals zu klein zu sein. An der linken hintersten Seite des Gartens ist ein schmales, angenehmes Tal von Rasen gemacht; mitten in demselben ist Miltons marmorne Statue in völliger gehöriger Größe und Kleidung. Er bückt sich und hört aufmerksam der Musik zu: Denn es sind sonst daselbst Röhren unter der Erde vom Orchester an unter dem Rasen hingegangen, bei welchen man die Musik so deutlich als bei dem Orchester hat hören können; sie sind aber nicht mehr im Stande. An allen

Seiten des Vorderteils vom Garten sind Galerien mit sehr vielen gedeckten Tischen zum Essen und Trinken, und in der Mitte ist ein großes, schönes Zelt. Von 6 bis 10 Uhr ist allemal schöne Musik, wohl besetzt, von Symphonien, Ouvertüren, Konzerten etc.; es lassen sich hier auch 2 Sängerinnen und ein Sänger hören. Die eine Sängerin taugt nichts, aber der Herr Lowe, ein Bassist, und Miss Bunhell vornehmlich, singen sehr gut. Diese letztere ist eigentlich ein englisch Bauermädchen und von dem Eigentümer von Vauxhall angenommen worden, welcher sie in der Musik und Sprachen wohl unterrichten lassen, ihr jährlich 50 Pfund Sterlinge gibt und sie in allem frei und sehr wohl hält. Sie singen nicht ordentliche Arien, wie Opernarien, sondern lauter *English Songs*, welche zuweilen sehr artig sind; sonderlich die von Mr. Arne. Tabak wird hier wie auch auf den Kaffeehäusern gar nicht geraucht, auch nicht gespielt. Gegen 9 Uhr wird hinterwärts im Garten allemal ein Vorhang aufgezogen, wo sich, wie auf einem Theater, eine künstliche Kaskade perspektivisch präsentieret, welches eine Viertelstunde währet, worauf noch eine Stunde musizieret wird. An den Wänden der Galerien sind meistens lauter Szenen aus englischen Komödien gemalet. Die Person gibt 1 Schilling für den Eintritt.

Hanno-Walter Kruft
Gartentheorie in Deutschland

Deutschland tritt in die Gartendiskussion verhältnismäßig spät, doch dann mit dem umfangreichsten Werk ein, das die Gartenliteratur bis zu diesem Zeitpunkt hervorgebracht hat.

Seit dem 17. Jahrhundert gab es auch hier eine Reihe von Gartenbeschreibungen und -entwürfen, doch fast ausnahmslos in Zusammenhang mit der architekturtheoretischen Literatur. Erinnert sei an Furttenbach, Böckler, Decker u. a.

Die Gärten in Deutschland lehnten sich zunächst an den formalen französischen Garten, dann an den englischen Landschaftsgarten an. Eine Reflexion des eigenen Standortes fand nicht statt. Das neue Naturgefühl, das sich in den Dichtungen von Albrecht von Haller, Ewald von Kleist und Salomon Geßner niederschlug, stand unverbunden neben den modischen Gartenschöpfungen der Zeit. Erst in den 1770er Jahren begann die theoretische Diskussion des Landschaftsgartens. Mit Vehemenz setzte sich Johann Georg Sulzer in seiner „Allgemeinen Theorie der Schönen Künste" (1771–74) für die Grundideen des englischen Gartens ein; entsprechend seiner etwas trocken-aufklärerischen Haltung befürwortet er vor allem einen nützlichen großen Garten. Sulzer stand in Kontakt mit Hirschfeld, der sich in seinem Werk auf Sulzer bezieht.

Wie inhaltsleer man jedoch zum Teil die deutschen Adaptionen des englischen Landschaftsgartens empfand, zeigt der bereits 1773 veröffentlichte Aufsatz von Justus Möser (1720–94) „Das englische Gärtgen", in dem er nicht nur die Anglomanie, sondern geradezu die Perversion von Gartenideen persifliert. Ein Garten mit Bleiche und Krautgarten wird hier in seiner Verwandlung in eine *bezauberte Insel* beschrieben, *worauf man alles findet, was man nicht darauf suchet, und von dem, was man darauf suchet, nichts findet.* Es gibt hier eine aus England importierte chinesische Brükke und (anstelle der Bleichhütte) *einen allerliebsten kleinen gotischen Dom.* Der letzte Satz des fiktiven Briefes macht die völlige Entfremdung von der Gartenidee deutlich: *Wenn Sie aber kommen, so bringen Sie uns doch etwas weißen Kohl aus der Stadt mit, denn wir haben hier keinen Platz mehr dafür.*

Der englische Garten wurde von Möser als etwas Fremdes, Aufgesetztes empfunden. Es bedurfte einer Klärung, was ein Garten überhaupt war und ob es eine spezifisch deutsche Form des Gartens gab. Die Behandlung dieser Probleme wurde mit deutschem Fleiß und deutscher Gründlichkeit von Christian Cay Lorenz Hirschfeld (1742–92) vorgenommen, dessen „Theorie der Gartenkunst" 1779 zu erscheinen begann und bis 1785 auf fünf Bände anwuchs. Hirschfeld hatte bereits 1773 und 1775 Schriften zur Gartenkunst veröffentlicht; das spätere Werk des Kieler Philosophieprofessors wurde zur umfangreichsten Gartentheorie des 18. Jahrhunderts. Die fortlaufende Verarbeitung neuer Reiseeindrücke und neuer Literatur bedingt, daß Hirschfelds systematisch ansetzendes Werk in der Durchführung keineswegs systematisch bleibt. Er bezieht die Kenntnis bestehender Gartenanlagen weitgehend aus zweiter Hand – er war z. B. niemals in England –, lediglich die Beschreibung einiger deutscher Gärten beruht auf Autopsie. Hirschfeld trägt seine Ideen umständlich, höchst aufklärerisch und moralisierend vor, dabei ist er ohne den geringsten Anflug von Phantasie oder Humor. So übersetzt er lange Passagen von Chambers „Dissertation on Oriental Gardening" (1772), um dann sehr ernsthaft seine Zweifel an der Existenz solcher Gärten zu begründen. Obwohl Hirschfeld keineswegs zu einer in sich geschlossenen oder gar eigenen Gartentheorie vorstößt, sollen einige Kernpunkte seiner eklektischen Denkweise referiert werden. In der Benutzung englischer und französischer Quellen war Hirschfeld gewissenhaft, doch waren ihm die aufwendigen Stichwerke der Zeit großenteils nicht zugänglich. Die Auswahl der seinem Werk beigegebenen Illustrationen ist eher zufällig und steht meist in keinem Zusammenhang mit dem Text. Sie haben die Funktion geschmacksbildender Vignetten.

In seinen Urteilen ist Hirschfeld gemäßigt. So bezeichnet er die Landschaftsmalerei als *vertrauteste Schwester der Gartenkunst*. In den verschiedenen Gartenformen sieht er Ausprägungen des Nationalcharakters. Sehr negativ beurteilt er die regelmäßigen französischen Gärten, denen er Mißbrauch der Natur vorwirft, der darin bestehe, Gegenstände der Natur unter gewisse Regeln zu zwingen. Scharf beobachtend kritisiert er: *Die Gartenkunst war unter ihren Händen nichts anderes, als Architektur auf die Erdfläche angewandt.* Der Park von Versailles rufe Langeweile und Ekel hervor. Mit einiger Genugtuung stellt er fest: *In unseren Tagen scheint die Aufklärung über die Gartenkunst sich aus England nach Frankreich verbreitet zu haben*, um daran anschließend Watelets Beschreibung (1774) seines Besitzes in Moulin-Joli abzudrucken. Den Engländern billigt er *gesunden Geschmack* zu, den Palladianismus bezeichnet er als *edle Architektur im griechischen Geschmack.* Für Deutschland beschwört er den *Geist der Nation*, von der er dann nur zu sagen weiß, daß sie *vielleicht mehr als eine andere gegen die Schönheiten der Natur empfindlich ist, mehr als eine andere die malerische Idylle liebt.* Dies reicht für die Definition eines Nationalcharakters in bezug auf einen *deutschen* Garten nicht aus, die dementsprechend auch ausbleibt. Hirschfeld wagt lediglich die Vermutung: *Es wird sich in der Folge zwischen beyden Arten des herrschenden Geschmacks ein Mittelweg ergeben* [. . .].

Bemerkenswert ist Hirschfelds Abgrenzung von Architektur und Gartenkunst, indem er kinästhetische Gesichtspunkte für den Garten geltend macht: *Der Architekt will auf einmal das Auge befriedigen, es auf einmal die ganze harmonische Einrichtung seines Werks umfassen lassen; der Gartenkünstler will nach und nach mit einer allmählichen Fortschreitung unterhalten.* Er greift die englische Forderung nach einer *gewissen anmuthigen Verwickelung* und *Verschiedenheit der Wirkungen* auf, um abschließend festzustellen: *Der Gartenkünstler arbeitet am glücklichsten, wenn er fast überall das Gegentheil von dem thut, was der Baumeister beobachtet.* Für den *Volksgarten*, den Hirschfeld propagiert, fordert er hingegen *nach vernünftigen Grundsätzen der Polizey* symmetrische Anlagen und gerade Alleen: *Gerade Alleen sind hier nicht allein zuläßig, sondern verdienen selbst den Vorzug, indem sie die Aufsicht der*

Polizey, die an solchen Plätzen oft unentbehrlich ist, erleichtert. Dies klingt wie eine Vorwegnahme von Haussmanns Begründung für seine großen Straßendurchbrüche in Paris. Andererseits sieht Hirschfeld im Volksgarten einen Ort, an dem eine Annäherung der verschiedenen Stände stattfinden kann.

Hirschfeld akzeptiert erstaunlicherweise Parkgebäude aller Art, sofern sie nicht bloße Dekoration eines Prospektes sind, sondern wenn ihre Bedeutung und ihr Charakter *mit dem Charakter des Landes und des Orts besonders harmoniert.*

Landschaft wie Park haben für Hirschfeld durch ihre Wirkung eine erzieherische Funktion. Die Alpen rufen eine *Erhebung des menschlichen Herzens* hervor, die Gartenkunst erhöht das *Gefühl von der Güte der Gottheit*, sie weckt Heiterkeit, aufgewecktes Wesen, Milde. Gartenkunst ist eine Steigerung der Natur mit Mitteln der Kunst. Programmatisch lautet der letzte Satz des Werkes: *Gott schuf die Welt, und der Mensch verschönert sie.*

Hirschfeld teilt die Gärten nach Klima, Jahreszeiten, Tageszeiten, nach Besitzerstatus und nach dem *Charakter der Gegend* ein. Für die Empfindungsmodi des letzteren konnte er sowohl auf den Sensualismus der Engländer wie auf die caractère-Lehre der Franzosen zurückgreifen. Er unterscheidet fünf Charakter-Typen: 1.) angenehme, muntre, heitre Gärten; 2.) sanftmelancholische Gärten; 3.) romantische Gärten; 4.) feierliche Gärten; 5.) Gärten, die aus einer Zusammensetzung dieser verschiedenen Charaktere bestehen.

Der *romantische* Garten bewirkt Verwunderung, Überraschung, angenehmes Staunen und Versinken in sich selbst, er ist *fast ganz ein Werk der Natur.* Die Parkgebäude werden von den Empfindungsmodi der Landschaftstypen abhängig gemacht, die sie verstärken sollen. So werden Grotten dem *romantischen* Gartentyp, Einsiedeleien dem *sanftmelancholischen* zugerechnet. Künstliche Ruinen sind *eine reiche Quelle des Vergnügens und der süßesten Melancholie.*

Hirschfeld bietet in vielem eine forcierte Synthese kaum überbrückbarer Gegensätze. Mit seinen Vorgängern geht er machmal ungnädig um. Deckers Entwürfen wirft er *die äußersten Überladungen und Verzierungen, die nur der üppigste und ausschweifendste Geschmack ausfinden kann*, vor, die Theorie der Landhauspublikationen von Blondel und Briseux nennt er schlechterdings *flüchtig und mager*. Bei seinen Urteilen über zeitgenössische, von ihm besuchte Gärten ist er kritisch, doch etwas hilflos. So notiert er über Kassel-Wilhelmshöhe: *Das Auge läßt sich so wenig als die Einbildungskraft, Gesetze aufdringen, welche die Natur nicht kennt.* Ferner kommen ihm Zweifel an dem historisch-mythologischen Gehalt der Anlage: *Bey allen aus der Mythologie entlehnten Vorstellungen entstehen zwey Fragen: ob sie für unser Zeitalter noch interessant genug sind, und sodann, ob sie sich in Gartenlagen schicken?*

Hirschfelds Werk ist sehr material- und gedankenreich, doch eine Handlungsanweisung zur Gartenplanung läßt sich nicht aus ihm gewinnen. Obwohl er bis heute mit Respekt zitiert wird, darf man seine Wirkung nicht allzu hoch veranschlagen.

Ein Werk wie Grohmanns „Ideenmagazin für Gartenliebhaber" war mit seinem Fundus an Bildvorlagen um 1800 wesentlich einflußreicher.

Die Diskussion der Gartentheorie zog am Ende des 18. Jahrhunderts weitere Kreise und griff auf die Belletristik über. Von Weimar aus nahmen Schiller und Goethe direkt an der theoretischen Diskussion teil. Schillers Rezension „Ueber den Gartenkalender auf das Jahr 1795" bezieht sich auf Hirschfeld, wenn es heißt: *Es wird sich alsdann wahrscheinlicher Weise ein ganz guter Mittelweg zwischen der Steifigkeit des französischen Gartengeschmacks und der gesetzlosen Freiheit des sogenannten englischen finden.* Ähnlich wie Möser sieht Schiller die deutsche Anglomanie sehr kritisch, und er spricht von der *kindischen Kleinheit* der englischen Gärten in Deutschland. Schiller akzeptiert einen *poetischen Gartengeschmack*, der auf dem *richtigen Factum der Gefühle* beruhe – also dem Assoziationsprinzip –, doch verurteilt er den pittoresken Garten als gescheitert, *weil er aus seinen Gränzen trat und die Gartenkunst in die Malerei hinüberführte.* Schiller definiert die Gartenkunst als eine solche *welche die Natur durch sich selbst repräsentirt und nur insofern rühren kann, als man sie absolut mit der Natur verwechselt.* Das Bemühen um Mannigfaltigkeit habe zum Tändelhaften und Willkürlichen geführt. Etwas befremdlich bleibt es, daß Schiller seinen Text mit einer äußerst positiven Beschreibung des Parks von Hohenheim bei Stuttgart beschließt.

Ein über das Konzeptstadium nicht hinausgediehener Aufsatz Goethes und Schillers „Über den Dilettantismus" (1799) enthält unter dem Stichwort *Gartenkunst* die gedanklich schärfste Auseinandersetzung mit dem Landschaftsgarten. Positiv heißt es nur: *Ein Bild aus der Wirklichkeit zu machen, kurz, erster Eintritt in die Kunst*, dann im Sinne von Sulzer und Hirschfeld: *eine reinliche und vollends schöne Umgebung wirkt immer wohltätig auf die Gesellschaft.* Die Notizen über den *Schaden* seien vollständig zitiert, da sie die substantiellste Kritik enthalten, die die Idee des Landschaftsgartens je erfahren hat: *Reales wird als ein Phantasiewerk behandelt. Die Gartenliebhaberei geht auf etwas Endloses hinaus: 1) weil sie in der Idee nicht bestimmt und begrenzt ist; 2) weil das Materiale als ewig zufällig sich immer verändert und der Idee ewig entgegenstrebt. Die Gartenliebhaberei läßt sich die edlern Künste auf eine unwürdige Art dienen und macht ein Spielwerk aus ihrer soliden Bestimmung. Befördert die sentimentale und phantastische Nullität. Sie verkleinert das Erhabene in der Natur und hebt es auf, indem sie es nachahmt. Sie verewigt die herrschende Unart der Zeit, im Ästhetischen unbedingt und gesetzlos sein zu wollen und willkürlich zu phantasieren, indem sie sich nicht wie wohl andere Künste korrigieren und in der Zucht halten läßt.*

Goethe und Schiller sehen darüber hinaus in der Staffage-Architektur eine Gefährdung des Architektur-Begriffs: *Die dabei vorkommenden Gebäude werden leicht, spindelartig, hölzern, brettern pp. aufgeführt und zerstören den Begriff solider Baukunst. Ja sie heben das Gefühl für sie auf. Die Strohdächer, bretterne Blendungen, alles macht eine Neigung zu Kartenhaus-Architektur.*

Goethes und Schillers Position ist weitgehend eine Absage an den Landschaftsgarten, dessen Ideen Goethe wenige Jahre früher bei der Anlage des Weimarer Parks mitgetragen hatte.

Die zugespitzte Kritik der deutschen Romantiker, die abfällig von *Verfertigern der schönen Natur* (Tieck) sprachen, hatte eine etwas andere Stoßrichtung, benutzte jedoch ähnliche Argumente. Es kommt zu einer inneren Wiederannäherung an den französischen Garten, und Tieck spricht den Gedanken aus, *daß man in Zukunft manche der natürlichen Parks wieder in dergleichen künstliche Anlagen umarbeiten möchte*. Hegel geht in seiner „Ästhetik" den konsequenten Schritt, die Gartenkunst aus der Gruppe der schönen Künste zu verstoßen und sie den unvollkommenen zuzurechnen.

Goethes späte Auseinandersetzung mit dem Landschaftsgarten in den „Wahlverwandtschaften" (1809) ist eine äußerste und letzte Übersteigerung des Assoziationsprinzips, indem die Anlage und Veränderung des Gartens zur Seelenprojektion der handelnden Figuren wird. In der literarischen Kontroverse galt 1809 der Landschaftsgarten als gescheitert. Wenn Goethe eine Analogie von Roman-Handlung und Gartenplanung darstellte, so war das tragische Ende des Romans gewissermaßen programmiert.

Der von Hirschfeld und Schiller geforderte Mittelweg zwischen englischem und französischem Garten wurde von Friedrich Ludwig von Sckell (1750–1823) im Park von Nymphenburg eingeschlagen. Sckell war der bedeutendste deutsche Landschaftsgärtner; er faßte seine praktischen Erfahrungen 1818 in seinen „Beiträgen zur bildenden Gartenkunst“ zusammen.

Sckells theoretische Position ist durchaus konventionell, indem er sich auf die Kategorien Vitruvs beruft, den er anläßlich der von ihm befürworteten antiken Tempel in Parkanlagen ausführlich referiert. In seinem Denken ergänzen sich englische und französische Komponenten. Seine Quellen werden von ihm namentlich erwähnt. Es klingt nach dem Sprachgebrauch der französischen Sensualisten, wenn er die Gärten als *Bilder der Natur*, als *Natur in ihrem festlichen Gewande* charakterisiert. Sckell ist ein gemäßigter Gegner des geometrischen Gartens, dessen *majestätische Alleen* und deren *imposanten Anblick von hoher Pracht* er für städtische Verkehrswege anerkennt. Im Anschluß an Hirschfeld befürwortet er Volksgärten mit der Begründung, daß sie zur *Annäherung aller Stände* [...] *im Schooße der schönen Natur* beitragen könnten.

In der Wahl seiner Mittel ist Sckell Eklektizist: *Daher kann auch der Gartenkünstler nach Gefallen jene Bilder wählen und aufstellen, die zu seinem Locale passen, unbekümmert, ob solche groß oder klein erscheinen. Die Natur wird sie anerkennen, sind sie nur nach ihren Formen und Gesetzen gestaltet, ausgeführt und in einem malerischen Bilde, ihr ähnlich und nicht überladen, aufgestellt worden.*

Sckell läßt auch alle im 18. Jahrhundert ausgebildeten Typen von Parkgebäuden gelten, allerdings wendet er sich gegen die *form- und geschmacklose chinesische Baukunst*. Bei seiner Behandlung künstlicher Ruinen beschwört er *Einsamkeit und schauerliche Stille*; hier zeigt sich, wie stark Sckell noch in der Tradition von Burkes Lehre des *sublime* steht. Auch die Hogarth'sche Schönheitslinie spielt für Sckell eine erhebliche Rolle; er beschreibt einen Zeichenstock, mit dem der Landschaftskünstler bei der Festlegung der Wege *mit starken Schritten der schönen Wellen-Linie* nachfolge, *die ihm seine geübte Einbildungskraft vorbildet, und gleichsam vor ihm herschweben läßt.*

Sckell steht in aufklärerischer Tradition, wenn er immer wieder die Berufung auf das Vorbild der Natur mit dem Anspruch auf Wahrheit verbindet. Ähnlich wie bei Repton treten auch bei Sckell botanische Faktoren sehr in den Vordergrund.

Sckells formale Schöpfungen und seine Ideen wirken bis in die unmittelbare Gegenwart.

Den Abgesang zur Theorie des Landschaftsgartens bietet Fürst Hermann von Pückler-Muskau (1785–1871) mit seinen „Andeutungen über Landschaftsgärtnerei" (1834), die völlig in der englischen Tradition stehen, aber durchaus die Gefahren der Anglomanie erkennen. Pückler-Muskau lobt den so oft verspotteten Lancelot Brown als „Shakespeare der Gartenkunst" und bringt Elemente des pittoresken Gartens mit Vorstellungen von Repton und Loudon in Übereinstimmung. Er geht davon aus, daß ein Garten auf eine Grundidee zurückführbar sein müsse, die er selbst so definiert: *aus dem Ganzen der landschaftlichen Natur ein concentriertes Bild, eine solche Natur im Kleinen als poetisches Ideal zu schaffen* [...] Der Garten setzt sich für ihn aus einer Folge von Bildern zusammen; *denn ein Garten im großen Style ist eben nur eine Bildergallerie* [...] Er steht auf der Linie von Hirschfeld, wenn er verlangt, daß Parkgebäude *mit ihrer Umgebung in sinniger Berührung stehen und immer einen bestimmten Zweck haben* sollen. Die Mythologie will er ausgeklammert wissen.

Pückler-Muskau gibt brauchbare praktische Anweisungen, die aus seinen Erfahrungen bei der Anlage seines Parks von Muskau resultieren, den er in seiner Projektion im zweiten Teil des Werkes ausführlich beschreibt. Die Berufung auf ein *poetisches Ideal* läßt sich formal auf Schiller zurückführen, doch ist sie zugleich Ausdruck einer Wirklichkeitsflucht. Der poetische Garten ist die Kompensation der von ihm wahrgenommenen gesellschaftlichen Veränderungen: *Euer ist jetzt das Geld und die Macht, laßt dem ausgedienten Adel die Poesie, das einzige, was ihm übrig bleibt.* Der Park wird zur Enklave der Vergangenheit.

In der zweiten Hälfte des 19. Jahrhunderts und noch bis in die Gegenwart wird die Diskussion weitgehend von den ästhetischen Vorstellungen des Landschaftsgartens bestimmt. Es findet dabei eine zunehmende Integration der Gartentheorie mit der Stadtplanung statt, die ihre Kriterien mehr aus sozialen und technischen als aus ästhetischen Prämissen ableitet.

Erhard Hirsch

Die Wörlitzer Anlagen

Die Wörlitzer „Anlagen", wie sie bezeichnenderweise fast ausnahmslos bei den Zeitgenossen heißen, waren von vornherein als Muster gedacht, wie man ländliche Gebiete verschönern könnte. Der Begriff „Landesverschönerung" ist denn auch bei Matthisson zum ersten Male belegt: Von Dessau strahlte sie auf den ganzen Kontinent aus. Wie die Sieglitzer Waldeinsamkeit lediglich „geordnete Natur" im Zentrum eines forstlich und jagdlich genutzten Territoriums war, so ist es Wörlitz – das, was heute schlechthin „Wörlitzer Park" heißt – für die ländliche Gegend. Schon ein Blick auf den Übersichtsplan zeigt, daß diese „Anlagen" zum großen Teil bloße Galerie-Pflanzungen um die Kanäle und Wege sind: Große landwirtschaftliche Nutzflächen (Wolfs Feld, Hainichtenbreite, Pantheon-Breite, Steinbreite = Japanbreite) liegen noch heute von den Pflanzungen eingebettet. Was der heutige Besucher oft als Unterbrechung empfindet, wenn nicht gar als Zeichen, daß jene Partien des „Landschaftsparks" nicht fertiggestellt wären, war bewußt eingesetztes Stilmittel. Damals waren noch weitere Parkteile landwirtschaftliche Nutzfläche, die Neumarksche Insel großenteils Baumschule und Obstgarten; Obstbäume und Maulbeeren für die Seidenraupenzucht standen auch auf der heutigen Koniferenwiese vorm Gotischen Hause, in dessen Umgebung sogar Rinderzucht betrieben („Kuhstall") und moderne Ackergerätschaften vorgeführt wurden. Dies geschah der ackerbauenden Bevölkerung zum Vorbild und zur Anregung – wieder ein erster pädagogischer Aspekt, diesmal in Form einer „ökonomischen" Musterschau.

Die Zeitgenossen erkannten diese Einheit. So stellt Georg Melchior Kraus, der 1783 im Auftrage des Fürsten die über 20 aquarellierten Zeichnungen und Stiche für eine Vedutenserie begann, auch den Landarbeiter inmitten der gestalteten Partien dar. Dies muß als *ein* Gestaltungsprinzip herausgestellt werden, ehe die andern folgen. Denn dieses Wörlitz ist eine „in ihrer Art einzige Schöpfung von höchstem kulturgeschichtlichen und hohem künstlerischen Wert [. . .] dies Wörlitz mit seinen vier Gärten, seinen sieben gewaltigen Kunst- und wissenschaftlichen Sammlungen ist ja eine Welt für sich, ist ja tatsächlich das Spiegelbild, der *Inbegriff* des reichen, nach allen Richtungen tapfer ringenden oder doch rührend tastenden Jahrhunderts" (Karl Emil Franzos, 1903).

In diesen vier (oder fünf) Gärten, die über den langen Zeitraum von vier Jahrzehnten entstanden (1764 begonnen), finden sich die „extremsten Disharmonien" als Ausdruck und Inkarnation des Zeitgeistes eines interessanten Jahrhunderts zu einem „wundersamen Vollakkord" zusammen (W. van Kempen, 1925), den schon der Zeitgenosse Wieland als den *In*begriff des 18. Jahrhunderts, des Siècle des lumières, bezeichnet hat.

Uns zeigt sich als der älteste Teil der *Neumarksche Garten* (benannt nach dem Gärtner Neumark, dem in den ersten Jahrzehnten die Pflege anvertraut war). Höher gelegen und von einem kleinen Wall umgeben, der ihn als Randweg (englisch: belt) umläuft, hat er die große, verheerende Überschwemmung von 1770 unbeschadet überstanden und ist bis heute in seiner verspielten Wegeführung ziemlich rein erhalten. Im Innern bestand er aber damals vorwiegend aus Baumschul- und Nutzgarten. Noch aus Rokokogeist stammende weitere Verspieltheit zeigt sich zum Beispiel im Labyrinth, das nach Rode ein Gleichnis zum Leben des Fürsten darstellt, mit den Büsten der Männer, die ihm zeitweilig Lehrer waren, Gellert und Lavater. Eine dritte Concha blieb frei: der Ansatz zu einer Galerie geistiger Ahnen, wie Franz sie in Stowe im Shrine of British Authors kennengelernt hatte. Meisterhaft beschreibt C. A. Boettiger die antikischen Intentionen beim Ausblick vom „Elysium" nach dem fürstlichen Grabmal am Drehberg.

Am 8. April 1770 war der mächtige Deich durch die im Elbhochwasser mitgeführten gewaltigen Eisblöcke gleich an zwei Stellen aufgerissen worden. Die einströmenden Fluten verwüsteten nicht nur die erst seit sechs Jahren begonnenen Pflanzungen, sondern überschwemmten das Ackerland des ganzen Wörlitzer Winkels, wo sie bis Weihnachten in gleicher Höhe stehen blieben. Durch die noch nicht gänzlich wieder geschlossenen Wälle drang das Sommerhochwasser des Jahres 1771 erneut ein (dies letztere Ereignis, im Hochwasserdenkmal durch den sogenannten Erbprinzenstein unweit Oranienbaum verewigt, ist immer wieder als das Datum der Katastrophe zu lesen). Wie verheerend diese Jahre sich auswirkten, bezeugen die im ganzen Reich folgenden Hungerzeiten um 1772.

Das Bodenrelief der Wörlitzer Anlagen, namentlich des *Schochschen Gartens*, und die „Insel der Fürstin" wurden grundlegend verändert. Diese Partie verschwand sogar ganz: Sie wurde in vier kleinere Inseln zerrissen, von denen erst sehr viel später zwei zur heutigen Roseninsel wieder vereinigt worden sind. Der heutige Kanal zwischen Neuer und Agnes-Brücke verlief vordem viel weiter östlich. Die Widerlagerreste einer ihn überspannenden Brücke sind noch unweit des Wachhauses zum Pferde auf der Wiese zu erkennen. Überhaupt verdanken die Ausspülungen des Kleinen und Großen Wallochs mit zehn Meter Tiefe erst dieser Hochwasserkatastrophe ihre Entstehung.

Die Neugestaltung des Schochschen Gartens in den siebziger Jahren leitete den „zweiten Wörlitzer Stil“ ein, mit dem Wörlitz seine überragende Bedeutung als „großes Muster“ (Rode) für die Landschaftsgestaltung der Folgezeit gewann.

Der „dritte Garten“ – wenn man die kleine Anlage östlich des eben genannten Kanals für sich nimmt – ist der *Garten auf dem Weidenheger*. Er enthält neben den auf Fernsicht berechneten und daher vergrößerten Kopien des Dornausziehers und der Venus aus dem Bade als Attraktionen die Schwimmbrücke und das Borkenhäuschen (die Wurzelhütte). Letzteres ist möglicherweise Wörlitz’ Tribut an die „Otahiti“-Mode, wo doch die Südseereisenden Reinhold und Georg Forster selbst Wörlitz besucht haben. Wahrscheinlich steht es als Badehaus in Verbindung mit dem „Brummeisen“, einem bis hierher geführten kleinen Seearm. Den Beginn der Anlagen des Weidenhegers bildet aber das Wachhaus zum Pferde. Ein ähnliches Monument steht am Eingang der von den Dessauern so bewunderten Hadriansvilla bei Tivoli; und das Rosseführer-Relief am Wachhaus hat eine zum Tabernakel ausgebaute Rahmung erhalten, in Anlehnung an ein Relief gleichen Motives im Festsaal der Villa Albani bei Rom, unter dem die Dessauer oft gesessen haben mögen.

Südlich des Sees, auf dem „Hochufer“ der Stadtlage von Wörlitz und mit dieser geschickt durch den regelmäßigen grünen Vorhof des Schlosses verbunden, liegt der vierte, der *Schloßgarten*, zwischen Synagoge und dem „Großen Gasthof“, dem Eichenkranz, den Kirchhof mit seinem stimmungsvollen neugotischen Ensemble mit eingeschlossen.

Nach Osten (diesseits des Sees also ab Synagoge, auf dem jenseitigen Ufer östlich des Weidenhegers) beginnen dann die *Neuen Anlagen*, die, erst 1788 in Angriff genommen, noch größere Ackerflächen einschließen, noch mehr also bloße Galeriepflanzungen um Kanäle, Wege und am Elbwall sind: Die offene Landschaft dominiert. Die gestalterischen Höhepunkte sind das Pantheon, die Partie um das Rote Wallwachhaus und das Italienische Bauernhaus, die Seespitze mit dem „Stein" (auch der Vulkan oder Vesuv genannt). Das Italienische Bauernhaus ist ein Geschenk Carl Augusts von Weimar, der damit wie auch mit der Rüstung seines Ahnherrn Bernhard von Weimar zurückzuschenken suchte, was sein Dessauer Freund ihm so reichlich als Berater bei der Anlage der Weimarer Parke gegeben hatte. Auf der Ilmhöhe setzten Carl August, Goethe und Oeser ihm jenes „titanische" Denkmal mit der Inschrift:

FRANCISCO DESSAVIAE PRINCIPI.

Weitere Denkmäler für den bedeutendsten Gestalter der frühen deutschen Landschaftsgärten sollten bald in geistesverwandten Anlagen wie im Georgium und in Dieskau bei Halle folgen. Wie der Schochsche Garten, so hat auch die „Neue Anlage", der „dritte Wörlitzer Stil", ihre Nachfolger gefunden – vor allem dort, wo sie großräumig in die Landschaft ausgriffen – und weit auf den Kontinent ausgestrahlt.

Wörlitz ist in den vier Jahrzehnten seiner Entstehung nie nach einem vorentworfenen Gesamt-„Plan" gestaltet worden. Wie Zeit und Geld und natürlich auch die Arbeitskräfte gerade zur Verfügung standen, wurden die kleinteiligen Gartenpartien weitergeführt. Das ist ein Wesenszug der meisten englischen Gärten; nicht anders war es in Weimar, und es hat seinen späten literarischen Niederschlag in Goethes „Wahlverwandtschaften" gefunden. Die vorhandenen Pläne von Wörlitz sind immer nur Zustandspläne, Bestandsaufnahmen, wie sie auch Voraussetzung waren für die Herausgabe gestochener Übersichtspläne, von denen der erste, der nicht stimmige Plan von Neumark und Probst, noch ohne die Neue Anlage, 1784 in die Welt geschickt wurde.

An der Publizierung seines Hauptwerks war Franz viel gelegen: Im Jahr zuvor hatte Georg Melchior Kraus die Zeichnungen für seine Sticheserie begonnen, von denen dann aus ungeklärten Gründen nur vier erschienen. Erst ein Jahrzehnt später verwirklichte die von Franz nach Dessau gezogene Chalkographische Gesellschaft mit 24 hervorragenden Blättern sein Vorhaben. Die gleichzeitig dem mit Erdmannsdorff befreundeten Philanthropinlehrer Goetze in Auftrag gegebene Gartenbeschreibung kam wohl wegen der Institutsquerelen ebenfalls nicht zustande. August Rode mußte schnell einspringen, und so erschien sein erster offizieller Führer mit dem Plan von Probst 1788 – noch vor Beginn der Neuen Anlage, so daß bereits zehn Jahre später eine gänzliche Neubearbeitung erforderlich wurde, die nun als dritter Band der „Sehenswürdigkeiten in und um Dessau“ 1798 herauskam.

Wörlitz bietet sich dem heutigen Betrachter als ein „Gesamtkunstwerk“ dar; es nimmt diese Entwicklung – wie so vieles andere – dem 19. Jahrhundert voraus, so wie es durch seine stilistische Grundkonzeption von größtem Einfluß war. Zum erstenmal kommt es bei dieser noch zu erläuternden Grundkonzeption zu historistischen Tendenzen und zur Stilmischung, wie sie für das ganze 19. Jahrhundert typisch wird. Selbst die Entwicklung zur Neorenaissance in der zweiten Jahrhunderthälfte ist eigentlich durch das Œuvre Erdmannsdorffs vorweggenommen oder zumindest vorgezeichnet, nimmt er doch ständig bewußten Bezug auf das Werk Palladios: Palladio-Zitate finden sich selbst an den kleinsten Bauten, zum Beispiel den „Sitzen“, und waren so über das ganze Gartenreich verbreitet. Dabei verschmähte es Erdmannsdorff keineswegs, auch auf manieristische Vorlagen der Spätrenaissance zurückzugreifen, wie etwa die Leichenhalle in Wörlitz und ihr Pendant in einem anderen

Friedhofsgebäude en miniature an die Kirchenfassaden vom Il-Gesù-Typ anknüpfen.

Die begeisterten Besucher, auch die junge Architektengeneration des späteren Klassizismus, lassen sich gewissermaßen ein auf Stilformen, die aus aller Herren Ländern zusammengetragen waren. Und beherrscht bereits hier der ästhetische Gegensatz Klassizismus-Neugotik die Parkschöpfungen zu Wörlitz, Luisium und Mildensee, so wird das in der Folge verbindlich, ja aus dem Park heraus wird auch die Neugotik profaniert, so daß es im Laufe des neuen Jahrhunderts zu einem regelrechten „Zweiparteiensystem der Stile“ kommt (Sedlmeyer).

Christian Cay Lorenz Hirschfeld

Ruinen

1.

Ruinen als Werke der Nachahmung in Gärten betrachtet, haben bey dem ersten Anblick so viel Auffallendes, daß man sich mit Recht darüber verwundern zu dürfen scheint, wie man sie mit Bedacht anlegen kann. Es scheint ein Eingriff in die Vorrechte der Zeit zu seyn, deren Wirkung sich ohne unsere Beyhülfe in der Verschlimmerung und Auflösung der Dinge zeigt; eine übel verstandene Anwendung der Kunst zu bauen, die durch Schöpfung und nicht durch Zerstörung sich anzukündigen pflegt; eine Verletzung der Annehmlichkeiten der Natur, die sich wundern muß, mitten in ihrem Schooße klägliche Steinhaufen von der Hand des Menschen, die sie sonst wegzuschaffen beschäftigt war, hingeworfen zu sehen.

In der That, so lange man noch nicht angefangen hatte, von allen Gegenständen der Landschaft die Wirkungen zu berechnen, die sich zur Erweiterung und Verstärkung der Gartenempfindungen vortheilhaft anwenden lassen; so lange konnte man nicht auf eine künstliche Nachahmung der Ruinen fallen. Sie sind daher erst in den neuern Gärten der *Engländer* in Gebrauch gekommen.

Bey einer nähern Betrachtung verschwindet das Unschickliche, das man in der Anlage nachgeahmter Ruinen zu bemerken glaubt. Wirkliche Ruinen sind an sich nichts Unnatürliches auf einem Gartenplatz, und von der Kunst nachgeahmte Ruinen können völlig das Ansehen und daher auch die Wirkung wahrer Ruinen erhalten. Weil Gärten doch nichts anders, als Nachahmungen aller Arten von wirklichen Gegenden sind, so können auch Ruinen in ihrem Bezirk eine Stelle einnehmen.

2.

Vornehmlich aber sind es die Wirkungen der Ruinen, die ihre Nachahmung nicht allein rechtfertigen, sondern selbst empfehlen. Zurückerinnerung an die vergangenen Zeiten und ein gewisses mit Melancholie vermischtes Gefühl des Bedauerns, sind die allgemeinen Wirkungen der Ruinen. Allein diese Wirkungen können von dem besondern Charakter und der vormaligen Bestimmung, von dem Alter, von der oft deutlichen, öfters ungewissen Einrichtung und Gestalt, von den hie und da halb vertilgten Aufschriften eines verfallenen Gebäudes, von der Lage und von andern Umständen, die auf Begebenheiten und Sitten hinwinken, mannigfaltige Modificationen annehmen. So erwecken die Ruinen eines Bergschlosses, eines Klosters, eines alten Landsitzes sehr abgeänderte Bewegungen, besonders abgeändert durch die Betrachtung der Zeit und anderer Umstände, die an sich so vielfältig unterschieden seyn können. Man kehrt in Zeiten zurück, die nicht mehr sind. Man lebt auf einige Augenblikke wieder in den Jahrhunderten der Barbarey und der Fehde, aber auch der Stärke und der Tapferkeit; in den Jahrhunderten des Aberglaubens, aber auch der eingezogenen Andacht; in den Jahrhunderten der Wildheit und der Jagdbegierde, aber auch der Gastfreundschaft. Allein außer einem Bergschlosse, einem Kloster, einem alten Landsitz können noch Ruinen von andern Arten von Gebäuden ihre besondern Wirkungen verbreiten. Bey allen Ruinen aber stellt der Geist unvermerkt eine Vergleichung zwischen ihrem vormaligen und ihrem jetzigen Zustande an; die Erinnerung an Begebenheiten oder Sitten der Vorwelt wird erneuert; und die Einbildungskraft nimmt aus den vorliegenden Denkmälern Veranlassung weiter zu gehen, als der Blick reicht, sich in Vorstellungen zu verlieren, die eine geheime, aber reiche Quelle des Vergnügens und der süßesten Melancholie enthalten.

Dies sind die Wirkungen der wahren Ruinen; und wenn die nachgeahmten mit einer glücklichen Täuschung angelegt sind, so können sie fast eben diese Wirkungen haben. Und durch diese Wirkungen werden die Ruinen eine schätzbare Gattung, Werke von einem eigenthümlichen Charakter; sie erregen Vorstellungen und Empfindungen, welche die Gebäude selbst, wenn sie noch vollständig vorhanden wären, nicht hervorbringen würden.

3.

Aus diesen Wirkungen der Ruinen läßt sich auch die Anlage bestimmen, die man ihnen zu geben hat. Die wichtigste Kunst ist, ihnen das Ansehen der Kunst zu nehmen, ihnen eine Anordnung, eine Verbindung oder eine Unterbrechung zu geben, wodurch sie alt und wirklich von der Hand der Zeit oder von der Macht der Witterung gebildet scheinen. Zu dieser Absicht ist nöthig, daß sich Massen von einer beträchtlichen Größe zeigen, und daß, so zertrennt und zerstört auch alles ist, sich doch einige Verhältnisse der Stücke, wiewohl undeutlich, erkennen lassen. Kleine unbeträchtliche Steine haben so wenig Wirkung, als Trümmer, denen man es gleich ansieht, daß sie nur zusammengeworfen sind, nicht aber als Theile eines zerfallenen Ganzen zusammen gehören. Die Verbindung aller Theile mag aufgehört haben, weil die Trennung eine natürliche Wirkung der Zeit ist; nur müssen die Theile, noch dem Orte nach, eine gewisse Verbindung behalten haben, nicht so weit von einander zerstreut liegen, daß das Auge sie erst mühsam zusammensuchen muß, oder daß gar der Anschein eine Auseinanderwerfung von der Hand des Menschen verräth. Inzwischen ist die Trennung aller Theile nicht unumgänglich nöthig; ganze Stücke von Gemäuer können noch vollständig seyn, noch zusammenhängen, noch den vormaligen Gebrauch sehen lassen. Und dieses wird durch die Absicht, eine bestimmte Gattung von Wirkung zu erzeugen, zuweilen nothwendig gemacht. Alsdann muß die vormalige Bestimmung des Gebäudes in irgend einer Spur noch sichtbar seyn. Daher kein wilder Steinhaufen, der gar keine Bedeutung hat, sondern erhaltene, oft noch zusammenhängende Theile, welche die vorige Gestalt und Einrichtung des Ganzen erkennen lassen. Auch müssen die Trümmer und die Lage in keinem Widerspruch stehen; der Ort mag noch so ungleich, so verwildert seyn, so muß er doch keine Unwahrscheinlichkeit enthalten, daß ein solcher Bau, wovon die Reste da liegen, nicht nach seinem Umfang und nach seiner Bestimmung hätte ausgeführt seyn können.

Wenn künstliche Ruinen ihre Wirkung nicht verfehlen sollen, so muß die Täuschung beschleunigt und der Seele kein Anlaß verstattet werden, erst lange nachzusinnen, die Wirklichkeit oder die Nachahmung zu untersuchen, oder Zweifeln Raum zu geben. Bey dem Nachdenken wird die Täuschung schwach, und mit der Entdeckung der Nachahmung verschwindet sie unaufhaltsam dahin. Sie wird vornehmlich erhalten, wenn die Ruinen eine unzweifelhafte und gewisse Andeutung haben; die vormalige Bestimmung und die Einrichtung des Gebäudes, das sie zurückließ, sogleich zu erkennen geben. Ein halb versunkenes Basrelief, eine zerbrochene Statüe, ein Capitäl einer zertrümmerten Säule, ein Gesimse, eine Inschrift an einem hervorragenden Stein, sind sehr oft dazu schon hinlängliche Mittel.

Um Ruinen einen Schein des Alterthums und ein Gepräge der Wahrheit zu geben, kann man zuweilen zu einem dunkeln und matten Anstrich der Materialien seine Zuflucht nehmen. Weil aber Steinmassen mehr, als Holzwerk, zu Ruinen gehören, so müssen sie zertrümmert, zerlöchert, zerrieben oder sonst auf irgend eine Art von der Gewalt der Witterung beschädigt vorgestellt werden. Denn Steine, als Ruinen, vertragen keinen Anstrich, der bey Gebäuden angebracht doch von der Zeit wieder abgerieben wird; aber eine matte und etwas beschmuzte Gestalt nimmt selbst der reinste Marmor an, der lange dem Regen, dem Schnee und Winde unbeschirmt ausgesetzt ist.

Noch mehr trägt die Verbindung oder Unterbrechung der Ruinen mit Gras, mit Buschwerk und einzelnen Bäumen bey, ihnen ein natürliches Ansehen zu geben. Die Natur scheint die Plätze, die ihr die Baukunst geraubt hatte, mit einer Art von Triumph sich wieder zuzueignen, so bald sie, verlassen von dem Bewohner, veröden. Nichts giebt einen sichtbarern Beweis von der Länge der Zeit, als wenn der Ort, den ein Gebäude zierte, mit Moos, mit Gras und grünem Gesträuch überzogen ist. Eine Menge von Epheu, der aus dem Innern einer zerbrochenen Thurmspitze hervorwächset, ein Kirschbaum, der einsam und gekrümmt zwischen einem zerfallenen Gemäuer blühet, Gesträuche, die aus den Fenstern herabhangen, ein Bach, der zwischen den Steinen einer halb kenntlichen Treppe herabmurmelt – alle diese Veränderungen, welche oft die wirklichen Ruinen begleiten, kündigen sehr lebhaft die Macht der Zeit an, und sind zugleich Zubehör und Verzierung der Ruinen, welche die Kunst anlegt. Andere Zufälligkeiten können einen noch weit mehr rührenden Contrast zwischen den Ruinen und der vorigen Herrlichkeit der Gebäude machen.

Welche Empfindungen von Wehmuth, von Melancholie und Trauer bemächtigten sich nicht zuweilen der reisenden Bewunderer des Alterthums, wenn sie, in den ehemals prächtig bebaueten Gegenden *Griechenlands*, Schlafstellen der Hirten und Höhlen der wilden Thiere zwischen den Ueberbleibseln der Tempel fanden! *Chandler* beschreibt einen solchen feyerlich-rührenden Auftritt, als er die Ruinen von dem Tempel des Apollo zu *Ura*, nicht weit von *Miletus*, sah. Die Säulen waren noch so ungemein schön, die Marmormasse so groß und edel, daß es vielleicht unmöglich ist, sich mehr Schönheit und Majestät in Trümmern zu denken. Als es Abend ward, breitete sich eine große, in ihre Hürde zurückkehrende Ziegenheerde mit läutenden Schellen über den Ruinenhaufen aus, und kletterte umher, die Büsche und Bäume abzunagen, die zwischen den ungeheuern Steinen wachsen. Die ganze Masse ward mit einer Mannigfaltigkeit reicher Tinten von der untergehenden Sonne erleuchtet, und warf einen sehr starken Schatten. Das Meer in der Ferne war eben und glänzend, und von einer bergichten Küste mit felsichten Inseln begränzt. – Allein wir dürfen Zufälligkeiten bey Ruinen nicht so weit her suchen. Eine Eule, die in einem zerstörten Thurm wohnt, eine Familie von Krähen, die sich zwischen altem Gemäuer häuslich niedergelassen hat, eine kleine Hürde für Schafe sind keine seltene Erscheinung bey Ruinen; sie verstärkt den Begriff von dem Oeden eines Orts, den der Mensch schon lange verlassen hat. Aber wo auch solche Zufälligkeiten fehlen, da wird doch eine Verwilderung in Gras, Moos, Epheu und andere rankende Gewächse, eine Unterbrechung mit dickem Gesträuch, eine Verschließung mit ungestalten Bäumen das Natürliche der Ruinen vermehren können.

August Wilhelm Schlegel
Gartenkunst

Ehe wir weitergehen, muß ich hier eine Bemerkung über die *Gartenkunst* einschalten, welche von vielen neueren Theoretikern als eine eigne unter den schönen Künsten aufgeführt wird. Diesen Rang und diese Wichtigkeit kann ich ihr aber aus folgenden Gründen nicht zugestehen. Die Gartenkunst wird nämlich entweder nach einem architektonischen, oder nach einem landschaftlich pittoresken Prinzip ausgeübt. Das erste war von jeher unter den meisten Nationen Sitte, das zweite ist auch sonst wohl vorgekommen, und selbst bei außereuropäischen Völkern; in Europa ist es besonders von den Engländern, etwa seit der Mitte des vorigen Jahrhunderts kultiviert, und viel Aufhebens davon gemacht, auch viel Bücher über diese Kunst geschrieben worden. Die Alten (nämlich die klassischen Alten) betrachteten einen zum Ergötzen angelegten Garten, als einen Teil der Wohnung, die dadurch nur gleichsam unter freiem Himmel fortgesetzt ward. Es war daher zweckmäßig daß sie zuvörderst auf Sauberkeit und Bequemlichkeit, und bei der Auszierung auf symmetrische Regelmäßigkeit gingen. Dergleichen Gärten waren dann sehr klein, oft von den Häusern eingeschlossen, und sollten nichts weiter leisten als was man mit Blumen und Stauden im Zimmer bezweckt, nämlich den Genuß frischer Vegetation gewähren, ohne daß man sie auswärts zu suchen brauchte. Deswegen wurde auch besonders für Kühlung und Schatten gesorgt, das erste mit durch Wasserbecken, in welche künstliche Quellen hineinsprudelten, u. dergl. In ebendiesem Sinne waren nun auch im ganzen die Gärten der Neueren angelegt, nur daß zuweilen bei großer Ausdehnung solcher die für Fürsten angelegt wurden, an die Stelle beschränkter Nettigkeit eine ausgedehnte tote Pracht trat, wie es bei vielen von Le Notre und in seinem Geschmack angelegten der Fall ist; daß zuweilen mehr

Fantasterei hinzukam, z. B. das Spiel mit Bäumen, die in künstliche Figuren ausgeschnitzt sind (welches jedoch die Römer schon gekannt zu haben scheinen); daß die Natur des Landes ungünstig eingewirkt, wie in Holland wo man meistens nur stehendes Wasser haben und es in manchen Gegenden nicht loswerden konnte; oder daß die Sauberkeit in lächerliche Pedanterei übergegangen, wie ebenfalls bei den Holländern geschehen ist. Dies sind zufällige Fehler, sonst aber läßt sich nicht absehen, warum, wenn einmal ein Garten wie ein Ganzes von bewohnbaren Gängen und Zimmern betrachtet wird, die graden regelmäßigen Alleen, die geschnittnen Heckenwände, die terrassierten Partien, die Blumenstücke und Parterre, wo Rasen und allerlei Blumen, wie im Zimmer ein künstlich gewirkter Teppich, den Boden mit symmetrischen Figuren und bunten Farben schmücken müssen. Die Bassins mit ruhigem klaren Wasser angefüllt sind die Spiegel dieser offnen Gartenzimmer: und warum sollten sie nicht ebensowohl wie die in den wirklichen Zimmern mit mathematischer Genauigkeit ausgeschnitten und symmetrisch mit Bäumen und Hecken eingefaßt sein. Da das Ganze architektonisch gedacht war, so konnte es sich sehr gut an den Plan eines Hauptgebäudes anfügen, und wiederum Nebengebäude, z. B. Porticos und Pavillons, kleine Lusthäuser oder Gezelte in sich aufnehmen. Auch schmückte man es, wie die Wohnhäuser selbst, gern mit Kunstwerken, und stellte an schicklichen Orten, ebenfalls symmetrisch, Statuen auf. Daß diese in so vielen neueren Gärten, weil man sie in Menge haben wollte und doch keine Meisterwerke herbeischaffen konnte, oft erbärmlich schlecht waren, tut der Güte der Intention keinen Eintrag. Auch die bei völliger Einsamkeit freilich tot scheinende Weitläuftigkeit mancher französischen Gärten läßt sich verteidigen; wenn sie für den öffentlichen Gebrauch bestimmt sind, und bei einem Feste sich mit zahlreichen Scharen Volk anfüllen, so geben sie einen prächtigen Anblick.

Warum hat man sie denn nun in neueren Zeiten so gar unerfreulich und abgeschmackt finden wollen? Unstreitig rührt es daher, daß der Sinn für die Schönheiten der freien landschaftlichen Natur mehr geweckt war, und daß man nun diese in solchen Anlagen vermißte. Auch der, in den übrigen Künsten ebenfalls einreißende Grundsatz der Natürlichkeit, an welchem unser Zeitalter noch laboriert, scheint dabei großen Einfluß gehabt zu haben. Die Gegenstände, an welchen jene Gartenkunst ihre architektonische Symmetrie durchführen wollte, gehören zur lebendigen vegetierenden Natur, und da konnte es ohne auffallenden Zwang nicht abgehn, gegen den sich diese immerfort zu sträuben schien, und aus den vorgeschriebnen Formen herauswuchs. Allein im Grunde, sobald der Mensch sich etwas aus der Natur als Material eines Werkes nimmt, ist er berechtigt, es mit Willkür zu behandeln, es habe nun ein unserm Sinne erkennbares Leben oder nicht. Es geschmackwidrig zu finden, daß man den Bäumen und Stauden, in Spalieren, Hecken und Lauben nicht ihren natürlichen Wuchs läßt, ist daher nicht viel anders, als wenn man ein Gebäude deswegen tadelte, weil es nicht aus natürlichen Felsenstücken, sondern aus behauenen Steinen zusammengefügt ist. Sogar die Willkür recht sichtbar an dem Naturprodukt ausgedrückt zu sehen, kann einen gewissen fantastischen Reiz haben, wie z. B. die Figuren von Tieren und andern Dingen, die Pyramiden und Schnörkel, worin die Taxusbäume ausgeschnitten sind. Es sind die Arabesken der Gartenkunst: und warum sollten sie da nicht ebensowohl geduldet werden, wie in der Baukunst unter den Verzierungen. Eben daher scheint auch, außer dem an sich schönen Schauspiel, der große Reiz der Springbrunnen zu rühren, indem das träge Element gegen seine Natur genötigt wird in die Höhe zu steigen, und frei in der Luft zu spielen.

Die Ansprüche der alten Gärten waren eigentlich weit bescheidner: man wollte sie bewohnen, die Gesellschaft genießen oder sich anderweitig ergötzen, und verlangte währenddessen nur eine heitre angenehme Umgebung, die ebensowenig wie das Ameublement in einem Zimmer die ganze Aufmerksamkeit auf sich lenken sollte. Die englische Gartenkunst hob einen Teil der Bequemlichkeit auf, denn unstreitig sind geschlungne, bergauf und bergunter gehende Gänge, mit häufig unterbrochnem Schatten usw. nicht so zweckmäßig als grade geebnete Alleen mit Hecken zur Seite, um darin im Gespräch, lesend oder sonst beschäftigt auf und ab zu gehen. Sie mußte also etwas andres Höheres an die Stelle setzen und sie unternahm es, den Geist durch interessante Darstellungen anzuziehen, das Gemüt durch den Anblick landschaftlicher Szenen zu gewissen Eindrücken zu stimmen und zu erheben. Wer wollte leugnen, daß ihr dies in gewissem Maße gelungen ist? Ihre Ausartungen haben nur daher gerührt, daß sie ihre wahren Grenzen nicht kannte, teils in Ansehung des Grades, in welchem es ihr verstattet ist, den Einfluß menschlicher Kunst auf die Natur in ihren Anlagen verbergen zu wollen, teils in der Wahl dessen, was sie der Natur nachzubilden unternehmen darf.

Was das erste betrifft, so haben die verkehrten Kunstmaximen der Natürlichkeit und Täuschung zu großen Abgeschmacktheiten verleitet, die Goethe in seiner Rede des Hofgärtners in der Unterwelt äußerst launig und anschaulich schildert. Man hat seine Gartengäste durch Dorn und Disteln waten, sie über Stock und Stein rennen lassen, um ihnen recht überzeugend den Glauben beizubringen, sie befinden sich mitten im Schoße der freien von menschlichen Händen unangetasteten Natur, welches wiederum nur aus einer empfindsamen Ansicht der Kultur für eine so große Glückseligkeit geachtet ward, indem man diese für einen ewigen Zwang und die Mutter alles Übels erklärte, und mit Sehnsucht nach der unmöglichen Rückkehr zur Natur, oder was hier einerlei bedeutete, zur Wildheit verlangte. Diesen Ton hat besonders Rousseau angegeben, und er ist unleugbar einer von denen, welche den in der neueren Gartenkunst sich offenbarenden Hang bestimmen halfen, wiewohl sie schon vor ihm ihren Anfang genommen; wie wir denn auch in so vielen Gärten durch die Ermenonvillesche Pappelinsel an Rousseau erinnert werden. – Geht man mit der wilden Natürlichkeit in den Gärten einmal so weit, so sollte man dann auch keine bequemen Landhäuser in ihrer Nähe haben, die ja ganz auffallend ein Produkt der leidigen Kultur sind; in der Tat hat man in dergleichen häufig statt bequemer Pavillons künstlich wilde Grotten, troglodytische Höhlen, höchstens Bauerhütten angebracht, worin man gar nicht von den Nachteilen der übermäßigen Kultur heimgesucht wird. – Bleibt man aber mit diesem Punkt innerhalb vernünftiger Grenzen, so wird die menschliche Pflege in den gangbaren Partien eines englischen Gartens immer noch sichtbar genug werden müssen, und man hat gar keine Ursache, die ältere Gartenkunst deswegen zu verspotten, daß sie aus ihrem Fleiße kein Geheimnis macht, sondern ihn vielmehr wohlgefällig an den Tag legt.

Ferner können der landschaftlichen Darstellung durch Gartenkunst nur milde und anmutige Naturszenen gelingen: sanfte Anhöhen und Senkungen, schöne Wiesen und Kornfelder, vielfärbiges und im Blätterschlage und Wuchs mannigfaltiges Gebüsch, und dann wieder einfache Baumpartien mag sie zu einem harmonischen Effekt zusammenstellen; dies sind aber alles nur landschaftliche Miniaturen. Bei jedem Bestreben nach höheren Schönheiten offenbart sich die große Abhängigkeit und Dürftigkeit des Vermögens: denn es kann durchaus nicht anders damit gelingen, als wenn etwas schon vor den Kunstanlagen Vorhandnes benutzt wird; nicht einmal einen rauschenden Kieselbach wird man ohne das erkünsteln. Will man überhaupt die Natur in ihren erhabnen, furchtbaren Schauspielen bewundern, so möchte es auf alle Weise ratsamer sein, zu ihr hinzugehn, als sie zu sich herkommen zu lassen. Wozu frommt es, dasjenige was in ganz andern Massen, mit gewaltig ergreifender Wahrheit vorhanden ist, winzig mit ohnmächtigen Kräften nachzuäffen, da hier die Wirklichkeit der zur

Darstellung gebrauchten Mittel durchaus die Foderung der gleichen Größe gegenwärtig erhält? Solche nachgemachte Wasserfälle, mühsam aufgehäufte Felsen und Vulkane, Ruinen, unterirdische Höhlen, können höchstens nur Menschen ergötzen, welche dergleichen nie in der Natur gesehen; jedem andern müssen sie im höchsten Grade läppisch und kindisch vorkommen; und sie sind in dieser Hinsicht wohl die statt Blumen mit Porzellanscherben und Muscheln ausgelegten Beete in alten holländischen Gärten wert.

Die englische Gartenkunst ist also eine Landschaftmalerei mit wirklichen Naturgegenständen, die zwar gefällige Darstellungen hervorbringen, aber aus eben diesem Grunde sie nie völlig von der Natur ablösen kann, um sie zu reinen Kunstwerken in sich zu vollenden. Die Benutzung der Prospekte außerhalb des Gartens, die also ganz ohne ihr Zutun vorhanden sind, spielt anerkanntermaßen eine große Rolle in ihr; weswegen auch Walpole die Erfindung der vertieften Einhegung mit Recht als enscheidend für sie betrachtet. Ferner kann der Gartenanleger die Punkte auf welchen seine Gemälde gesehen werden sollen, durch Gänge und Ruheplätze einigermaßen bestimmen, und den Zuschauer, dem er sie zuvor verbirgt auf einmal damit überraschen; aber die Beleuchtung hängt nicht von ihm ab, noch auch die zum Landschaftsgemälde gehörigen Farben der Luft und Wolken: sie wechseln und können einmal günstig ein andermal ungünstig ausfallen. So entkleiden auch die rauhen Jahrszeiten sein Werk jährlich alles Schmuckes, womit es erst der Frühling wieder begaben muß; die Bäume und Stauden wachsen fort und können dadurch sein Bild verschönern aber auch verderben, so daß er ihnen Einhalt tun, und immer wieder in den der Natur angetanen Zwang zurückfallen muß, den er an dem architektonischen Gartenbaue verwirft. Ich möchte die Malerei der Gartenszenen mit den transparenten Mondscheinlandschaften vergleichen, die zwar ein sinnreiches Spiel sind und bis zu einer hohen Vollkommenheit getrieben werden können, jedoch wegen der optischen Vorkehrung und Täuschung, die sie zu ihrem Effekt bedürfen, nicht für selbständige Kunstwerke zu achten sind. Diese unauflösliche Verwebung von Natur und Kunst konnte, wie es scheint, nur in einem Zeitalter so außerordentliches Glück machen, wo man die Notwendigkeit der strengen Sonderung von beiden in ihren ewigen Grenzen nicht gehörig anerkannte. – Schwerlich kann auch Gartenkunst zum Vorteil der Landschaftmalerei gedeihen, und die Hoffnung, welche Walpole für die Ausbildung dieses Kunstzweiges in England von den herrlichen englischen Gärten äußert, hat sich bis jetzt keinesweges bestätigt. Umgekehrt würde die Gartenkunst ohne die vorgängige Vollendung der Landschaftmalerei niemals so entstanden sein; die großen Maler waren die Meister und Lehrer der Gartenanleger: und wann es Gärten gibt, die frei von Unschicklichkeiten und kleinlicher Manier landschaftliche Szenen in einer edlen, freien, harmonischen Manier darstellen, so kann man behaupten, daß eigentlich Claude Lorrain und Gaspre Poussin, Ruysdael, Swaneveld und andre ihre Schöpfer waren.

Fürstengärten – Volksgärten

Christoff Neumeister

Parks und Villen am Tiber

Nördlich und südlich dieses übelriechenden Viertels *[Trans Tiberim]*, wenn auch sicherlich in gebührendem Abstand davon, säumten den Tiber Parks (*horti, nemora*). Im Süden lag zum Beispiel der „Hain der Caesaren" (*nemus Caesarum*), der von Augustus eingerichtet und nach seinen beiden Enkelsöhnen Gaius und Lucius Caesar benannt worden war. In ihm befand sich übrigens auch die *Naumachia*: jenes Amphitheater, in dessen wassergefüllter Arena anläßlich der Einweihung des Mars-Ultor-Tempels dem Publikum Seeschlachten vorgeführt worden waren. Noch weiter südlich lag der Park, den Caesar testamentarisch dem römischen Volke vermacht hatte. – Die nördlich von *Trans Tiberim*, dem Marsfeld gegenüber gelegenen Parks meint Ovid, wenn er sich im Exil wehmütig an „die Wiesen des Marsfelds" erinnert, „das auf schöne Gärten schaut" (Epistulae ex Ponto I,8,37: *gramina Campi pulchros spectantis in hortos*). Hier waren z. B. die *horti* der berüchtigten Clodia, der Gattin des Quintus Metellus Celer (Konsul im Jahre 60 v. Chr.), zu deren zahllosen Liebhabern, „von denen sie dreihundert gleichzeitig umarmte, ohne auch nur einen von ihnen wirklich zu lieben" (*quos simul complexa tenuit trecentos / nullum amans vere*), eine kurze Zeit auch Catull gehört hat, zu seinem Unglück, aber zum Glück der römischen Literatur. G. Lugli hat die Vermutung ausgesprochen, daß die 1880 unter der Villa Farnesina ausgegrabenen Reste eines prachtvollen spätrepublikanischen Gebäudes zu diesen *horti* gehörten.

Noch weiter nach Norden zu erweitert sich der vom Fluß und vom Höhenzug des Gianicolo begrenzte Uferbereich zu einer geräumigen Ebene. Sie trug in der Antike den Namen *Vaticanum*. Urspünglich landwirtschaftlich genutzt – Lucius Quinctius Cincinnatus pflügte hier seinen Acker, als ihm die Abgesandten des Senats die Nachricht überbrachten, er sei zum Dictator gewählt worden –, wurde sie später ebenfalls für die Anlage von Parks genutzt. Hier lagen zum Beispiel die *horti* der älteren Agrippina, der Frau von Tiberius' Neffen Germanicus. Nach ihrem Tod gingen sie in den Besitz ihres Sohnes Caligula über. Wahrscheinlich ließ schon er sie durch eine Brücke, deren Reste man noch heute im Flußbett sehen kann (den sogenannten *Pons Neronianus*), mit dem Marsfeld verbinden. Und Caligula war es auch, der sich in ihnen jene private Rennbahn errichten ließ, auf deren Mittelstreifen der ägyptische Obelisk stand, welcher heute den Petersplatz schmückt. Ebenfalls auf dem *Vaticanum* befanden sich die *horti* von Caligulas Neffen Nero, jene Gärten, die er nach dem großen Brand des Jahres 64 mit brennenden Christen illuminierte.

Einen solchen stadtnahen Park am Tiber zu besitzen, oder auch, weiter draußen, „ein Landhaus, das der gelbe Tiber bespült" *(villam flavos quam Tiberis lavit)*, wie Horaz es ausdrückt, galt als Inbegriff von Reichtum und Luxus – wobei der stadtnahe oder sogar in der Stadt selber gelegene Park den Vorzug hatte, da er die Annehmlichkeiten von Stadthaus (*domus*) und Landhaus (*villa*) beziehungsweise Landgut (*rus*) vereinigte: Wir erinnern uns an die geistreich-widersprüchliche Wendung, mit der Martial den Besitz des Sparsus in der Stadt charakterisierte: Es sei ein „Landgut in der Stadt" (*rus in urbe*).

Und so will es schon etwas heißen, wenn Properz in seiner Elegie I,14 das Liebesglück, das er (allerdings nur sehr vorübergehend) bei seiner Cynthia genießt, noch über das Glück solchen Besitzes stellt. Angeredet ist ein reicher, vornehmer Freund des Dichters, der einen solchen Park am Tiber besitzt (Verse 1–8):

„*Du* magst, lässig am Wasser des Tiber hingelagert,
lesbischen Wein aus einem von Mentor verfertigten
Becher trinken,

und bald bestaunen, wie so schnell die (*kleinen*) Boote
vorüber eilen,
und bald, wie so langsam, an Tauen
geschleppt, die (*großen*) Schiffe (*stromaufwärts*)
ziehen;
und dein Park mag allüberall seine angepflanzten Wälder
ihre Wipfel (*in den Himmel*) strecken lassen,
so hoch, wie die Bäume, die den Kaukasus bedecken:
Trotzdem kann all dies, was du besitzt, mit *meinem* (*Glück*)
sich nicht messen : dem Glück meiner *Liebe*:
Der Liebesgott hat es nicht gelernt, vor großen
Reichtümern zurückzuweichen."

Stefano Bianca
Höfische Gartenanlagen in den islamischen Ländern

Die höfischen Gartenanlagen des Islam waren eng mit dem Palastbau verbunden und haben vorislamische Wurzeln, die weit in die mittelöstliche Vergangenheit zurückgreifen: Schon in sumerischer Zeit bestand in Mesopotamien die Idee des Paradiesgartens, meistens zusammen mit der Vorstellung von vier Strömen, die dem Weltberg, dem Mittelpunkt des irdischen Kosmos entquellen und ein kreuzförmiges Koordinatensystem bilden. Ein von E. Herzfeld unter den Ruinen der Stadt Samarra ausgegrabenes Keramikfragment aus der Zeit um 2000 v. Chr. zeigt bereits das Bild von vier kreuzförmig angeordneten Kanälen mit Bäumen und Vögeln in den dazwischenliegenden Zwickeln – vielleicht ein Vorläufer des späteren iranischen Konzepts der Vier Gärten (Tschahâr Bagh). Um 2250 v. Chr. nahmen die akkadischen Könige den Titel „Herr der vier Quartiere" an, was auf einen Zusammenhang zwischen dieser archetypischen Bildvorstellung und dem Königtum hinweist. Der

Bau eines Paradiesgartens konnte zu einem symbolischen Akt der Weltaneignung werden, durch den sich der König gleichsam in die Mitte aller Dinge stellte und die ursprüngliche Schöpfung auf seine Art wiederholte.

[...]

Bei den höfischen Gartenanlagen des Islam lassen sich grundsätzlich drei Spielarten unterscheiden: einmal der in einen Palastbereich eingefügte, von höfischen Bauten umrahmte Gartenhof, der meist kleinere Dimensionen aufwies, aber das bekannte Tschahâr-Bagh-Schema auf kleinem Raum wiederholte; dann der für sich stehende Lustgarten, der, außerhalb der Residenz und abseits der Stadt als ummauerter Park gegründet, nicht dauernd benutzt und nur mit Zelten, Pavillons oder einem zeitweilig bewohnten Gartenpalast versehen war; als drittes schließlich die mit einem Grabbau verbundene Anlage, die zu Lebzeiten des Stifters als Lustgarten diente und nach seinem Tode in eine Stätte der Verehrung und Beschaulichkeit umgewandelt wurde. Vom gärtnerischen Standpunkt aus waren sich alle diese Anlagen sehr ähnlich, und sie unterschieden sich nur durch Größenordnung, architektonischen Rahmen und besondere Funktionen.

Für den ersten Typus sind die besten erhaltenen Beispiele der Löwenhof der Alhambra, der Hof des Generalife und die Gärten der moghulischen Residenzen von Agra und Fatehpûr Sikri, sowie die marokkanischen Paläste und bürgerlichen „Riyâds" des 18./19. Jahrhunderts in Fes und Marrakesch. Der zweite Typus ist uns literarisch bereits aus vielen Erzählungen aus Tausendundeiner Nacht vertraut, die in den Lustgärten der Kalifen von Baghdad spielen. Die besterhaltenen baulichen Zeugnisse sind die verschiedenen moghulischen Anlagen des 17./18. Jahrhunderts im indischen Subkontinent, wie die Gärten in der Provinz Kaschmir und vor allem der „Schalimar"-Garten in Lahore. Eine Sonderart dieses zweiten Typus waren die Tschahâr-Bagh-Gärten von Isfahan aus der Zeit des Schah Abbâs (um 1600

n. Chr.): Sie bildeten ein großflächiges Gewebe von promenadenartigen Anlagen entlang einer zentralen Achse und sollten die zwei rund vier Kilometer voneinander entfernten Palastbezirke über den Fluß hinweg verbinden und so das Rückgrat der neuen Palaststadt abgeben. Sie sind durch mehrere europäische Reisende wie Pietro della Valle, J. Chardin, E. Kämpfer und andere ausführlich beschrieben worden und haben möglicherweise den Anstoß zu den Champs Élysées in Paris gegeben. Ähnlich großflächige und ummauerte Kulturen haben sich bis heute in den marokkanischen „Agdal"-Gärten in den äußeren Palastbezirken von Marrakesch, Fes und Meknes erhalten. Der dritte Typus schließlich tritt vor allem in den Anlagen der Großmoghulen hervor, wie Akbars Grabmal in Sikandra und der „Tadsch Mahahl" in Agra, wohl das vollkommenste Beispiel dieser Gattung.

Eine genaue historische und regionale Entwicklung des islamischen Paradiesgartens läßt sich kaum nachzeichnen, denn Gärten sind empfindliche und leicht dem Verfall preisgegebene Schöpfungen, die dauernder Pflege bedürfen, wenn die ursprüngliche Anlage erhalten werden soll. Es fehlen uns genaue Anhaltspunkte für die frühesten Gärten und viele Zwischenglieder der Gartengeschichte im islamischen Raum, und dazu kommt noch die Tatsache, daß die heutige Erscheinung der meisten erhaltenen Gärten fragmentarisch oder mehr oder weniger verfälscht ist: Zwar ist meistens die räumlich-architektonische Grundstruktur erhalten geblieben oder rekonstruiert worden, oft gibt es auch noch Bewässerungskanäle und Brunnenanlagen, aber die originale Bepflanzung ist nicht mehr vorhanden, verkümmert, oder durch andere Modelle ersetzt.

So ist der Löwenhof der Alhambra heute nur noch ein leeres Geviert: Zwar sind die ursprünglichen Brunnen und Wasseradern erhalten geblieben oder rekonstruiert worden, wodurch die formale Anlage des von Arkaden und Pavillons gesäumten Hofraumes sichtbar ist. Doch der frühere

Hain mit Obstbäumen, duftenden Gewächsen und flachen Blumenteppichen, der die vier Rechtecke um den Brunnen ausgefüllt haben muß, ist verschwunden. Die unterhalb des „Mirador" gelegenen „Hängenden Gärten" sind später überbaut worden, und erst die zeichnerische Rekonstruktion von F. Prieto-Moreno läßt die Subtilität der beabsichtigten Aussichtslinien erkennen. Der sogenannte „Generalife" (aus Dschannat al-Arîf oder „Gärten des Aufsehers"), ein Prototyp eines ländlichen Palastes mit eingemauertem Gartenhof, hat dadurch gelitten, daß eine Längsmauer eingerissen und durch Arkaden ersetzt wurde, was den Charakter des Innenhofes verändert hat. Auch er enthielt ursprünglich eine Anlage mit gekreuzten Wasseradern und einem zentralen Pavillon, die durch einen Kanal mit italienischen Wasserspielen ersetzt wurde. Die äußeren Gärten sind stark durch europäische Modelle der Spätrenaissance und des Barock verfälscht worden. Ein etwas getreueres Bild alter Zustände vermitteln uns die marokkanischen Gärten in den Palastbezirken von Fes und Marrakesch, vor allem der Ba'tha-Palast in Fes, der erst im späten 19. Jahrhundert angelegt wurde, aber die alten Traditionen weiterführt. Die indischen Gärten haben vor allem darunter gelitten, daß nur noch die für das Schauvergnügen gedachten Wasserspiele in Betrieb gehalten werden, während die regelmäßige Flächenbewässerung der Gärten (die auf einer Einschwemmung der ganzen Bodenfläche in verschiedenen Abteilungen beruhte) aufgegeben worden ist. So haben sie sich in Parklandschaften mit vereinzelten hohen Bäumen verwandelt, während der dichte Unterwuchs, der noch auf zeitgenössischen Miniaturen erscheint, heute verschwunden ist. Von den großen Tschahâr-Bagh-Anlagen von Isfahan sind nur noch die Straßenzüge, einzelne Baumreihen und Bewässerungskanäle geblieben, die zusammen die Hauptachse der heutigen Stadt bilden, aber weitgehend vom modernen Fahrzeugverkehr beansprucht werden.

Immerhin läßt sich sagen, daß das persisch-mesopotamische Modell des Paradiesgartens von den frühen islamischen Herrschern, vielleicht schon unter den Umayyaden und bestimmt seit den Abbasiden, wieder aufgegriffen und aus dem fruchtbaren Halbmond nach Andalusien ausgeführt worden ist, von wo es wiederum nach Nordafrika gelangte. Bezeichnend ist, daß das Modell immer dort am erfolgreichsten war, wo die geographische Lage die Bewässerung begünstigte, also unter den Hängen der Sierra Nevada oder des Atlas-Gebirges – Bedingungen, die jenen des persischen Hochlandes gleichen. Hier ließ sich das System der bewässerten Terrassen, das schon den „Hängenden Garten" der Semiramis zugrunde lag, auf die natürlichste Art durchführen. Eine zweite Renaissance erlebte der persische Garten unter der Herrschaft Timurs in seiner Hauptstadt Samarkand, wieder unter ähnlichen geographischen Bedingungen und in einem kulturellen Kontext, in dem persische Sprache und Bildung tonangebend waren. Samarkand war im 15./16. Jahrhundert berühmt für seine Fruchtgärten und Bewässerungsanlagen, die auch den spanischen Gesandten Clavijo bei seinem Besuch des timuridischen Hofes sehr beeindruckt haben. Der Timuride Bâbûr, der Begründer der Moghul-Dynastie, war es auch, der die Tradition der Paradiesgärten von dort nach Afghanistan und dann in die indische Tiefebene brachte, wo sie sich in sehr viel größerer Breite entfalteten, aber auch gewaltige Erdverschiebungen und bewässerungstechnische Maßnahmen erforderten. Nicht nur die Ausmaße des Gartens vergrößern sich in Indien, sondern auch jene der Wasserbecken, die sich zu rechteckigen Seen auswachsen.

Trotz ihrer verschiedenen Größenordnungen weisen die auf dem Muster des Tschahâr Bagh weiterentwickelten islamischen Gärten viele Gemeinsamkeiten auf, unabhängig von Region und Entstehungszeit: Grundlegend ist die Einfassung und Ummauerung des geschützten Bezirks, der damit der Außenwelt entzogen wird und seinem Besitzer, seiner Familie, seinem Hof und seinen Gästen vorbehalten bleibt. Innerhalb des Mauergevierts wird die geometrische

Ordnung durch Bewässerungskanäle und Wasserbecken hergestellt, die die eigentlichen Achsen des eingefriedeten Raumes bilden. Oft war es nur ein einfaches Kreuz, während bei größeren Anlagen mehrere Einheiten zu einem symmetrischen „Teppich" zusammengesetzt werden konnten, entlang einem langen Mittelkanal, der das Rückgrat der ganzen Anlage stellte. Dennoch war jeder Teilbereich eine in sich selbst geschlossene Untereinheit. Bei ausgedehnten Anlagen kam es zu einer bewässerungstechnisch notwendigen Abstufung in verschiedene Gartenterrassen, die ästhetisch und funktionell genutzt wurde: Der höchstgelegene Teil des Gartens, der die beste Aussicht bot und zugleich uneinsehbar war, blieb als privater Bereich dem fürstlichen Haushalt vorbehalten, während die unteren Terrassen mehr öffentlichen Charakter hatten. Diese Gliederung ist deutlich im moghulischen Schalimar-Garten in Lahore (1641 n. Chr.) zu beobachten, wo jeder Niveausprung durch besondere erkerartige Pavillonbauten hervorgehoben ist: Die offizielle Ebene der höfischen Empfänge befand sich auf dem mittleren der drei Hauptniveaus, unter dem königlichen Erker, wo das Wasser herausströmte, das den großen See dieser mittleren Zone speiste. Der unterste Gartenteil, der ebenso wie sein oberes (privates) Gegenstück aus vier Einheiten bestand und einer weiteren Öffentlichkeit zugänglich war, wurde um die Höhe eines Geschosses versetzt, was jeden Einblick in die obere Ebene ausschloß.

Ungeachtet der geometrischen, auf dem Spiel der kosmischen Symmetrien beruhenden Ordnung war der eingefaßte Gartenraum nicht im Hinblick auf axiale Sichtlinien im Sinne des europäischen Barock entworfen. Von gewissen ausgewählten, meist dem Herrscher vorbehaltenen Punkten aus waren solche Perspektiven zwar gegeben, blieben aber die Ausnahme. Schon der Zugang zum Garten war meist seitlich und auf unterstem Niveau angebracht, so daß das Ganze nicht auf einen Blick übersehbar war – eine Art der Wegführung, die wir auch aus der islamischen Palastarchitektur und aus dem Wohnbau kennen: Ein symmetrisch angelegter Hof wird so gut wie nie über die Mittelachse betreten, da die zentrale Position den wichtigsten Wohnräumen und nicht den Verkehrswegen vorbehalten ist. So lagen auch meist nicht die Wege selbst in der Mittelachse des Gartens, sondern die Kanäle, Brunnen und ruhenden Wasserbecken, während die Verkehrswege nur begleitend in Erscheinung traten.

Der Mittelpunkt einer Gartenanlage (oder einer ihrer Teilbereiche), wo sich die Achsen der Kanäle kreuzten, war von besonderer Bedeutung. Im Löwenhof der Alhambra ist dieser Ort durch eine von 12 Löwen getragene Wasserschale hervorgehoben, die das „Wasser der himmlischen Speicher" hervorquellen und durch die Zwölfzahl der königlichen Tiere (die dem Zyklus der Monate und des Tierkreises entspricht) in sanftem Strahl verteilen und niederfallen läßt. In den Schalimar-Gärten befindet sich ein rechteckiger See – Bild des Weltenmeeres – in der Mitte der gesamten Anlage, eingespannt in ein Kreuz von vier in der Mitte jedes Ufers sich gegenüberliegenden Pavillons. Im Schnittpunkt der Achsen hebt sich eine knapp über der Wasserfläche schwebende Plattform aus dem See, die als fürstlicher Hochsitz diente und über zwei Brücken zugänglich war. Hier konnte der Gründer des Gartens, der vorletzte Großmoghul Schah Dschahân, in ähnlicher Weise in der „Mitte aller Dinge" schweben, wie sein Vorgänger Akbar im eigenartigen Thronsaal seines Palastes in Fatehpur Sikri.

In vielen maurischen Gärten, angefangen mit dem Hof des Generalife und endend mit den marokkanischen Riyâds, war die Mitte durch einen zeltartigen Pavillon betont, der umlaufende Sitzbänke und manchmal ein zusätzliches Brunnenbecken unter seinem Dach barg. Diese Anordnung entspricht dem Traktat über den Gartenbau des Andalusiers Ibn Luyun aus dem 14. Jahrhundert eine Schrift, die sich wohl auf ältere Traditionen stützt. Auch die zwei vorstehenden Pavillons an den Schmalseiten des Löwenhofes in der Alhambra gehören in diese Gattung, sie sind aber peripherisch angeordnet worden, weil man Raum für den zentralen Brunnen schaffen wollte. Einige Jahrhunderte später wurden ganz ähnliche Pavillons an beiden Enden des Hofes der Qairawîn-Moschee in Fes angefügt, wobei der darunterliegende Brunnen der rituellen Waschung vor dem Gebet dient: ein Beispiel dafür, daß Moscheehof und Paradiesgarten die Thematik des Wassers in verwandter Weise aufklingen lassen.

Der Umgang mit dem Wasser unterschied sich stark von der Art, wie Brunnen in den Gärten der Renaissance und des Barock genutzt wurden: Der islamische Garten kennt keine dramatisch in Szene gesetzten Fontänen und Springbrunnen, sondern ist auf den stillen Genuß des kostbaren Elements ausgerichtet. Ein leises Perlen und Tropfen ist dem Muslim das liebste Geräusch, weil es die Beschaulichkeit weckt – vielleicht in ähnlicher Weise wie der Europäer kalter Zonen dem Knistern des Kaminfeuers lauscht. Die flachen Wasserbecken und Brunnenschalen waren oft auch als Spiegel gedacht, die die Tiefe des Himmels aufnahmen und die umliegenden Gebäudefronten symmetrisch nach unten ergänzten. Im gestauten Wasser war der Stillstand der Zeit ausgedrückt, was den Innenhof und den Garten zu einem zeitlosen außerirdischen Bereich machte und das ewige Universum im vergänglichen Element aufscheinen ließ. Die ruhige Wasseroberfläche wurde kaum durch Ausbrüche eines großen Strahls gestört, und oft zeugte nur ein unmerkliches Zittern von der Anwesenheit hervorquellenden Wassers. Ein Gedicht an der Brunnenschale der Alhambra spricht vom „Glanzschleier aus Perlmutt, das Edelsteine ausstreut" und meint damit vielleicht den feinen Wasserfilm, der über die steinerne Schale herabfließt und den Stein netzt. Kurz darauf ist die Rede davon, daß „geschmolzenes Silber zwischen Juwelen fließe" (vielleicht ein Bewässerungskanal zwischen Blumen) und daß ein fester Wasserlauf die Illusion erwecke, aus festem Stoff zu sein – Hinweise genug, wie der sanfte, spiegelglatte Fluß des Wassers die Phantasie des Muslim anregte.

Dasselbe Phänomen trat noch in gesteigerter Form im „Salsabil" hervor. Dies war eine Brunnenanlage oder eine Wasserrampe zwischen zwei versetzten Wasserebenen, die aus einer schräggestellten, mit feinem ornamentalem Relief versehenen Steinplatte („Schâdurwân") gebildet war. Der Wasserschleier brach sich am Ornament, erzeugte kleine Strudel und versprühte einen feinen kühlenden Nebel, weshalb der Salsabil nicht nur in Gartenanlagen, sondern auch im Inneren von Palästen und herrschaftlichen Wohnräumen gern eingesetzt wurde. In den Schalimar-Gärten in Lahore kommt noch eine weitere, ähnliche Erfindung vor, die aus einem senkrechten Wasservorhang innerhalb eines vertieften, von Pavillons bekrönten Wasserhöfchens bestand. Die Wände hinter dem Wasservorhang hatten kleine aneinandergereihte Nischen, in denen Kerzen aufgestellt oder Blumensträuße niedergelegt werden konnten, die durch den Wasservorhang aufschimmerten. So wurde jeder Geländesprung des Gartens ausgenutzt, um dem fließenden Wasser neue Reize abzugewinnen.

Ein besonderes Kennzeichen islamischer Gärten (heute aber kaum mehr in situ nachzuerleben) war die homogene flächige Gestaltung, die jede Ebene des Gartens zu einem riesigen Teppich machte: Aus bewässerungstechnischen Gründen waren die großen Pflanzenbeete gegenüber den Gehwegen und den darin verlaufenden Wasseradern um rund 80 cm abgesenkt. Dies brachte es mit sich, daß die Ziersträucher das versenkte Gartenbecken ausfüllen konnten und ihre Blüten auf die Ebene der Wege und der Waserkanäle zu liegen kamen, was dem Besucher den Eindruck vermittelte, er wandle durch einen lebenden Teppich. Da auch der Wasserspiegel der versenkten Brunnen und Wasserläufe in etwa mit Wegen und Plätzen zusammenfiel, entstand eine durchgehende Ebene, die den typischen bodennahen Sitzgewohnheiten der Benutzer entsprach und den Garten zu einem großen offenen Wohnraum machte.

Richard Alewyn
Palast und Park des Barock

Der Barockpalast ist in seiner Struktur entscheidend bestimmt durch den weltlichen Pracht- und Festraum. Paläste hatte der Norden überhaupt kaum gekannt. Selbst die fürstlichen Wohnungen waren Schlösser, deren Bauweise noch verrät, daß sie im Notfall auch der Verteidigung zu dienen hatten. Noch der italienische Palazzo der Renaissance offenbart seine fortifikatorische Bestimmung in der kubischen Zusammenfassung der Baumasse zu einem wehrhaften Block und der trotzigen Wucht des Mauerwerks. Die innere Befriedung der Länder durch das absolutistische System macht den militärischen Charakter entbehrlich, ja unerwünscht. Mit der Verwandlung des Adels aus einem kriegerischen Feudaladel in einen dekorativen Hofadel verändert sich auch der Zweck des Schloßbaues. An die Stelle der Wehrhaftigkeit tritt die Repräsentation. Und mit dem Zweck ändert sich die Form. Fortifikatorisch am zweckmäßigsten ist ein Baukörper, der dem Angriff die geringste Außenfläche, der Verteidigung den kleinsten Radius bietet, also eine kubische oder zylindrische Masse. Das repräsentative Bedürfnis dagegen verlangt das genaue Gegenteil: eine ausgedehnte Schauseite. So wächst die Breite auf Kosten der Höhe und der Tiefe, und der barocke Fassadenbau präsentiert sich in langgestreckter fensterreicher Front dem Bewunderer.

Nicht mehr trotzig abweisend, sondern seigneural einladend ist seine Gebärde. An Stelle des unsichtbaren Binnenhofes erscheint bei den größeren Anlagen der weite Ehrenhof vor der Vorderfront, der von den ausladenden Flügeln gebildet wird, die den Gast mit ausgestreckten Armen empfangen. Und so ist auch seine Bestimmung, bei festlichen Gelegenheiten die Auffahrt aufzunehmen und den wartenden Karossen als Parkplatz dienen. Auf Besucher und Bewunderer ist das ganze Gebäude abgestellt. Das

Portal, das – im Gegensatz zu dem baulich kaum ausgezeichneten Renaissance-Tor – den Hauptakzent der Fassade trägt, ist eine gebaute Fanfare. Mit dem Vestibül aber, das geräumig die Gäste empfängt, beginnt die Welt des permanenten Festes.

Hier entfaltet sich das mächtige Treppenhaus, das die Phantasie des Barock zu einer architektonischen Kundgebung inspiriert, die dem Festsaal selber den Rang streitig macht. Die Renaissance hatte der Treppe keinen künstlerischen Vorteil abzugewinnen vermocht. Der Verschwendung abgeneigt, behandelt sie die Verbindung zwischen den Stockwerken als rein technisches Problem. So blieben ihre Treppen eng und steil und unbequem. Es ist ein barocker Gedanke, gerade eine rein zweckbestimmte Anlage in eine Schaustellung des Überflusses zu verwandeln. Vorbereitet in Italien und Frankreich, hat das Treppenhaus in süddeutschen Schlössern wie Würzburg und Pommersfelden, Bruchsal, Schleißheim, Mirabell seine vollkommenste Verwirklichung erfahren.

Es ist nicht zweifelhaft, was die Phantasie des Zeitalters an diesem Raum in so hohem Maße anregte: seine Bestimmung, in einer bestimmten Richtung, und zwar in der dem Barock so teuren Diagonale, durchschritten zu werden, wobei sich in der Bewegung erst der Raum erschließt. Das Treppenhaus erzeugt den klassischen Fall des „bewegten Betrachters", ein Prinzip aller barocken Raumkunst. Aber wo Ankunft und Empfang von Gästen so bedeutsam waren, hatte das Treppenhaus wie das Vestibül auch seine soziale Bedeutung als Kulisse, die man sich durch das Spalier der Lakaien und das Schauspiel zeremonieller Begrüßungen belebt denken muß.

So reizvoll gerade dieses Bauproblem vom Barock gelöst erscheint, nach dem Willen des Zeitalters erreicht doch der feierliche Pomp erst seinen Gipfel in dem großen Saal, der seit den Bauten Palladios die Raumeinteilung beherrscht und meistens die gesamte Tiefe und einen beträchtlichen

Teil der Breite zweier Geschosse einnimmt. Hier hat der Wille zu überwältigen an Ausmaßen und Ausstattung das Äußerste getan. Eine Raumweite öffnet sich, wie sie weltlichen Zwecken nur noch in den Opernhäusern dienstbar gemacht wurde. Aber auch das Pathos der Distanz, das den Absolutismus beseelte, verlangte nach diesen Dimensionen. Ein Renaissanceraum hätte zum Ausdruck des Abstands zwischen dem Fürsten und dem gewöhnlichen Sterblichen nicht ausgereicht.

Der heutige Besucher bekommt die Räume eines barokken Schlosses nur mehr als leere Hülsen zu sehen, auch wo ihre Ausstattung nicht verändert worden ist. Reich möbliert waren sie nie gewesen. Eben dadurch war es leicht, sie je nach Bedarf in Thronsäle, Theatersäle, Tanzsäle zu verwandeln. Aber kein heute Lebender hat sie in Erfüllung ihrer Bestimmung gesehen, belebt von einer festlich gestimmten und geschmückten Menge im Prunk der Juwelen und Kostüme. Und dadurch wird auch der ästhetische Tatbestand beeinträchtigt. Denn natürlich ist die festliche Komparserie in die künstlerische Berechnung mit einbezogen gewesen. Davon kann sich jeder überzeugen, der eine zeitgenössische Wiedergabe eines barocken Festraums mit einer modernen Photographie vergleicht. Keinem Zeitgenossen wäre es eingefallen, einen solchen Raum leer darzustellen. Das Publikum ist ein Teil der Ausstattung. Es bietet, wo heute nur die leere Glätte des Parketts sich spiegelt, das notwendige Gegengewicht gegen die starken Akzente, mit denen die Höhe des Raumes ausgestattet ist, die Profusion von Gold und schwerem, stark geädertem Marmor an den Wänden, die imposante Decke mit den allegorischen Huldigungen oder Apotheosen, die die obere Region erfüllen.

Der mythologische Pomp der Tapisserien und Ölgemälde ist dagegen mehr den Wänden der Galerien und Zimmerfluchten vorbehalten, die vom Festsaal nach beiden Seiten ausstrahlen. In langer Enfilade liegen sämtliche Türöffnungen auf einer Fluchtlinie und gewähren den eindrucksvollsten perspektivischen Effekt, besonders wenn die Reihe sich in einem Spiegel der abschließenden Wand bis ins Unendliche fortzusetzen scheint. Hier wechseln Kabinette und kleine Säle jeden Formats, die ihren Namen nicht von ihrer Bestimmung, sondern von der Dekoration erhalten: der Farbe, der Technik oder dem Gegenstand. So legt die Ausstattung ein allegorisches Netz über den nackten Grundriß. Die Dekoration ist das eigentlich Merkwürdige an diesen Räumen, ihre Bestimmung wechselt häufig. Ohne sein Mobiliar würde man es keinem Raum ansehen, ob er als Festsaal, als Amtszimmer oder als Schlafzimmer diente. Ein Thronsessel, ein Schreibtisch, ein Bett macht ihn zu dem einen oder dem anderen. Erst das Rokoko hat die Ausstattung differenziert und die privaten von den offiziellen Räumlichkeiten unterschieden. Im Barock tragen alle die gleiche massive Festlichkeit zur Schau.

Behaglichkeit und Intimität sind bürgerliche Bedürfnisse, die erst im 18. Jahrhundert von unten herauf- oder von England und Holland herüberdringen. Es unterscheidet die bürgerliche von der höfischen Gesinnung, daß im Bürgerhaus auch der Festraum noch wohnlich, im Schloß selbst der Wohnraum noch festlich ist. Und wirklich entwickelt sich seit Versailles das königliche Schlafzimmer zu einem zweiten Brennpunkt der Schloßanlage. Findet man hier nun das Bett aufgeschlagen wie eine Schaubühne, auf erhöhter Estrade, ein Thron zum Liegen, durch eine Schranke von dem Raum der Zuschauer getrennt, so ist ja in der Tat dieser Raum der tägliche Schauplatz der Zeremonien des Levers und Couchers, die das Intimste zu öffentlicher Bedeutsamkeit erheben. So entsteht überall dort, wo die Etikette Ludwigs XIV. sich ausgebreitet hat, dem großen Festsaal im Schlafzimmer ein Gegenpol. Darüber wäre noch mancher Aufschluß zu gewärtigen, wenn nicht (wie bei den Kirchen der sakrale Grundriß) bei der Analyse von Schloßbauten die sozialen Bedingungen gegenüber den ästhetischen so sträflich vernachlässigt würden. So wie man den Kirchenbau nicht verstehen kann ohne Kenntnis der Liturgie, so wenig kann man den Schloßbau verstehen ohne Kenntnis der Etikette und Festpraxis.

Unbeschränkt herrscht der festliche Zweck über den barocken Schloßbau. Die Wohn- und Wirtschaftsräume sind in die Flügel, Nebengebäude oder in das Erdgeschoß verwiesen. Denn das Barock gibt die Gleichwertigkeit der Geschosse auf. Die Renaissance hatte drei bis vier Stockwerke übereinandergeschichtet und gleichmäßig benutzt. Das Barock bevorzugt das erste Obergeschoß, in dem die große Treppe mündet. Dieses Stockwerk ist der Piano nobile, das einzige für Personen von Stand bewohnbare. Das bringt freilich eine Verlegenheit mit sich: Da man es unerträglich fände, daß eine Person niederen Standes über einer solchen höheren Standes wohnte, sind die höheren Stockwerke praktisch unbenutzbar, und darum entstehen um das fürstliche Schloß herum die Kavaliershäuser für die Herren des Hofes. Das bürgerliche Zeitalter hat dieses Vorurteil aufgegeben, aber an dem sozialen Vorrang der Bel Etage hat es bis in das 20. Jahrhundert im städtischen Mietshaus mit Zähigkeit festgehalten.

Das Barock hat nicht aufgehört, nach der idealen Stadt zu suchen, die nicht aus dem Zufall gewachsen, sondern aus einem einheitlichen Willen geschaffen war. Die historischen Städte, eingeschnürt in ihre Umwallungen, hatten dafür keinen Raum. Daher setzt überall eine Bewegung aufs Land ein. König und Hof verlassen ihre Stadtresidenzen und wandern aus in die freie Natur. Was man meint, ist allerdings nicht so sehr die Natur wie die Freiheit. „Schönen Stellen“ geht man aus dem Wege. Wo die Natur die Landschaft schon geformt hatte, wäre die Mühe des Baumeisters vergeudet gewesen. Aus Sand und Sumpf ist das Wunder von Versailles aufgestiegen. Nur aus dem Nichts konnte der absolutistische Wille schaffen. Nur auf unbeschriebenem Plane konnte er seine Figuren zeichnen, die ein symbolisches Ornament des neuen Staates sind.

Die Anlage hat zwei Teile: Siedlung und Park. An ihrer Grenze steht das Schloß. Die Mitte zwischen Stadt und Garten, zwischen Kultur und Natur. Es hat daher zwei Gesichter: ein offizielles, der Stadt zugewendet, und ein ungezwungen gelöstes nach der Gartenseite. So hat es das Casino der Renaissance eingeführt, und so hat es das Barock weiter gehalten. Schnurgerade streben die Wege von der Stadt her am Portal des Ehrenhofes zusammen, schnurgerade zerstreuen sie sich von der Terrasse der Gartenfront ins Unendliche. Durch den Festsaal im ersten Geschoß des Schlosses geht die Achse. Er ist die erhabene Brücke, von der man beide Reiche übersieht. Wer hier steht, steht wie in der Mitte der Welt.

Man braucht sich nicht vom Fleck zu rühren. Man kann die Schönheit der Anlage mit einem Blick aufnehmen. Um dieses königlichen Blickes willen senkt sich der Garten von der Terrasse in sanfter Lehne. Das Barock hatte ein Bedürfnis – nicht nach der Aussicht, aber nach der Übersicht. Es liebte den leicht überlegenen Standpunkt der Kavaliersperspektive, ein Mittelding zwischen Grundriß und Aufriß, in Gemälden und Stichen, um sich bauliche Anlagen, Städte, Landschaften und Schlachtfelder klarzumachen. Dies ist der Blick, mit dem der Fürst den Staat und von seinem Schloß den Garten überschaut.

Nur diesem Überblick geben die Teppichmuster der Parterres ihre Schönheit und ihren Sinn zu erkennen, in denen aus Blumen oder Buchs oder farbigem Kies zierliche Arabesken und Broderien gezogen sind und in denen durch Embleme, Wappen und Monogramme noch die stumme Natur die Größe des Hausherrn verkündet. Und wenn das Auge des Lesens müde ist, wandert es weiter zu den Wasserparterres, anmutig umrandeten Becken, gefüllt mit spiegelnder Flut, über die Neptun mit schäumendem Viergespann dahinjagt oder ein aufgereckter Triton einen Strahl speit. Es folgt dem Wasser, das über Stufen und Rinnen gleitet, sich bald sammelt, bald zerstreut, hier als strömendes Tuch über den Rand eines Beckens hängt, dort als gläserne Glocke sich über eine Gruppe wölbt. Es freut sich an dem Spiel der strahlenden, strömenden, steigenden, stürzenden Flut, jener wahren Wasser-Kunst, wie sie oft mit unendlichem Aufwand den widrigsten Verhältnissen abgerungen wurde und noch heute jeden Besucher entzückt. Dann ruht das Auge auf den weiten Flächen der Kanäle, die an heißen Tagen dazu einladen, die Sänfte mit der Barke zu vertauschen, auf denen in warmen Nächten Zauberschlösser schwanken, in denen Neptun mit Chören und Geigen seine Gäste empfing, während die Flut die Lichter der Fackeln und Leuchtkugeln vertausendfachte.

Seitlich aber ist die Lichtung umrahmt von den lebenden Mauern der geschorenen Hecken, der Treillages, in denen die wuchernden Massen des Laubes sich zu architektonischen Formen stauen, zu Wänden und Dächern, Bögen und Nischen, und die mit ihren versteckten Winkeln und schattigen Gängen in das Reich des Bosketts überleiten.

Durch den Kunstgarten des Barock braucht man nicht zu wandern, um ihn angemessen aufzunehmen, wie durch den Englischen Garten des 18. Jahrhunderts. Er erschließt sich von einem einzigen Punkt, vor dem sich die ganze Anlage fächerförmig ausbreitet, oder doch durch ein System solcher Punkte, die zum Anhalten und Umherblicken auffordern und zwischen denen breite Wege und Treppen bequeme Verbindungen herstellen. So will es der statische Geist des Absolutismus. Nur die Bosketts, die in den größeren Gärten die Lichtung seitlich begrenzen, entziehen sich dem Überblick. Sie laden dazu ein, blindlings in die grüne Dämmerung einzutauchen und im Spazieren die Reize aufzusuchen, die dort auf den Entdecker warten. Hier erst löst sich die ungeheure Willensspannung, die den Bezirk der Parterres an die Symmetrie der Achse schmiedet. Hier zuerst hat sich der Geist Bahn gebrochen, aus dem im 18. Jahrhundert der Englische Garten geboren wurde.

Freilich, auch das Boskett ist keineswegs eine „Wildnis", wie man es in England romantisch übertreibend nannte.

Dem kühnen Eindringling droht weder Gefahr noch Einsamkeit. Alle Wege führen in kurzem Bogen unfehlbar zu einer der Achsen zurück, auf denen entweder das Schloß oder ein architektonischer Orientierungspunkt sichtbar wird. Schnurgerade Schneisen durchschneiden unbarmherzig das Gehölz und treffen sich in einem Stern. Und so sind auch jene Plätze nicht zu verfehlen, wo man darauf rechnen kann, Gesellschaft zu finden. Der Wald öffnet sich zu einem Halbkreis vor einer künstlichen Kaskade, einem Wasserbecken, einem luftigen Pavillon oder einer Einsiedelei. Hier sind bei freundlicher Witterung die Konversationsräume und die Konzertsäle der Gesellschaft. Man lehnt an einem Geländer oder sitzt auf dem Brunnenrand und plaudert mit dem Wasser um die Wette. So sieht sich La Fontaine sein Märchen von „Amor und Psyche" vorlesen. Man genießt die Kühlung und fühlt sich ungezwungener als zwischen Wänden, ohne doch den Unbilden des Wetters oder der Unendlichkeit der Natur ernstlich ausgesetzt zu sein.

In den Bosketts oder auch unter den Terrassen des Parterregartens verstecken sich die Grotten, deren feuchte Dämmerung dem Besucher Schauder der Lust über den Rücken jagt und wo die „Groteske" herrscht, die überall sich einstellt, wo der barocke Mensch an die untere Grenze seiner Welt rührt. Hier lauern auch jene kindlichen Wasserscherze, die den Ahnungslosen mit einem Guß oder Strahl überfallen – „man spart's keinem, er sei ein Potentat wie er wölle". Hier findet man die zierlichen Wasserwerke, die eine ganze Stadt von Puppengröße in emsige Bewegung setzen, und die Wasserorgeln, die jedes Geräusch vom Vogelzwitschern bis zum Kartaunendonnern täuschend nachahmen. Hier sind endlich jene Bauten aus Laub errichtet, die Pavillons de verdure, in denen Ludwig XIV. beim Schein der Fackeln, beim Rauschen der Wasser und der Musik der Geiger einem kleinen Kreise jene mitternächtlichen Soupers gab, die zur Romantik von Versailles gehörten.

Für schlechtes Wetter gab es Nebenhäuser. Die Orangerien dienten ursprünglich nur den Tausenden von Orangenbäumchen zur winterlichen Zuflucht, die im Sommer als hellgrüne Kugeln, in langen Perlschnüren aufgefädelt, Wege und Plätze einsäumen. Aber bald entdeckt man, daß diese Gewächshäuser mit ihren lang heruntergezogenen Fenstern im Sommer, wenn sie ausgeräumt sind, ideale Festsäle darstellen und im Winter mit ihren exotischen Pflanzen die Vorstellung südlicher Gärten heraufzuzaubern vermögen. So werden sie in beiden Jahreszeiten für Bälle und Konzerte beliebt. Eine Anlage wie der Dresdener Zwinger ist nichts als ein geschlossenes System von Orangerien. Wie die Orangerie seltene südliche Gewächse, so beherbergte die Menagerie exotisches Getier. Eine Fasanerie oder eine Voliere mit fremdartigen Vögeln konnte sich auch der bescheidenere Gartenfreund leisten. Auf den großbürgerlichen Konversationsstücken niederländischer Maler kann man Fasane und Pfaue zwischen zierlichen Beeten stolzieren sehen.

Vom großen Palais geht eine bauliche Durchdringung des ganzen Parkgeländes aus. Abseits von dem Boskett, ja, noch jenseits der gärtnerisch durchkomponierten Zone, wachsen Schlößchen aus dem Boden, die mit ihren Gärtchen in kleinerem Maßstab das Thema der Hauptanlage wiederholen. So entstehen um Versailles: die bizarre Chinoiserie des Trianon de Porcelaine (für Madame de Montespan), das Grand Trianon (für Madame de Maintenon), die Eremitage de Marly für den König selbst. Diese Nebenschlösser übertragen die pathetischen Motive des großen Palais ins Freiere und Leichtere, so wie die Gesellschaft, der sie dienen, zwangloser und intimer ist. Den vollen Reiz dieser Maisons de Plaisance entdeckt freilich erst das Rokoko. Im hohen Barock sind sie Zeugnisse der so anmutigen wie ohnmächtigen Versuche, der Etikette zu entrinnen.

Die reine Naturschönheit, die uns Nachgeborene an den barocken Gärten entzückt, darf uns nicht darüber täuschen, daß, nach dem Willen ihrer Schöpfer, die Natur hier ihre

Herrschaft abgegeben hat. Der französische Garten will die Natur zu einem rational verständlichen und sinnlich gefälligen Gebilde organisieren und sie damit durch Form zur Kunst erhöhen und erlösen. Die Landschaft wird dem Ungemessenen entrissen, mit Lineal und Schere begrenzt und zu einem Gesellschafts- und Festraum für den Menschen erhoben. Die Natur ist hier nicht das Schauspiel, sondern nur die Szenerie. Und das gilt nicht nur für die Gärten, das gilt für alle Anlagen des Barock. Ja, man könnte es so ansehen, als ob die ganze Kunst des Barocks nichts sei als die Kulisse des barocken Weltfestes, die von den Gästen verlassen und von den Dienern abzuräumen vergessen worden ist. Aus verschollenen Anlässen entstanden, ist sie in ihrer zufälligen Gebärde erstarrt und steht nun da, wie dem Fels der Ewigkeit abgetrotzt, aber an der Oberfläche noch zitternd von dem Leben, das sie gezeugt hat.

Zacharias Conrad von Uffenbach
Blenheim Palace

Den 2. September morgens, weil es sehr schön Wetter war, ließen wir sogleich Pferde bestellen und ritten nach *Woodstock*, 6 englische Meilen, um das nahe dabei gelegene so sehr berühmte Haus und Garten *Plintheim* von dem Herzog von Marlborough zu sehen. Wir mußten durch Woodstock durchreiten, welches ein mittelmäßiges Städtchen ist. S. *Delic. d'Angl. Tom. III p. 588.* Zwei Büchsenschuß davon in dem sogenannten Woodstock Park liegt das Haus auf einer Höhe. Dieser Park ist dem Herzog nach der berühmten Schlacht bei Plintheim verehret worden, dahero er es auch *Plintheim* genennet. Es ist vor sechsthalb Jahren angefangen worden und soll achtmal hunderttausend Pfund Sterling, eine erstaunende Summe, kosten, da es doch wenig über die

Hälfte fertig ist. Es wird stark daran gearbeitet, und zwar von achthundert Menschen. Man kann sich dabei einigermaßen den Bau des babylonischen Thurns vorstellen, so voller Menschen und Hantierung ist es. Von weitem und von der Seite macht es gar kein gutes Ansehen, indem es wegen der vielen Absätze, Thürngen und dergleichen ganz irregulär scheinet, denn es bestehet nicht aus einem *Corps de logis* und zwei Flügeln, die ganz gleich stehen, sondern aus sehr vielen abgesetzten Teilen, da einer vor dem andern stehet und welche fast ein Theater vorstellen, welches dann von vornen vor der rechten *face* des Hauses ungemein schön siehet. Überdas, so scheinet das Gebäude sehr niedrig wegen ganz ungemeiner Stärke und Dicke der Mauren und aller Zieraten, die meistenteils *à la rustique* sind. Man muß sich verwundern, was vor grausame Steine an diesem Bau sind. Die Säulen an den beiden großen Portalen vornen und hinten haben vier Schuh im Durchmesser. Die Zimmer, ob deren gleich sehr viel, sind alle unerhört klein, und die Fenster, welche alle oben als wie in den Kirchen, sind in der Tat und scheinen wegen ihrer Höhe noch mehr sehr klein. Die Treppen, wiewohl die große und Haupttreppe noch nicht fertig ist, sind sehr besonders und wohl ausgesonnen. Sie nehmen nicht über acht bis zehen Schuh in die Breite und bis vierzehen in die Länge ein. Sie sind nicht allein ohne Pfeiler freischwebend in die Mauer gesetzt, sondern, welches ganz besonders, so gehen sie in das Oval herum, sind gebrochen und haben in der Mitte einen Platz, daß man von oben bis herunter sehen kann. Sie sind aber nicht breiter, als daß ein Mensch hinaufgehen kann. Vor dem Haus wird eine Brücke von dem Hügel, darauf das Haus stehet, bis auf einen andern gegenüberliegenden aufgeführet. Selbige ist wohl die kostbarste und dabei unnötigste Brücke, so jemalen in der Welt gebauet worden. Sie ist bloß zum Zierat und den Bau desto kostbarer zu machen; denn wegen des kleinen Baches, der unten fließt, wäre sie nicht nötig gewesen; doch dienet sie zu der Wasserkunst, wovon ich hernach reden will, und dann soll ein Teich unten gemacht werden. Die Brücke aber ist von lauter Quaderstücken von ungemeiner Höhe und Breite, darinnen sie ohne allen Zweifel alle Brükken in der ganzen Welt übertreffen wird. Sie bestehet aus drei Bögen, davon der mittelste einhundert Schuh in der Länge und vierzig Schuh in der Höhe hat, welches eine erstaunende Größe ist. In der Brücke werden ordentliche Zimmer gebauet, in die beiden andern Bögen aber kommt eine Wasserkunst. In dem äußersten ist schon würklich eine fertig, davon man uns gar viel Rühmens gemacht hatte; allein es ist nichts anders als ein gemeines Druckwerk, ausgenommen, daß es zwölf Gänge hat und also in gar kurzer Zeit gar viel Wasser in die Höhe bringt. Derjenige, so über die Wasserkunst gesetzt, zeigte uns auch das Reservoir, wo das Wasser von dem Bach auf die Mühle unter der Brücke geleitet wird. In selbigem hat er viele groß und kleine Fische, die er so gewöhnet, daß sie auf sein Zurufen: *Come poor fellows etc.* häufig herbeischwimmen. Daraus ist zu sehen, daß die Fische auch ein Gehör haben, und ob man gleich einwenden wollte, daß der Schall in dem Gewölbe (so ziemlich stark) eine Bewegung in dem Wasser verursache und dadurch die Fische zur Speise gelocket würden, so ist doch wohl die Bewegung der Luft nicht so stark und das, was ich zu Oranienburg in der Mark mit einer bloßen Schelle in freier Luft gesehen, bekräftiget es unwidersprechlich. Am Ende der Brücke, auf der andern Seite, wird ein altes Schloß abgebrochen, welches dasjenige sein soll, so König Heinrich II. vor seine Mätresse Rosamonde bauen lassen, davon unten ein Mehrers. Was endlich den Garten anbelanget, so ist selbiger hinter dem Haus in einem großen Umfange, es ist aber noch nichts als der vordere Teil zu sehen, der aus nichts anders als aus Parterren von Gras und Taxusbäumen bestehet, welches in Engelland gar gemein ist, und zwar nicht prächtig, läßt aber doch angenehm und dabei kostbar, weil es alle Wochen, sonderlich in nassem Wetter, dreimal gemäht und täglich gerollet werden muß, wie ich schon oben bei Loo erinnert habe. Es hat überdas dieses zum Vorteil, daß es Sommer und Winter grün bleibet. Der Gärtner, so ein Teutscher und von Marholz ist, sagte mir, daß es eine besondere Art Gras oder *Kley* seie. Noch eines muß ich erinnern, nämlich, daß die Hauptgänge des Gartens alle in der Mitte unter der Erde einen ausgemauerten und gewölbten Kanal haben, dahinein das Wasser von allen Seiten, wenn es regnet, fließet und unter der Erde außer den Garten in einen Graben geführet wird. Von Alleen und Wasserwerken ist noch nichts zu sehen. Jene sind zwar zum Teil gepflanzet, zum Teil ausgehauen; man siehet sie aber wegen vieler hin- und herstehenden großen Bäume noch nicht. Die Wasserwerke sollen künftig gemacht und das Wasser von einer Höhe, so eine Meile von hier ist, mit kostbaren Maschinen anhero geleitet werden.

Sophie von La Roche

St. James's Park

Von diesem Hause kamen wir in den Park von St. James, und gleich beim Eingang wurde uns der Platz gezeigt, auf welchem die wahnsinnige Nicolson einen Anfall auf das Leben des Königs machte. Ich erinnerte mich dabei, daß mir voriges Jahr in dem Marmorhof zu Versailles auch die Stelle gewiesen wurde, wo Ludwig XV. von Damiens verwundet ward. Die Behandlung dieser zwei armen Verrückten war auch eigen nach Verschiedenheit des Geistes der Gesetze: Damiens, den fürchterlichen Tod; Nicolson im Tollhause, wohin Fanatiker wohl auch eher gehören als auf den Gerichtsplatz. – Ich wende mich von diesen traurigen Ideen zur schönen Natur. – Der Park ist groß und königlich. Seine Anlage ist einer der schönsten Gedanken, die je in Heinrich VIII. Seele entstanden waren, und bewirkt bei Erblikkung desselben den Ausruf: War es möglich, daß der Mann, der die Reize dieser Anlage fühlte, etwas Grausames in sich haben konnte? Aber auch Catharina von Medici kannte und liebte die schönen Künste; und dennoch veranstaltete sie die Ermordung der Hugenotten! –

Ich fand äußerst schön, daß die Natur so nahe bei dem königlichen Palast war; denn Kühe weideten auf einer Wiese des Parks und tränkten sich in dem daliegenden Teiche. Man läßt beim Eintritt in den Park den alten, aus vielen abgesonderten Gebäuden bestehenden Palast rückwärts, hat vor sich die große, dreifache Allee, durch welche geritten, gefahren und gegangen wird; zur Rechten sieht man auf einem sich sanft erhebenden Platz den Palast der Königin, oder Buckingham-Haus, zur Linken die prächtigen Gebäude der Leibgarde zu Pferd; und geht man weiter vorwärts, so sieht man nicht nur die Westmünsterkirche über schöne Bäume hervorragen, sondern auch einen großen Platz, auf welchem die Garde ihre *Evolutiones* macht, und einen schönen Lustwald an einem Kanal, in welchem Tannhirsche spazieren. – Dort sahen wir auch einen Schottländer in der Bergkleidung mit dem streifigen blau und weißen Mantel umwunden; seine Schürze und bloße Knie waren uns auch neu.

Der Park gefällt mir besser als die Tuileries in Paris, doch sind die Gebäude daselbst von prächtigerm Ansehen, so wie alle Häuser in Londen weit unter denen von Paris stehen; aber ich sagte auch schon, daß diese Verschiedenheit mich freut, weil die größere Zahl guter bürgerlicher Wohnungen den Beweis gibt, daß in England die Glücksgüter mit mehr Gleichheit verteilt sind; gleichsam als ob in einem Staate, wo der republikanische Geist über die Gewalt der Monarchie herrscht, der Boden gleicher gehalten würde, damit die Glücksgöttin mit ihrer Kugel unaufgehalten durch alle Enden und Straßen rollen könnte. – Entzückt von dem herrlichen, für Könige und ein königlich Volk bestimmten Lustplatz setzte ich mich einige Minuten nieder und wollte nun auch den Anblick der reizenden Engländerinnen genießen, indem mir das liebliche Bild vor Augen schwebte, welches Madame du Boccage 1758 davon entwarf. Aber sie selbst würde die niedliche, edle Sylphidenkleidung und den Gang der Nymphen nicht mehr finden, welche sie vor 28 Jahren in diesem Park bewunderte; denn die lieben Engländerinnen haben durch die Aufnahme und das Übertreiben der Pariser Moden in Hüten und Aufsätzen ihren ursprünglich edlen und feinen Geschmack in der Kleidung verdorben. Das Charakteristische der Nationalkleidung ist dahin; der Kopfputz über alle reine Verhältnisse groß, und das Nachlässige in der Unterkleidung grenzt bei vielen an etwas, welches ich hier mit einer Art von Schmerz bemerkte.

Johannes Willms
Der Garten des Palais-Royal

In seiner ursprünglichen Gestalt war der Palais-Royal von Richelieu errichtet worden. Nach dem Tod des Kardinals fiel das Gebäude an die Krone. Louis XIV. überließ es dann seinem jüngeren Bruder, dem Duc d'Orléans als Apanage. Bis zu seiner Umgestaltung und Erweiterung bestand der Palais-Royal lediglich aus einem Flügel, an den sich ein großer, parkartiger Garten anschloß, der ausschließlich Angehörigen des Adels zugänglich war. In seinen Memoiren gibt der Baron de Frénilly die folgende Beschreibung der Anlage: „Ihr großer Garten wurde im Westen von dem Palais und auf den drei anderen Seiten von Häusern begrenzt, die wegen dieser Lage schier unbezahlbar waren. Gerade Alleen, Bassins und Blumenrabatten gliederten diesen Garten, auf dessen südlicher Seite jene große Kastanienallee stand, mit der sich keine andere in Frankreich an Größe und Alter messen konnte und die ein prachtvolles Gewölbe bildete, das die Strahlen der Sonne nicht zu durchdringen vermochten. Am Ende dieser Kastanienallee stand die Orangerie. Diese sehr geräumige Galerie war seit den Tagen der Anne d'Autriche der Treffpunkt der guten Gesellschaft von Paris. [. . .] Der Garten des Palais-Royal war eine Promenade des Luxus, der Festlichkeit und der guten Umgangsformen. [. . .] Kurz, der Palais-Royal war das Herz und die Seele, das Zentrum und der bevorzugte Treffpunkt der Aristokratie von Paris."

1780 beschloß der von großen finanziellen Schwierigkeiten geplagte Duc de Chartres ungeachtet heftiger Proteste, die in der Öffentlichkeit bei Bekanntwerden seiner Pläne laut wurden, den Palais-Royal umzubauen und das tote Kapital dieses unweit der Oper gelegenen Besitzes in eine sprudelnde Einnahmequelle zu verwandeln. Der Grundgedanke der neuen Anlage, mit deren Ausführung der Architekt Victor Louis beauftragt wurde, war dem Vorbild des Markusplatzes von Venedig verpflichtet: Auf drei Seiten wurde das Gartengeviert des Palais-Royal von einer zweistöckigen Häuserzeile dergestalt umschlossen, daß diese Häuser als eine Dependance zu dem auf der Südseite des Gartens ebenfalls neu zu errichtenden zusätzlichen Palaisflügel gelten konnten; entlang der gesamten Gartenfront dieses rechteckigen Gebäudekomplexes wurden, wie eine weitere Auflage des Duc de Chartres bestimmte, überdachte Promenaden entlanggeführt, die sich unter dem alten wie dem neuen Palais zu Säulenhallen erweiterten; ebenfalls in Analogie zum Markusplatz säumten diese als Arkaden gestalteten Promenaden im Erdgeschoß der dreiflügeligen Häuserzeile Ladenlokale, deren Schaufenster auf das weiterhin als Garten gestaltete zentrale Geviert des Palais-Royal blickten. Die Warenlieferung für die Geschäfte wie die Zugänge zu den über den Arkaden des Ergeschosses in zwei Stockwerken befindlichen weiteren Räumlichkeiten und Wohnungen erfolgte von Straßen, die an der Rückseite dieses neuen Gebäudekomplexes angelegt wurden.

Um die Exklusivität seiner Spekulation und damit auch deren geschäftlichen Erfolg zu sichern, erließ der Duc de Chartres eine wahrhaft prinzengemäße Hausordnung. Danach durften sich nur Luxusgeschäfte und Vergnügungsstätten, die gehobenen Publikumsansprüchen entsprachen, in dem „Palais-Marchand", wie der neue Palais-Royal bald genannt wurde, etablieren; Kaufleute und Handwerker, die ein mit Lärm, Schmutz oder Gestank verbundenes Handwerk ausübten – die Liste reicht von Huf- oder Grobschmieden bis hin zu Pökelfleischhändlern – waren ausdrücklich ausgeschlossen. Damit nicht genug, wurde auch eine detaillierte Besucherordnung festgelegt, über deren strenge Einhaltung an den Eingängen zum Garten des Palais-Royal bis zum Ausbruch der Revolution Schweizer in der Livrée des Königs wachten, die „Soldaten, Domestiken oder Personen, die Kappen oder Joppen trugen, Schüler, Gassenbuben, Bettler, Hunde und Handwerker" fernhielten.

Als im Frühjahr 1784 die elegante Arkadenanlage fertiggestellt war und die Bäume des Gartengevierts, das sie umschloß, den Flaneuren und Müßiggängern wieder Schatten spendeten, wurde der Palais-Royal zum fashionablen Treffpunkt des *Tout Paris*, begann die Spekulation des Duc de Chartres ihre Früchte zu tragen. In seiner „Korrespondenz", vom Juni 1794 hat Melchior von Grimm das Treiben, das sich hier entfaltete, beschrieben: „Es ist ein schwieriges Unterfangen, jenes interessante Bild zu schildern, das diese Promenade bietet, sobald die Sonne sinkt und die Frauen angelockt werden, hier in der frischen Luft zu lustwandeln und sich daran zu ergötzen, in diesem Lustgarten sich umzuschauen und mehr noch, es zu genießen, gesehen zu werden. Die in zwei oder drei Reihen tief entlang der breiten Alleen aufgestellten Stühle reichen kaum aus, um all diesen Frauen Platz zu bieten, die bei sinkendem Tag beinahe alle schön anzusehen sind und deren Anblick einen ebenso abwechslungsreichen wie verführerischen Augenschmaus bietet. Die schönsten unter ihnen, oder jedenfalls die, die am elegantesten angezogen sind, schreiten dann mit jener selbstverständlichen Grazie, die ganz allgemein ein Merkmal der Pariserin ist, an jenen vorüber, die die Alleen säumen. Niemals zuvor sind unsere schönen Frauen reizvoller anzusehen gewesen. Ihr Zustrom verleiht dieser Promenade einen unwiderstehlichen Reiz; man wird nicht müde, dieses Bild zu betrachten, das ständig durch eine Fülle neuer Objekte bereichert wird, auf denen eins nach dem anderen das Auge mit nie erlahmendem Wohlgefallen ruht, und man bedauert es fast, daß, wenn die Nacht einbricht, jenes Bild durch ein anderes ersetzt wird, obgleich dieses noch sinnentrunkener macht und verführerischer ist.

Der Schein von 180 Leuchten, die unter den 180 Arkadenbogen, die den Garten umgeben, aufgehängt sind, der der Lampen in den Cafés, den Restaurants und den Geschäften, tauchen diese Promenade in ein mildes Licht, eine Art von Halbdämmer, das die Schönheit noch interessanter und selbst das Gewöhnliche vorteilhaft erscheinen läßt. Dieses dämmrige Licht sorgt für Anstand, aber auch für Verlangen, während gleichzeitig seine zauberischen Effekte die Luft, die man hier atmet, mit Sinnenlust zu durchtränken scheinen. Das ist der Augenblick, an dem sich alle unsere schönen Kurtisanen in dem Garten ein Stelldichein geben. Die stets erlesene Eleganz ihrer Kleidung, ihre fast allzu gewagte Ungezwungenheit, mit der sie hier spazierengehen, locken eine lärmende Menge unserer jungen Leute an; man sieht diese, wie sie ohne Unterlaß jene umschwärmen, von der einen zur anderen hasten, ihnen folgen, sie mit einer Eilfertigkeit überholen, die selbst denen lästig wird, denen diese ganze Aufmerksamkeit gilt. Das ist ein Hin- und Hergewoge, dessen Wellenbewegungen diese jungen Schönheiten bestimmen, die nur zu häufig darauf bedacht sind, diese Flut in die großen Alleen zu lenken, weil sie sich der Vorteilhaftigkeit nur zu sehr bewußt sind, die ihre Schönheit durch das künstliche Licht erfährt, das diese Alleen besser als andere Teile des Gartens erhellt.“

Norbert Huse

Vom Hofgarten zum Volksgarten

Karl Theodor hatte den [Münchner] Hofgarten, den bereits Max III. Joseph 1776 der Kosten wegen in einen Baumgarten mit 258 Kastanien und 636 Linden verwandelt hatte, dem Volke geöffnet. Eine Seidenmanufaktur sollte das wirtschaftliche Wohl fördern, die kurfürstliche Bildergalerie das künstlerische, in den Kasernen schließlich sollten die Rumfordschen Militärreformen verwirklicht werden. Der Hofgarten stellte innerhalb einer unter polizeilicher Repression leidenden Stadt eine Insel symbolischer und temporärer Freiheit dar. So war das Lüpfen des Hutes vor Höhergestellten dort ausdrücklich verboten. Der Hofgarten, meist bis Mitternacht geöffnet, war ein „Ort, welcher ehemals allein zum Vergnügen des Hofes gewidmet [..] ist schon durch die Wohlthat Max Josephs in einen öffentlichen Spatziergang verwandelt worden; alle Klassen von Menschen dürfen hereintreten und so ganz ungehindert freye Luft athmen. An heiteren Tagen versammelt sich hier die ganze schöne Münchnerwelt, ein unentgeltliches Schauspiel vieler menschlicher Scenen. Der Physiognomiker, der Maler, der Philosoph finden unter anderen hier Vieles zu bemerken, man kann sich griechisch-, altteutsch- und französiche Bildungen und Anzüge wählen, auch so manche in Callots Geschmack. Nullen und Ziffern der Menscheit durchkreuzen sich, alle Stände fließen zusammen und vertragen sich so freundlich, als wenn sie schon über den Fluß der Vergeßenheit geschiffet in Elisäum wären."

Die Harmonisierung der gesellschaftlichen Konflikte war vor dem Hintergrund der revolutionären Entwicklungen in Paris auch ein Movens bei der Einrichtung des Englischen Gartens. Die Natur sollte dabei helfen. Der Zweck der „Volksgärten", so Ludwig von Sckell 1807 im Rückblick, bestehe darin, „daß sie den Menschen zur Bewegung, und Geschäfts-Erholung; zum Genuße der freien und gesunden Lebens Luft, und zum traulichen, und geselligen Umgang und Annäherung aller Stände dienen, die sich hier im Schoose der Natur erquicken, und in ihrem einfachen Genuße, manche andere minderwohlthätige-städtische-Ergötzlichkeiten entbehren lernen. / In solchen Gärten muß also auch für das Bedürfnis aller Stände und Alter gesorgt werden. Greise, Wiedergenesende, und die zarte Jugend fordern nahe, gemächliche, Gefahr freie, und mit vielen Ruhe Bänken versehene Wege, die auch gegen rauhe Winde geschützt, und fast mehr von der Sonne beleuchtet, als von Bäumen beschattet sind. / Mit der Kraftvollen wirkenden Menschen Klasse aber verhält es sich anderst: Diese bedarf Weege die mehrere Stunden weit, durch Wälder, Hainen und Auen führen; die auch zum reiten, und fahren eingerichtet sind, den sie muß ihre Stärke üben; neue Körper und Geistes Vermögen durch Thätigkeit gewinnen und diese dem Staate lange erhalten.“ Die dafür geeignete Natur gab es 1789 in den kurfürstlichen Jagdgründen nördlich der Residenz noch gar nicht. Eine Inschrift auf der Rückseite des Denkmals für den Grafen Rumford, der den Englischen Garten ins Leben rief, erinnert daran: „Lustwandler steh! / Dank staerket den Genuss. / Ein schoepferischer Wink Carl Theodors. / Vom Menschenfreund Rumford / mit Geist, Gefühl und Lieb' gefasst, / hat diese ehemals oede Gegend / in das, was du nun um dich siehest, / verwandelt.“

Zum Kunstwerk wurde die Wohlfahrtseinrichtung aber erst durch die gärtnerische Kunst des Ludwig von Sckell. Münchens Grantler freilich wollten von der Neuerung nicht viel wissen. Als die ersten Stiche von den entstehenden Herrlichkeiten kündeten, bedurften sie der Verteidigung. „Ein Bürger“ fühlte sich aufgerufen: „Bey dem Anschauen dieses sehr schönen Bildes fiel mir die von *vielen* meiner Mitbürger *so oft* geäußerte Frage: wozu denn der englische Garten nütze, schwer aufs Herz. Diese Frage,welche *so oft* und *fast allgemein* wiederholt wurde, hat meinen ehemaligen Stolz, ein Baier zu seyn, ungemein gedemüthiget; denn weder ein Athenienser noch ein Römer, weder ein Pariser noch ein Londoner, ja kein Bürger eines Staats, wo auf Geschmack und Bildung Ansprüche gemacht werden, würde sich jemals eine solche Frage haben in den Sinn kommen lassen."

Sckell hatte seine Vorstellungen 1807 in einem detaillierten Memorandum dargelegt. Er polemisierte gegen die vielen exotischen Baulichkeiten, die sich, wie der Chinesische Turm, bereits in dem Park eingenistet hatten, und plädierte für Konzentration auf einige wenige Themen. Die Wegführung in teils weiteren, teils engeren Schleifen sollte bewirken, daß „man die Stadt München im Vordergrund und den ehrwürdigen Wald Hirschanger im Hintergrund als malerische Bilder recht oft gesehen hätte". Die ersten Wege hatte Sckell schon früher festgelegt, und vielleicht hatte er sich schon damals des Stabes bedient, auf dessen Erfindung er später so stolz war. „Diesen Stab hält der Zeichner [. . .] mit der rechten Hand oben und mit der Linken gegen unten [. . .] und zwar so, daß die eiserne Spitze rückwärts gegen die Erde gekehrt ist. In dieser aufrechten Haltung, mit dem vorwärts [. . .] hingerichteten Blick folget er dann mit starken Schritten der schönen Wellen-Linie nach, die ihm seine geübte Einbildungskraft vorbildet, und gleichsam vor ihm herschweben läßt." Der Zeichner „übersieht, während er zeichnet, die schon früher bestimmten fernern Puncte, die seine Linie berühren soll, und nähert sich diesen auf eine eben so angenehme als natürliche Weise. Er hat die ganze Gegend, die seine Garten-Anlage aufnehmen soll, und die Formen, die er bereits entworfen hat, und die mit den noch übrigen in Verbindung und Einklang treten sollen, beständig im Auge, und sein Gefühl für Schönheit und Wahrheit der Natur leiten seine Schritte [. . .]."

In einem Memorandum von 1807 hatte Sckells Vision von der neuen Natur seines Gartens noch stark patriotische

Züge: „Diese geschmückte Natur, diese üppige reichhaltige Gebüsche, können dann allmählig zum erhabenen Styl des Mayestätischen Parks übergehen: Es können sich dann Waldstücke, in großen Maßen hingeworfen, die ein heiliges Dunkel einschliesen, und gesönderte Gruppen von ehrwürdigen Bäumen zeigen / Freundliche Wiesen, die eilende Bäche durchströmen, können die Zwischen-Räume ausfüllen, und kräftige Wasserfälle die feierliche Stille unterbrechen / Heilige Haine wo die Phantasie die Bardensänger höret; wo sie Altäre der grauen Vorzeit im Geheimniß vollen Dunkel erblickt, und die hundertjährige Eiche sieht, die die Siegreichen Waffen Teutscher Helden trägt / Seen von sanften Ufern umschlungen, und von lieblichen Gesträuchen überhängt, die sich in die Fluthen tauchen, und ihr schönes Bild noch reiner wiedergeben: Freundliche Inseln die zum Besuch auf Kähnen einladen, und wo abgesöndert von der lärmenden Welt, die süße Einsamkeit wohnt, und die Natur, da wenig besucht, noch unverdorben, im schönen Gewande der erhaltenen Unschuld pranget! / Geöffnete Ansichten nach schönen Fernen die als ländliche Bilder hereintretten, und dem Claude und Poußin Gemälde liefern, können alle als wesentliche Scenen der Natur in diesen Gärten aufgenommen werden. Ihre Verzierungen sind Denkmäler, welche das einheimische Verdienst oder eine glückliche National Begebenheit Allegorisch darstellen, und diese gehören wenigstens unter die lehrreichsten und nützlichsten Verzierungen in Volksgärten, weil sie den National Ruhm verbreiten helfen, und das Gefühl für edle Thaten wecken / Auch Gebäude finden in solchen Gärten statt, wenn sie nicht kleinlich ausgeführt werden, und als Muster der höheren und reinern Baukunst erscheinen, allein auch diese wollen eher an würdige Regenten, an Verdienst volle Staatsmänner, an nützliche Vaterländische Handlungen, als an mythologische Dichtungen erinnern."

Sckells zweiter großer Münchner Park lag vor den Toren der damaligen Stadt. Der patriotische Ferdinand von Kobell, damals noch in der aufgeklärten Pfalz, hatte schon 1786 proklamiert: „Wer wird nicht ein kleines Plätzchen mit etwelchen Bäumen in jedem Dorf von ganz Teutschland dem garstigen Versaillischen Bankert Nymphenburg vorziehen, nicht jedes kleine Bächlein denen ekelhaften kein Ende nehmenden Kanälen, und wenn man die Summen überdenkt, so dieses Zeug gekostet haben muß, so kann man nicht genug den Geschmack selliger Zeiten in Teutschland bedauern.“ Sckell reagierte wohl auf solche Kritik, als er 1800 in einem Gutachten vortrug, es sei an der Zeit, „die hiesige alte geometrische Gärten, und in der Unterhaltung so sehr kostspielige Gärten, die in Hinsicht ihrer Monotonen, wiedernatürlichen Formen und Anlagen, bei Menschen die richtig fühlen, nur wenig Gefallen erwecken, in natürliche Bilder umzuändern.“ In einem Gutachten vom 7. Juli 1801 heißt es weiterhin: „Unter die eigentliche Lustgärten, welche allein dem Vergnügen gewidmet worden, auch dafür gelten können, daß sie ein Unterhaltskosten wert sind, rechne ich den Hof- und englischen Garten bei München – und jenen bey Nymphenburg; alle übrigen Gärten, als Fürstenried, Dachau, Schleißheim, Landshut, und so weiter sollten nur als Nutzgärten betrachtet, und wenn sie es noch nicht sind, nach und nach diesem Zwecke entsprechend eingerichtet werden.“ Der Nymphenburger Park ist gärtnerisch ein Meisterwerk. Gemessen an den Zielen des Volksparkes aber ist er auch ein Kompromiß, der zwar das Moderne integriert, die Struktur aber beläßt – eine gartenkünstlerische Metapher für die Verhältnisse, wie sie in München bis zur Jahrhundertwende tatsächlich bestanden haben.

Heinrich Heine
Der Tiergarten

Ich rate Ihnen, wenn Sie hierher kommen, so versäumen Sie nicht, an solchen schönen Vorfrühlingstagen, um diese Zeit, um halb eins, in den Tiergarten zu gehen. Gehen Sie links hinein, und eilen sie nach der Gegend, wo unserer seligen Luise von den Einwohnerinnen des Tiergartens ein kleines, einfaches Monument gesetzt ist. Dort pflegt unser König oft spazierenzugehen. Es ist eine schöne, edle, ehrfurchtgebietende Gestalt, die allen äußeren Prunk verschmäht. Er trägt fast immer einen scheinlos grauen Mantel, und einem Tölpel habe ich weisgemacht: der König müsse sich oft mit dieser Kleidung etwas behelfen, weil sein Garderobemeister außer Landes wohnt und nur selten nach Berlin kömmt. Die schönen Königskinder sieht man ebenfalls zu dieser Zeit im Tiergarten, sowie auch den ganzen Hof und die allernobelste Noblesse. Die fremdartigen Gesichter sind Familien auswärtiger Gesandten. Ein oder zwei Livreebediente folgen den edeln Damen in einiger Entfernung. Offiziere auf den schönsten Pferden geloppieren vorbei. Ich habe selten schönere Pferde gesehen, als hier in Berlin. Ich weide meine Augen an dem Anblick der herrlichen Reutergestalten. Die Prinzen unseres Hauses sind darunter. Welch ein schönes, kräftiges Fürstengeschlecht! An diesem Stamme ist kein mißgestalteter, verwahrloster Ast. In freudiger Lebensfülle, Mut und Hoheit auf den edeln Gesichtern, reiten dort die zwei ältern Königssöhne vorbei. Jene schöne, jugendliche Gestalt, mit frommen Gesichtszügen und liebeklaren Augen, ist der dritte Sohn des Königs, Prinz Karl. Aber jenes leuchtende, majestätische Frauenbild, das, mit einem buntglänzenden Gefolge, auf hohem Rosse vorbeifliegt, das ist unsre – Alexandrine. Im braunen, festanliegenden Reitkleide, ein runder Hut mit Federn auf dem Haupte, und eine Gerte in der Hand, gleicht sie jenen ritterlichen Frauengestalten, die uns aus dem Zauberspiegel alter Märchen so lieblich entgegenleuchten, und wovon wir nicht entscheiden können, ob sie Heiligenbilder sind oder Amazonen. Ich glaube, der Anblick dieser reinen Züge hat mich besser gemacht; andächtige Gefühle durchschauern mich, ich höre Engelstimmen, unsichtbare Friedenspalmen fächeln, in meine Seele steigt ein großer Hymnus – da erklirren plötzlich schnarrende Harfensaiten, und eine Alteweiberstimme quäkt: „Wir winden dir den Jungfernkranz usw."

Und nun den ganzen Tag verläßt mich nicht das vermaledeite Lied. Die schönsten Momente verbittert es mir. Sogar wenn ich bei Tisch sitze, wird es mir vom Sänger Heinsius als Dessert vorgedudelt. Den ganzen Nachmittag werde ich mit „veilchenblauer Seide" gewürgt. Dort wird der Jungfernkranz von einem Lahmen abgeorgelt, hier wird er von einem Blinden heruntergefiedelt. Am Abend geht der Spuk erst recht los. Das ist ein Flöten, und ein Grölen, und ein Fistulieren, und ein Gurgeln, und immer die alte Melodie. Das Kasparlied und der Jägerchor wird wohl dann und wann von einem illuminierten Studenten oder Fähnrich, zur Abwechslung, in das Gesumme hineingebrüllt, aber der Jungfernkranz ist permanent; wenn der eine ihn beendigt hat, fängt ihn der andere wieder von vorn an; aus allen Häusern klingt er mir entgegen; jeder pfeift ihn mit eigenen Variationen; ja, ich glaube fast, die Hunde auf der Straße bellen ihn.

Wie ein zu Tode gehetzter Rehbock lege ich abends mein Haupt auf den Schoß der schönsten Borussin; sie streichelt mir zärtlich das borstige Haar, lispelt mir ins Ohr: „Ich liebe dir, und deine Lawise wird dich ooch immer jut sind", und sie streichelt und hätschelt so lange, bis sie glaubt, daß ich am Einschlummern sei, und sie ergreift leise „die Katarrhe" und spielt und singt „die Kravatte" aus Tankred: „Nach so viel Leiden", und ich ruhe aus nach so viel Leiden, und liebe Bilder und Töne umgaukeln mich, – da weckt's mich wieder gewaltsam aus meinen Träumen, und die Unglückselige singt: „Wir winden dir den Jungfernkranz" –

In wahnsinniger Verzweiflung reiße ich mich los aus der lieblichsten Umarmung, eile die enge Treppe hinunter, fliege wie ein Sturmwind nach Hause, werfe mich knirschend ins Bett, höre noch die alte Köchin mit ihrem Jungfernkranze herumtrippeln, und hülle mich tiefer in die Decke.

Hansjörg Küster

Ins Grüne!

Seitdem es Städte und einen Gegensatz zwischen Stadt und Land gibt, hat es Phasen der Landflucht und der Stadtflucht gegeben – aus unterschiedlichen Gründen. Immer wieder hatte die Not die Landbevölkerung in die Städte getrieben, in der Zeit des Bauernlegens genauso wie in der Zeit der Verkoppelung, als die besitzlosen Landbewohner ihre Lebensgrundlage verloren hatten. Die wirtschaftliche Kraft der Städte lockte, und es winkten dort bessere Rechte. Andererseits hatten es die Begüterten in der frühen Neuzeit als Privileg aufgefaßt, aufs Land zu gehen. Durch Landbesitz hofften sie, den Adligen gleichgestellt zu werden. Viele Anlagen von Gutshöfen und Landschlössern zeugen davon, daß die Stadtflucht der Begüterten in der frühen Neuzeit ein profitables „Unternehmen" gewesen sein muß. In der Zeit der Industrialisierung fanden sich nun Arme wie Reiche in der Stadt zusammen, aber nicht im gleichen Stadtviertel. In den größer werdenden Städten entwickelten sich vornehme und weniger vornehme Quartiere.

Die in den Städten erstarkenden unteren sozialen Schichten wandten sich seit dem 19. Jahrhundert dagegen, daß Grün zu einem Privileg der oberen Zehntausend wurde. Grün bedeutete Lebensqualität; alle sollten daran teilhaben dürfen. Als Gegenpol zur wachsenden ungesunden Industrie mußte zunächst öffentliches Grün dienen; im 19. Jahrhundert wurde eine Fülle von Erholungsmöglichkeiten für jedermann geschaffen.

In den Residenzstädten waren die Schloßgärten zugleich die Stadtgärten, in denen die Stadtbevölkerung spazierengehen konnte. Die Städte, in denen es keine Schlösser und Parks gab, zum Beispiel die Hansestädte und die ehemaligen Freien Reichsstädte, legten im 19. Jahrhundert Volksparks an. Eine solche Anlage entstand entweder auf der grünen Wiese (wie in Hamburg) oder – ganz in der Nähe der Innenstädte – an Stelle ehemaliger Befestigungsanlagen. Besonders umfassende Begrünungen konnte man auf den alten Bastionen der Städte vornehmen, die in der frühen Neuzeit zu Festungen ausgebaut worden waren, also zum Beispiel in Regensburg und Ulm. Aber auch die alte Stadtmauer von Soest erhielt eine Baumbepflanzung. In vielen Städten wurden die entbehrlich gewordenen Festungsanlagen völlig abgetragen. An Stelle alter Mauern entstand in Hamburg der alte Botanische Garten „Planten un Blomen", in Frankfurt die Taunusanlage. Auch in Bremen, Göttingen, Duderstadt und Würzburg legte man einen Grüngürtel an, der nun statt der wehrhaften Mauer die Innenstadt umschloß, das Stadtklima stabilisierte und zum Spazierengehen einlud. Man pflanzte zum Teil heimische Baumarten, zum Beispiel Linden und Eichen. Sehr beliebt waren die ursprünglich fremdländischen Roßkastanien, die zu einem Charakterbaum städtischer Grünanlagen wurden. Sie „müssen" auch in den berühmten Münchner Biergärten stehen, von denen viele in der Zeit um 1900 entstanden. Diese Bäume geben im April und Mai, wenn der vom nahen Gebirge wehende warme Föhnwind für kurze Zeit den Aufenthalt im Freien ermöglicht, noch wenig Schatten. Später, im Hochsommer, bleibt auch bei hohen Temperaturen das Bier unter dem dichten Laub kühl, und für den Besuch der Biergärten am Abend hält sich die Wärme unter dem dichten Laub der Roßkastanien.

Zu Ende des 19. und im frühen 20. Jahrhundert wurden viele weitere Parks angelegt. Zu nennen sind hier die Zoologischen Gärten, von denen Hagenbecks Tierpark in Hamburg-Stellingen insofern besonders bemerkenswert ist, weil er der älteste Park seiner Art ist, in dem nicht Tiere in Käfigen, sondern in exotisch anmutenden Freigehegen zu betrachten sind. Die Gehege wurden nach wissenschaftlichen Erkenntnissen über das Leben der zur Schau gestellten Tiere als künstliche Landschaften gestaltet; besonders wichtig war es, die Sprungweiten und -höhen der Zootiere (vor allem der Großkatzen!) zu untersuchen, damit die Grabenanlagen um die Gehege breit genug gezogen wurden. Das Prinzip der Zoofreigehege, das in Hamburg entwickelt worden war, wurde in anderen Zoos vielfach nachgeahmt.

Die Anlage des Höhenparks Killesberg oberhalb von Stuttgart in den dreißiger Jahren war zugleich eine Rekultivierungsmaßnahme für einen ehemaligen Steinbruch. Man demonstrierte damit auf einer Gartenschau, daß sich „ausgebeutete Natur“ in „Natur aus zweiter Hand“ und in eine Erholungslandschaft verwandeln ließ. Seither hat man dieses Prinzip der Landschaftsgestaltung immer wieder angewandt, zum Beispiel, als man entlang der Ruhr eine der ausgedehntesten künstlichen Erholungslandschaften Mitteleuropas schuf. Nachdem die Schwerpunkte der Kohleförderung in den Norden des Ruhrgebietes verlagert worden waren, wurde die Emscher zum Abwasserkanal des Industriegebietes, während die Ruhr das Trinkwasser lieferte. Ihr Wasser wurde mit Talsperren gestaut, die man in großzügige Parkanlagen einbezog.

Am Rand der Städte entstanden große Friedhofsanlagen, von denen einige auch wichtige Funktionen städtischen Grüns erfüllen. Genannt werden soll hier der ausgedehnte Ohlsdorfer Friedhof in Hamburg, weil er der größte Rhododendrenpark des europäischen Kontinents ist.

In manche städtischen Parkanlagen integrierte man Sportanlagen, so das „Volksparkstadion“ in Hamburg und die Westfalenhalle in Dortmund. Anderswo boten sich die unbebauten Flußniederungen zur Aufnahme von Sportstätten an. Dank weiterer Flußkanalisierungen waren diese Bereiche sicherer vor Überflutungen geworden, so daß man dort die Stadien von Stuttgart, Freiburg, Jena und Hannover anlegen konnte. In Duisburg („Wedau"-Stadion) und Bremen (Sportverein „Werder") nehmen die Namen des Stadions oder des Sportvereins Bezug auf die Niederungs- beziehungsweise Insellage der Sportanlagen. Die Sportplätze vieler kleinerer Gemeinden liegen ebenfalls in den Fluß- und Bachniederungen, zum Teil dort, wo Allmenden lange erhalten geblieben und Gemeindebesitz waren. Schon ihrer Lage wegen sind viele dieser Sportplätze nach Dauerregen unbespielbar, und hin und wieder werden sie bei Hochwasser auch überflutet.

In den Vorstadtsiedlungen der schier unaufhaltsam wachsenden Metropolen wurden seit der Zeit um 1900 neuartige architektonische Konzepte umgesetzt, bei denen man sich vor allem von englischen Vorbildern inspirieren ließ. Gärten gehörten zu vielen dieser Siedlungen. Für ihre Anlage bestand in der Nähe der alten Kernstädte die beste Voraussetzung, denn im Areal vor der Stadt waren seit dem Mittelalter immer wieder Abfälle deponiert worden. Im Lauf der Jahrhunderte hatten sich besonders fruchtbare Böden, sogenannte Hortisole, entwickelt.

In einigen Gegenden entstanden die Landhaussiedlungen mit ihren weiträumigen Gärten, die man in vielen Fällen eher kleine Parks nennen sollte, in den Berliner Vororten Dahlem, Schlachtensee und Nicolassee, in Hamburg-Hochkamp, Dresden-Klotzsche, am Rand von Bremen, Kronberg im Taunus und am Starnberger See.

Anderswo machte sich die Gartenstadtbewegung breit, die ein Wohnen im Grünen für die minderbemittelte Bevölkerung ermöglichen und reformorientierte Lebensweisen praktizieren wollte. Die frühen Gartenstädte sind Reihenhaussiedlungen; zu jedem kleinen Haus gehört ein kleiner Garten. 1911 wurden die Gartenstädte von Dresden-Hellerau und Karlsruhe-Rüppurr gegründet, 1913 Berlin-Falkenberg, 1914 die Gartenstadt „Reform“ in Magdeburg. Im Lauf der folgenden Jahre und Jahrzehnte entstanden am Rand aller großen und auch vieler kleinerer Städte entsprechende Siedlungen, so in Mannheim, Hamburg-Wandsbek, Stuttgart-Luginsland und Donaueschingen. In Dessau, Reutlingen und Friedrichshafen bauten Industrielle für ihre Mitarbeiter Wohnsiedlungen aus Häusern, die von Gärten eingefaßt waren. Große Ausdehnung erhielten die Einfamilienhaussiedlungen, die das zu Wohlstand gelangte Bürgertum in den zwanziger und dreißiger Jahren und dann wieder seit den fünfziger Jahren baute, zunächst im Weichbild der Städte, dann bei den Stadtrandgemeinden, schließlich auch neben den Dörfern weit draußen auf dem Land. Für diese Siedlungen war eine abgewandelte Ökotopengrenzlage entscheidend. Ein Einfamilienhaus gilt als besonders wertvoll, wenn es eine „unverbaubare Aussichtslage“ bietet. Daher entstanden besonders viele dieser Einfamilienhäuser am halben Hang, grundsätzlich also in der gleichen landschaftlichen Situation wie eine jungsteinzeitliche Bauernsiedlung. Es ist daher kein Wunder, daß man beim Bau dieser neuen Siedlungen besonders häufig auf die Spuren jahrtausendealter Dörfer trifft.

Die Ökotopengrenzlage war immer wieder aus anderen Gründen aufgesucht worden. Ursprünglich wurden die Siedlungen dort angelegt, wo der Boden oberhalb der Talgründe steinfrei war und sich zur Beackerung eignete. Dann sah man dort die Trennungslinie zwischen Acker- und Grünlandbereich. Schließlich baute man hier sein Haus des freien Blickes auf die Landschaft wegen. Immer wieder stellten die Bauherren ihre Häuser in die ähnliche landschaftliche Lage; Ursache dafür könnte eine Prägung des Menschen auf einen bestimmten Lebens- und Wohnraum sein, der sich immer wieder unter geänderten Bedingungen der Außenwelt bewährt hat.

Seit dem Beginn des 20. Jahrhunderts gibt es Gartenbaubetriebe, die bürgerliche Hausgärten gestalten, Plattenwege und Trockenmauern anlegen, aber auch die Bepflanzungen mit Hecken und Gebüsch, Obstbäumen und anderen Bäumen vornehmen. Aus der Beobachtung vieler Gewächse in den älteren Schloßgärten und städtischen Parks ließ sich ersehen, daß nicht nur einheimische, sondern auch zahlreiche exotische Gehölze für eine Bepflanzung in Frage kamen. Mit der Zeit immer weiter ausladende, mächtige Mammutbäume, Douglasien und Tulpenbäume prägten die „Landschaft" der Landhaussiedlungen im Westen Berlins und in den Hamburger Elbvororten. Im bürgerlichen und kleinbürgerlichen Garten pflanzte man eher Obstbäume; man zog sie auch im Spalier. Der Garten hatte hier eine Versorgungsfunktion zu erfüllen; bis in die zweite Hälfte des 20. Jahrhunderts hinein waren – vor allem im Osten Deutschlands – frisches Obst und Gemüse nicht zu jeder Jahreszeit im Laden erhältlich. Viele Obst- und Gemüsearten konnten nur dann zur Ernährung beitragen, wenn man sie im Hausgarten wachsen ließ. In den bürgerlichen Gärten setzte man außerdem ein paar Zwergkoniferen, vielleicht als einen „Ersatz" für größere Gewächse in den „herrschaftlichen" Grünanlagen.

In den Gärten entwickelte sich eine spezifische und neuartige Pflanzengemeinschaft auf den Rasenflächen. Diese wurden viel begangen und häufig mit dem Rasenmäher geschnitten. Nur Gewächse mit einer sehr raschen Entwicklung von der Keimung bis zur Samenbildung und mit Erneuerungsknospen, die dem Boden dicht anliegen, konnten hier überleben. Alteingesessene Pflanzen wie Gänseblümchen und Rispengras taten sich mit Exoten zusammen, wovon Persischem Ehrenpreis besondere Bedeutung bekam, der sich erst seit dem 19. Jahrhundert in Mitteleuropa ausbreitete und inzwischen zu einem der häufigsten Gewächse geworden ist – auf einem der inzwischen am weitesten verbreiteten Pflanzenstandorte: Einen Rasen gibt es an fast jedem Haus.

Vor allem Arbeiter, die in den tristen Mietskasernen der Städte wohnen blieben, legten Laubenkolonien, Klein- oder

Schrebergärten an. Diese entstanden entweder neben den Gartenstädten und Einfamilienhaussiedlungen, unmittelbar neben oder sogar zwischen Bahn- und Industrieanlagen auf Flächen, die sich auf andere Weise nicht nutzen ließen und daher billig waren. In vielen Fällen lehnten sich die neuen Kleingartenanlagen an bereits bestehende Krautgärten am Rand der Flußniederungen an. Wegen ihrer niedrigen Lage wurden und werden bei Hochwasser zahlreiche Kleingärten überflutet – auf den Elbinseln südlich von Hamburg wie im Saaletal. Auch die Kleingärten sollten einen Anteil zur Selbstversorgung ihrer Besitzer oder Pächter leisten. Sie bauten Obst und Gemüse an, pflanzten kleine Obstbäume, zogen Spaliere entlang der Lauben und pfropften sogar mehrere verschiedene Edelreiser auf dieselbe Unterlage, um verschiedene Apfelsorten ernten zu können. Die Laubenkolonien dienten der Volksgesundheit; bezeichnenderweise setzte sich vor allem der Leipziger Orthopäde Daniel Gottlob Moritz Schreber für ihre Gründung ein, nach dem diese Kleingärten ja auch Schrebergärten heißen. Sie wurden zu belebenden, bunten Landschaftselementen in ansonsten tristen Industrieregionen. Im Ruhrgebiet wurden sie häufig zunächst von Bergleuten bebaut, die ländlicher Abstammung waren. Sie pflanzten nicht nur Obstbäume, sondern hielten dort auch – wie kleine Bauern – ihre „Bergmannskühe", die Ziegen, außerdem Hasen, Hühner und Brieftauben. 1927 gab es in Berlin 137 000 Kleingärten! Das Kleingartenwesen ist zunächst von sozialistischen Organisationen (auch von den Nationalsozialisten!) und später in der DDR stark propagiert worden, wo sogar Produktionswettbewerbe unter den Kleingärtnern stattfanden. Die Kleingärten wurden besonders bunt, zum Teil mehrschichtig mit Obstbäumen, Büschen, Gemüse und Salat bepflanzt. Zur Zierde dienten lediglich Forsythien, einige Zwiebelpflanzen und vielleicht ein Ministeingarten aus Tuffstein mit ein paar Gartenzwergen darauf.

Seit den letzten Jahren des 19. Jahrhunderts werden von breiten Massen der Bevölkerung Naherholungsgebiete aufgesucht, zum Beispiel die Seen um Berlin und München, der Strand an der Elbe westlich von Hamburg. Es entstanden dort befestigte Wanderwege, Strandbäder und Gartencafés. Die Hamburger entdeckten die Lüneburger Heide, deren zentraler Bereich um Wilsede zu Beginn des 20. Jahrhunderts zum Naturschutzpark erklärt wurde; Wilsede und einige andere kleinere Orte kann man nur mit dem Kutschwagen erreichen, weil die Zufahrtswege für den Autoverkehr gesperrt wurden. Vor allem seit der Mitte des 20. Jahrhunderts werden aufgelassene Kiesgruben zu Badeseen umgestaltet; dank umfangreicher Rekultivierungen gibt es seitdem zu solchen künstlichen Seen einen umfangreichen Ausflugsverkehr. In den umgestalteten Seen siedelten sich zahlreiche Tier- und Pflanzenarten neu an. Viele dieser Seen haben inzwischen natürlich aussehende Uferzonen mit See- und Teichrosen, Schilf, Seggen, Weiden und Erlen, in denen zahlreiche Vogelarten brüten.

Deutschlands vielgestaltige Landschaft bietet mannigfaltige Möglichkeiten zum Ferienmachen. Bis zum Bau der ersten Eisenbahnen blieb die Vergnügungs-Fernreise ein Privileg weniger Begüterter, also des Adels und des reichen Bürgertums. Im 19. Jahrhundert suchte die Hautevolee berühmte Badeorte wie Baden-Baden, Bad Ems, Wiesbaden, Bad Nauheim, Bad Homburg, Bad Pyrmont und Bad Kissingen auf. Diese Kurorte, an heilkräftigen Quellen gelegen, hatten Weltruhm und wurden daher von zahlungskräftigen Gästen aus ganz Europa besucht. Rund um die Quellen und Badeanlagen entstanden Kurhäuser und Herbergen, Hotels und Kurparks, deren Einfluß auf das Landschaftsbild aber gering blieb. Die Silhouetten der großen Kurkliniken, die viel später für den Massentourismus gebaut wurden, bestimmten das Landschaftsbild viel stärker.

Theodor Fontane

Ein Sommer in London
Richmond

Die großen Tyrannen sind ausgestorben; nur in England lebt noch einer – der Sonntag. Er wird auf die Nachwelt kommen wie Cambyses und Nero; nur zündet er die Städte nicht an, denn die Flamme ist Geist; Wasser aber ist *sein* Wesen und *seine* Gefahr – das Element der Langeweile. Womit vergleich' ich einen Londoner Sonntag? Leser, hast du jemals einen Abschiedsschmaus gefeiert: feuriger Wein und feurige Rede, Rundgesang und Lichterglanz, Freunde mit blauen und Schenkinnen mit schwarzen Augen, Lust und Leben, Liebe und Leidenschaft um dich her – so schliefst du ein. Du erwachst: die Morgensonne fällt ins Zimmer, alles öd und leer, im Winkel Scherben, ein niedergebranntes Licht spricht von vergangener Lust, und eine verschlafene Magd kehrt aus – das ist ein Londoner Sonntag.

Wir gehen den „Strand" hinunter; Glockenklang und Sonnenschein sind in der Luft und bieten uns die Wahl. Wir sind nicht von den Unkirchlichen; aber die Sonne ist seltner in London als die Kirche, und wir fürchten die Eifersucht jener fast mehr noch als dieser: so denn hinaus in Wald und Feld. Aber wohin? Da rollt zu guter Stunde ein Omnibus an uns vorüber, und wir lesen in goldnen Lettern: „*Richmond*". Ja, Richmond! Doch wir sind Deutsche, und eh' wir uns noch bestimmt entschieden haben, ist Kutscher und Kondukteur uns aus dem Gesicht, und nur das goldne „Richmond" leuchtet noch von fern wie ein Stern der Verheißung.

Ja, nach Richmond! Aber zu Wasser. Wir biegen nach Süden zu in die Wellington-Straße ein, erreichen die Waterloo-Brücke, werfen einen flüchtigen, aber bewundernden Blick auf diese steinerne Linie, die über den Fluß läuft, und steigen dann rasch die Stufen zu einer jener schwimmenden Inseln hinab, die, aus Pontons gezimmert, rechts und links an den Ufern der Themse auftauchen und die Stationen bilden für eine Flotte von Steamern. Schon läutet's; beeilen wir uns. Es ist die „Wassernixe", die eben anlegt; das Billet ist rasch gelöst, und der nächste Augenblick sieht uns unter viel hundert geputzten Menschen, alle entschlossen wie wir selbst, die „Wassernixe" zur Arche Noäh zu machen, die uns der Sündflut einer Londner Sonntagslangweil' entführen soll.

Wir nehmen Platz an der Feueresse und haben alsbald nicht Ursach', unsere Wahl zu bereuen: vor uns auf grüner Bank sitzt eine echt englische Familie, Vater und Mutter, zwei Töchter und ein Bräutigam – alles Vollblut aus der City, weniger dem Gelde als der Abstammung nach. Der Alte, Seifensieder oder Talglichtfabrikant, trägt viel von jenem Selbstbewußtsein zur Schau, das nur ein alter und unbefleckter Stammbaum leiht, und seine Stirn erzählt von jenem Ahnherrn, der schon Lichte zog, als Katharina von Aragonien ihren Einzug hielt und die City illuminiert war wie nie zuvor. Die Töchter sind hübsch wie –alle englischen Töchter. Die ältere ist Braut; sie trägt einen krausen Scheitel, ein hohes schwarzes Seidenkleid, worüber in fast vornehmer Schlichtheit sich der schmale, weiße Halskragen legt, und ihre Hände und ihre Blicke ruhen nebeneinander auf ihrem Schoß. Sie ist bräutlich-verstimmt oder bräutlich-sentimental oder – beides. Vor ihr steht der Erwählte, noch jung an Jahren, aber alt an Weisheit und Verstand. Seine magre Blässe verweist auf Eagle-Tavern und manche durchtanzte Nacht, im übrigen ist er Engländer von Kopf bis zu Fuß. Er trägt glanzlederne Stiefel, eine blaue Krawatte und die Vatermörder von der vorschriftsmäßigen Sonntagshöhe; die Taille seines Fracks sitzt noch um zwei Zoll tiefer als die seines Wochenrocks, und vorn im Knopfloch trägt er die ganze Poesie seines Lebens – eine Rose. Er zupft an den Vatermördern und neigt sich flüsternd zur Braut; sie aber schweigt noch immer. Da fällt plötzlich, wie Friede bittend, die Rose in ihren Schoß, und siehe da, das blaue Auge blickt schelmisch auf, als spräch' es: „Das war es, was ich wollte." Die jüngere Schwester ist allein und – ist es nicht. Wind und Sonne sind um sie her. Sie spielt mit dem zierlichen Schirme wie mit einem Fächer, und während sie vor dem Himmel und seiner Sonne sich schützt, bleibt uns Irdischen noch eben Raum genug, uns an dem Lächeln ihres Mundes zu erfreuen. Ich tu's; aber dreister ist der Wind: er faßt ihre langen Locken und löst sie auf, und wenn sein Glück nicht so flüchtig wäre, man könnte ihn drum beneiden. Die beiden Alten aber sitzen steif und regungslos wie ägyptische Königsbilder nebeneinander und halten einen baumwollenen Regenschirm gravitätisch in ihrer Hand. Von Zeit zu Zeit blicken sie auf ein Wölkchen, das über die lachende Stirn des Himmels zieht, und ihren Schirmstock fester fassend, sehen sich ihre Seelen voll Einverständnis an, als wollten sie sagen: „Auch unsere Stunde wird kommen."

Der Steamer inzwischen hält Wort: er ist eine „Nixe" und die Flut sein befreundet Element. Durch die Brücken hindurch geht es stromauf, vorbei an Palästen und Kirchen, die ihre Türme im Wasser spiegeln, vorbei an Westminster und Parlament, an Vauxhall und Chelsea, bis endlich die dichte Steinmasse zu armen, vereinzelten Häuschen wird, ähnlich der kleinen Münze, die weit über den Tisch läuft, wenn irgendwo ein Reichtum ausgeschüttet wird. Endlich verschwinden auch diese; nur Wiesen und Weiden noch zu beiden Seiten, bis plötzlich der Steamer hält: wir sind in Kew.

Von hier bis Richmond ist nur ein Spaziergang. Wir haben kein Auge für das Winken des Omnibuskutschers, der eben an uns vorüberfährt: Gärten rechts und Hecken links, so machen wir uns auf den Weg. Keine Stunde – und Weg und Stadt liegen bereits hinter uns; noch wenige Schritte bergan, noch dieses Tor, und wir sind in Richmond-Park. Unter allen Weibern sind das die reizendsten, die sich zu verschleiern und zu rechter Stunde wie Turandot auszurufen wissen: „Sieh her, und bleibe deiner Sinne Meister!“ Es ist mit den Landschaften wie mit den Weibern; wer das nicht glauben will, der verliebe sich oder gehe nach Richmond. Wir sind in den Park getreten; der Kiesgang vor uns, die Buchen- und Rüsterkronen über uns verraten nichts Außergewöhnliches; gleichgültig, mit unsern Gedanken weit fort, gleiten unsere Finger an dem Eisengitter entlang, bis plötzlich ein Luftzug uns anweht und wir aufblicken. Wir stehen an einem Abhang, der ein „hängender Garten“ ist. Weiß- und Rotdorn, mit ihrer Blütenfülle das dunkle Grün ihres Blattes verdeckend, tauchen wie Blumeninseln aus dem leiste bewegten Grasmeer auf; wie ein Sinnbild des Reichtums dieser Fluren webt der Goldregen seine üppiggelben Trauben in dies Bild, und Fußpfade schlängeln sich rechts und links wie ausgestreckte Arme, die dich einladen, teilzunehmen an all dem Glück. So reich die Nähe, aber reicher noch die Ferne. Am Fuß des Abhangs dehnt sich ein weites Tal, drin Rasen und Ginster sich um den Vorrang streiten; Laubwald, hoch und dicht, umschreibt einen grünen Kreis um so viel Lieblichkeit, und das blaue Band der Themse, bedeckt mit Inseln und Böten, gleitet mitten hindurch wie ein Streif herabgefallenen Himmels. Frischer weht der Wind, würziger wird die Luft, tiefer sinkt die Sonne, aber immer noch stehst du, die Hand am Gitter, und blickst hinunter und atmest und träumst.

Der Park ist weit und groß; du durchwanderst ihn nach allen Seiten, freust dich an den Herden, die darin lagern, an den Schmetterlingen, die ihn durchfliegen, und den bunteren Menschen, die ihn durchziehn; aber in deiner Seele lebt immer noch jenes erste Bild wie die Klänge einer bewältigenden Melodie, die man am Abend hörte und noch am Morgen summen muß, man mag wollen oder nicht. Die fröhliche Menge eilt zu Ball- und Kricketspiel, zu Jahrmarkt und Polichinell; du aber steckst, wie die Plantagenets taten, einen Ginsterzweig an deinen Hut, und im Vorübergehen aus dem

Becher dieses Richmond-Tales noch einmal trinkend und dich mühsam losreißend wie aus Freundesarm, kehrst du zurück an das große Schwungrad der Welt, das sich London nennt, und gibst dich aufs neue ihm hin, mutig, aber dir selber unbewußt, ob es dich fördern oder zermalmen werde.

Ursula A. J. Becher
Reformbewegung und Gartenbau

Die Reformer wollten klare, helle Räume schaffen, in denen moderne Menschen neue Lebensformen entwickeln konnten. Um dieses Ziel zu erreichen, mußten Kunst und Industrie ein Bündnis eingehen. Unter den führenden Vertretern des neuen Baustils – Peter Behrens, Walter Gropius, Hermann Muthesius und Richard Riemerschmidt – gelang eine solche Verbindung, weil ihre Forderung nach Sachlickeit und Funktionsgerechtigkeit den industriellen Notwendigkeiten und Fertigweisen entsprach. Während die einen auf Modernisierung setzten und die Produktchancen ihrer Waren verbessern wollten, sahen andere mehr auf die Menschen, die mit diesen Produkten leben und in diesen Räumen wohnen sollten. Sie sollten ohne den Plunder und das Sammelsurium des 19. Jahrhunderts leben, ohne die vielen Nippsachen, die die Interieurs der bürgerlichen Wohnungen verstellt hatten. Den Menschen der zwanziger Jahre wurde in diesen Vorschlägen ein hohes Maß an Rationalität der Lebensführung bis in ihre Wohnungseinrichtung abverlangt: „Hier werden nur die strukturellen Linien eines Zimmers bloßgelegt, und zwar derart, daß man keinen Mut mehr hat, eine zusätzliche Dekoration anzubringen." Das konnte die Menschen überfordern. Die Reformbewegung der Jahrhundertwende nahm solche Beobachtungen kaum auf. Sie war aus kulturkritischen Antrieben hervorgegangen und gewann von diesem Ansatz her ein kulturelles und sozialpolitisches Engagement.

Wenn diese Reformer auch bei ihren Häusern und Wohngegenständen zunächst an das gebildete Großstadtbürgertum als Zielgruppe dachten, blieben ihre Reformen doch nicht auf diese soziale Gruppe eingegrenzt. Ihre sozialpolitischen Vorstellungen zeigt anschaulich die Gartenstadt Hellerau. In diesem Projekt verbanden sich zivilisationskritische Bestrebungen mit reformerischen Impulsen. Gartenstadt – das sollte die Anwort sein auf das Elend der Mietskasernen und die beengten, unhygienischen Arbeiterwohnungen der Industriestädte. Nicht nur ein gesundes Leben in der Natur, in Luft und Sonne wollte sie ermöglichen, sie sollte auch ein Ort intensiven kulturellen Lebens sein. So entstand 1912 ein Kulturzentrum mit Reformschule und Festspielhaus. Die Bewohner sollten nicht allein durch Theaterinszenierungen erfreut und angeregt werden, sondern selbst ihre kreativen Fähigkeiten ausbilden. So wirkte der Genfer Musikpädagoge und Initiator der Rhythmischen Gymnastik in Hellerau und lehrte Körperbildung und Bewegungstanz. Die kulturelle Anziehungskraft des Ortes wirkte sich auf Schriftsteller und Künstler aus, die sich hier niederließen. Damit jedoch die Gartenstadt Hellerau etwas anderes werden konnte als ein Ort für Intellektuelle, mußten die Lebensbedingungen so gestaltet werden, daß auch Bürger mit geringem Einkommen und Arbeiter sich hier ansiedeln konnten. Nur wenn diese Stadt allen geöffnet war, konnte sie ihr Programm verwirklichen, „eine Synthese von Lebens-, Sozial- und Kulturreform“ zu sein. Der sozialpolitischen Komponente sollte in dieser Gründung ein bedeutender Platz eingeräumt werden. So wurde im Paragraphen I der Satzung der Deutschen Gartenstadtgesellschaft (1907) deutlich betont: „Eine Gartenstadt ist eine planmäßig gestaltete Siedlung auf wohlfeilem Gelände, das dauernd in Obereigentum der Gemeinschaft gehalten wird, derart, daß jede Spekulation auf dem Grund und Boden dauernd unmöglich ist. Sie ist ein neuer Stadttypus, der eine durchgreifende Wohnungsreform ermöglicht, für Industrie und Handwerk vorteilhafte Produktionsbedingungen gewährleistet und einen großen Teil seines Gebietes dauernd dem Garten- und Ackerbau sichert.“ Die Reformer waren der genossenschaftlichen Idee und Vorstellungen zur Mitbestimmung verpflichtet. So wurden die individuellen Wünsche der künftigen Bewohner durch einen Fragebogen erfaßt. Die einzelnen Häuser sollten nach den Bedürfnissen der jeweiligen Bewohner errichtet und gestaltet werden. Einrichtungen, die stärker das Gemeinschaftsleben der Bewohner fördern sollten – geplant waren gemeinschaftliche Waschhäuser und Großküchen –, wurden nicht verwirklicht. In diesem Fall lagen diese sozialreformerischen Konzepte quer zu den beharrenden Gewohnheiten der Bewohner, die ihr Familienleben einer erweiterten dauerhaften Kommunikation vorzogen. Möglicherweise hatte diese Diskrepanz sehr elementare Ursachen: Während die bürgerlichen Reformer das familiäre Ghetto durchbrechen und das Gefühl der Einsamkeit überwinden wollten, erlebten viele Bewohner, die sich selbst und ihre Bedürfnisse in ihren bisherigen beengten Wohnverhältnissen nicht entfalten konnten, das ungestörte Familienleben als etwas Neues. Wer seine eigenen Lebensinteressen immer hatte zurücktreten lassen müssen, entdeckte Alleinsein nun als Befreiung von aufgezwungener Gemeinschaft. Die Tendenz zur Individualisierung, seit dem 18. Jahrhundert deutlich wahrnehmbar, verwirklichte sich in den einzelnen sozialen Gruppen zu ganz verschiedenen Zeiten.

Die Gartenstadt Hellerau, heute unter Denkmalschutz stehend, hat am Ende der zwanziger Jahre ihre Blütezeit erlebt. Es blieb die fortwirkende Idee anderer individueller Lebensformen. Und es blieb die Möbelfabrik, die weiterhin gediegene, formschöne Möbel herstellte. Es blieben auch die Serienmöbel, die weiterentwickelt wurden. Dem Prinzip der „maschinengefertigten, zerlegbaren und leicht versendbaren

Möbel", meist in Fichte, Eiche oder Lärche, folgen heute noch beliebte und verbreitete Programme von Serienmöbeln wie String, Interlübke und Ikea. Diese Entwicklungen hatten langfristige Auswirkungen auf den Lebensstil, denn die relativ leichten, zusammenlegbaren Möbel waren der Mobilität dienlich. Ein Umzug oder auch eine Umstellung innerhalb der eigenen Wohnung konnten leichter bewerkstelligt werden.

Zuflucht und Bedrohung

Heimito von Doderer

Paulas Gärtchen

In den kleinen Garten konnte man vom Trottoir aus beim Vorbeigehen einen Blick werfen. Trat man ein, durch die gewölbte niedere Einfahrt, dann erwies sich das Gärtchen geräumiger als es zunächst den Anschein gehabt hatte, und unregelmäßig in seinen Ausdehnungen.

Es lag zwischen heißen Mauern, aber sie waren nicht hoch und auch nicht kahl, verwinkelt und vererkert, meist gelb mit grünen Fensterladen. Der Himmel senkte sich nur wenig geschmälert über den Gartenfleck; nach links hin zog sich dieser zwischen zwei Nachbars-Mauern hinein, und hier standen vier Obstbäume und im Schatten Bank und Tisch: und Paulas Strecksessel, den sie sich gekauft hatte, helles Holz mit grobem buntem Leinen; derlei Möbel hatte es früher hier im Hause nicht gegeben. Ältere Zeiten machen oft den Eindruck, als wären sie, in der eigenen Tüchtigkeit befangen, gar nie auf den Gedanken gekommen, sich behaglicher zurecht zu setzen; und als hätten die Menschen damals ihr ganzes Leben hindurch gezwungene Körperstellungen eingenommen, ohne dessen recht inne zu werden. Aber in Wahrheit lebten sie doch bequemer, wenn auch nicht das Behagen als ein direktes Ziel ins Auge fassend, was man erst kann, wenn man schon dem Leben untreu geworden ist, es demnach mehr arrangiert als lebt. Und freilich jetzt von außen jeden Fehler im Arrangement bemerkend und geschickt behebend, allerdings ohne damit zum Behagen jemals zu gelangen: denn dieses liegt im Leben und nicht daneben.

Womit wir Paulas Strecksessel nicht eigentlich im besonderen gemeint haben. In diesem liegend, dachte sie darüber nach, wie nun wohl als nächstes ihre gute Tante wieder zu beschäftigen sei? Manchmal hing auch ein hohes Federwölkchen im Himmel, dessen unaufhörliche Überfülle von heißem Blau allein schon beängstigend wirken konnte. Man hörte hier im Garten wenig Geräusche städtischen Verkehres. Die Gassen von Liechtenthal, eng und außerhalb der Haupt-Routen liegend, wurden von Automobilen oder lärmendem Schwerfuhrwerk kaum befahren. Nur von der Nußdorferstraße und der Alserbachstraße kam dann und wann Hupen und Motorgeschnurr herüber und jenes mahlende Brausen ohne hervorschrillende Einzelgeräusche, in welches der Tageslärm einer Groß-Stadt bei einiger Distanz sich vereinigt. Für Paula kam es darauf an, ihre letzten Tage in Wien mit Renés bevorstehendem Aufenthalte hier derart zur Deckung zu bringen, daß sie wenigstens einigemale mit ihm beisammen sein konnte: und dieser Endzweck geschickter Anstalten blieb ihr unverrückbar vor Augen, sie hielt das unaufhörlich fest, wie man eine Zange zusammendrückt. Aber bald nach der Mitte des August konnte sie einen postlagernden Brief von René beheben – nicht unter ‚Meningitis cerebrospinalis', sondern einfach unter ‚Strudlhofstiege' – worin er seine Ankunft für den zweiundzwanzigsten des Monates voraus meldete und sie zugleich bat, am dreiundzwanzigsten nachmittags um drei Uhr in jener Conditorei zu sein, die wir schon kennen.

Damit trat eine Art Umschwung ein. Paula saß oder lag jetzt weit bequemer in ihrem Gartensessel wie vorher. Mit der Tante war alsbald ein Vergleich zustande gekommen: ihr wurde nun eröffnet, daß am fünfundzwanzigsten der Urlaub angetreten werden könne, und so stand denn jetzt die Abreise nach Vitis (sofern man das schon eine Reise nennen mag) für dieses Datum nachmittags fest auf dem Programme. Bis dahin waren's wohl noch zehn Tage.

Aber Paula lag jetzt öfter und länger im Garten, da dies nicht mehr so unweigerlich die Nebenwirkung haben konnte, ihre Tante durch eine augenscheinlich geringe Inanspruchnahme von seiten der Advokaturs-Kanzlei in Klagen über den noch immer nicht gewährten Urlaub ausbrechen zu lassen. Bisher waren aus diesem Grunde oft nachmittags

Spaziergänge an der Donaulände vorzuziehen; und daheim schien es immer empfehlenswerter, nicht durch Ruhe zu reizen, sondern durch Gewölk von Beschäftigung gefangen zu nehmen. In dieser Hinsicht zeigte Paula die Instinkte und Mittel von Politikern, wie sie viel später erst über Europa kommen sollten, schon vorgebildet. Nun genoß sie den Garten. Nun genoß sie das Warten; nun auch erst recht einen Spaziergang. Übrigens freute sie sich so nebenbei, auf's Land zu kommen. Aber dies schien nur durch, es grundierte nur angenehm, es war eine Art Trost im Hintergrunde und in der Reserve und bedeutete zugleich doch auch, daß sie René wieder lange nicht sehen würde. So blieb es blaß. Die Sommertage jetzt, weiß, gold und rot, atmete sie tief ein, mit der Intensität ihrer Jahre, die immer drauf und dran sind, aus dem Leben so etwas wie ein Gedicht oder Kunstwerk zu machen, auch bei ganz einfachen Menschen wie Paula. Das aber, was man Lebenskunst nennt, das haben solche junge Leute freilich nicht: dieser Begriff riecht nach den Arrangements älterer Junggesellen – Lebenskünstler, wo es keine Kunst mehr sein kann zu leben, weil man inzwischen verstorben ist.

Man möchte vielleicht aus den immerhin schwierigen Machinationen, denen Paula hatte obliegen müssen, und aus dem Umstande, daß es ihr kaum gelungen wäre, allein in Wien zurückzubleiben, abnehmen, daß sie bei Fräulein Therese Schachl nur geringer Freiheit genoß. Aber dem war nicht so. Mehr die Situation wirkte hier als Zwickmühle wie der Charakter der Pensionistin. Von einem René Stangeler wußte diese freilich nichts. Aber sie besaß als ein Erbgut die tief eingewurzelte Kenntnis von der Kostbarkeit jener Jahre, welche Paula jetzt durchlief, gemessen an dem, was dann kam und kommen mußte mit dem physischen Gewichte des Lebens. Altjüngferlich war sie nicht im mindesten. Heute noch anziehend, wenn auch etwas derb, lag einiger Honig genossener Vergangenheit in ihrer Stimme, glänzte ein goldgelber Schein wie Wein auf den Lippen und lief durch ihre

Züge. Ohne Ausdrücklichkeit in etwa darauf bezüglichen Gesprächen – solche fanden nie statt – blieb es doch berücksichtigt, daß man in diesem Alter nicht nur mehr Freundinnen oder Gespielinnen habe. Paula stieß seit ihrer Bekanntschaft mit Stangeler auf keine nennenswerten Schwierigkeiten, wenn sie ausgehen wollte, auch abends nicht. Dem Verhalten der Therese Schachl in diesen Sachen lag vielleicht ein Dreiklang zugrunde aus einer fast noch bäuerlichen Vorurteilslosigkeit, aus dem Wissen, daß man nicht aufhalten könne, was früher oder später kommen mußte, und aus einem selbstbewußten Vertrauen in die eigene Rasse, welche sie in diesem, ihrem verstorbenen Bruder so ähnlichen Kinde alltäglich wiedererkannte.

Paula genoß das Warten, den ‚Hauptberuf der Frau'. Vielleicht hat Grete Siebenschein mit diesem ihrem späteren Ausspruch doch nicht so unrecht gehabt (jetzt war sie noch eine Gymnasiastin, die in Dornbach aufwuchs, in einer Villa, welche ihr Vater damals gemietet hatte, neben dem schönen König'schen Garten, lange bevor er Heim und Kanzlei in das Haus schräg gegenüber dem böhmischen Bahnhof verlegte, in das Haus mit dem gewundenen Stiegen-Aufgang voll sinnloser Quasten, Schnüre, Spiegel ... im übrigen, Grete hätte das mit dem ‚Hauptberuf' damals schon sagen können, soweit war sie mit sechzehn längst).

Nun, Paula wartete. Es war oft wie ein süßer Schmerz, nichts weiter, es hatte keine vergröberte, in Einzelheiten zerfallende oder Einzelheiten kombinierende Anwesenheit. Eines ihrer Kleider war zwischen Violett und Lavendelblau. Sie trug es jetzt gern. Es war ihre Warte-Farbe. An der Donaulände entstand in der Richtung gegen den Kahlenberg oder Bisamberg zu abends eine von übereinandergestapelten und dann ineinander sinkenden Gluten erfüllte Pforte. Später sah das Wasser aus wie erloschen, und es schien rascher zu strömen, wenn man genau hinschaute, Schliere auf Schliere, Spiegel auf Spiegel, wie sehr dünne Eisplatten. An den Böschungen des Donaukanals herrschte bis in den späten Nachmittag ein ausgebreitetes Leben, das buchstäblich in seine Bestand-Teile zerfiel, in die zum Sonnen und Lüften auseinander gelegten Kleidungsstücke hier badender Personen. Einmal ging Paula bis Nußdorf hinaus zu Fuße und fuhr dann mit der Straßenbahn zurück. Der Donau-Hauptstrom öffnete doch alles weit unwidersprechlicher, er ließ sich gar nicht ein mit dem hitzemürben Zerfall, welchen die Menschen von beiden Seiten an ihn heranbrachten. Er kühlte sie ab und glitt rasch vorbei, mochten sie gleich in Scharen ihn belagern. So auch wurde die Landschaft auf's entschiedenste geteilt, es gab da kein Dennoch-Zusammenhalten der Ufer bei geringer Brückenspannung wie am Donaukanale.

Das Gärtchen glühte. Erst gegen Abend gaben die Obstbäume wirksamen Schatten. Alles wurde schließlich erreicht und aufgereiht von grüngoldenen Fingern über dem Rasen. Noch gab es Rosen. Der Abendtisch war im Freien gedeckt und man hatte die Empfindung als werde jetzt überall im Freien zur Nacht gegessen, aus allen Hausgärten tönten Stimmen. Auch zeitlich morgens betrat Paula jetzt gern dieses Becken voll rosiger Stille.

Bis hierher ist Stangeler nie vorgedrungen, weder jetzt noch späterhin. Er war's nicht wert, möchte man sagen, es war ihm nicht vergönnt, er wurde sozusagen nie reif dazu. Aber der Leutnant und spätere Major und noch spätere Amtsrat Melzer ist hier einmal gesessen, hat mit Paula und ihrem Manne geplaudert und das strampelnde Kind auf den Knien gehalten.

Georg Christoph Lichtenberg
Zuflucht vor einem Hannöverischen Bullen

An Joel Paul Kaltenhofer

Hannover den 31. May (Morgen ein Jahr,
daß wir zum erstenmal beysammen
im Garten waren:) 1772.

Werthgeschäzter Freund!

[...]

Auch ich habe noch vorige Woche einheitzen müssen. Ich habe mich dazu auf meinem Garten beständig der Steinkohlen bedient, weil ein besonderer Ofen dazu gesezt ist. Sie können nicht glauben wie vortrefflich das geht, ich konte für 8 Groschen Kohlen eine gantze Woche heitzen, da ich, ehe ich auf den Einfall kam, wohl an einem Tage für 6 Groschen Holtz verbrannte; sie brennen sehr spärlich und geben eine erstaunende Hitze, es ist Schade daß wir sie in Göttingen nicht so nahe haben. Man hat sie vergangnen Winter auf den Wachtstuben eingeführt, und die Soldaten haben gestanden, daß sie doch nun einmal auch warme Finger gekriegt hätten. Mayen habe ich dieses Jahr nicht in meine Stube gestellt, weil ich beynah die blühenden Äste der Bäume im Garten in meine Stube ziehen kan.

Künfftigen Donnerstag als den Geburts Tag des Königs werden hier die Canonen um die Wälle 3mal abgefeuert, worauf ich mich schon 8 Tage gefreut habe. Viere stehen meinem Garten gegenüber, und 2 nicht weiter von dem Fenster, vor welchem ich jetzo sitze und schreibe, als etwa der Göttingische Marckt breit ist. Sehen Sie, das ist doch ein Vergnügen, das Adam in seinem Garten nicht hatte.

Vor ohngefehr 8 Tagen hätte ich sehr unglücklich seyn können, ich gieng an einem schönen Abend um 5 Uhr hinter den Wald spatzieren, von dem ich Ihnen neulich erzählte, und kam, ehe ich es mich versah, etwa 20 Schritte vor einen der Hannöverischen Bullen auf der Viehweide zu stehen. Ich stuzte nicht wenig, weil ich merckte, daß er auch stuzte, wir hatten uns kaum eine halbe Minute angesehen, so fieng er an mit dem Fuß zu scharren oder viel mehr den Tackt zu einem recht teuflischen Baß zu schlagen, den er brummte – zum Glück war keine 10 Schritte von mir ein Garten mit einer ziemlich niedrigen Hecke, nach diesem retirirte ich mich. In demselben Augenblick fieng er auch an mich zu verfolgen, Sie können nicht glauben was das für ein Schrecken war, ich entkam aber glücklich, wiewohl mit etwas zerkrazten und verbrannten Händen, denn ich mußte erstlich durch einige Aussenwerke von BrennNeßeln brechen, in den Garten. So bald ich über der Hecke war, stund er stille, und fieng aus vollem Halse gegen mich an zu brüllen wie eine Kuh, welches ich vorher noch nicht gehört hatte. Ich danckte Gott daß ich aus dem Handel war, und um nicht für einen verwegenen Einsteiger gehalten zu werden, gieng ich hinunter nach dem Garten Hauß, wo ich einen alten ehrlichen Mann antraf, dem ich einige Groschen für die Erbsen und Bohnen gab die ich zertretten hatte. Dieser Mann erzählte mir, daß dieser Bulle schon vieles Unglück angerichtet hätte. Hierauf gieng ich zur Garten *Thüre* hinaus, und nahm, wie die Weißen aus Morgenland, dem Herodes auszuweichen, einen gantz andern Weg nach Hauß, doch nicht ohne mich ein paar Dutzendmal sehr scheu umzusehen. Dieses hatte Adam in seinem Garten nicht zu befürchten, doch ausser dem Paradiese vielleicht auch, und dieses war ausserhalb des Meinigen. Ich bitte meine gehorsamste Empfehlung an Dero Frau Liebste und Herrn Professor Meister zu vermelden und verharre mit freundschafftlicher Ergebenheit

Ihr aufrichtiger Freund und gehorsamer Diener
G. C. Lichtenberg.

So eben da ich nach dem 50ten Glas Wasser, die ich schon seit einiger Zeit aus allerley Pfützen untersucht habe, hinsehe, finde ich die schönsten Polypen.

Fanny Lewald
Halb tot vor Hitze und Ermüdung

In Kassel machten wir einen längeren Halt, um die Sehenswürdigkeiten in Augenschein zu nehmen. Wir durchzogen das ganze Schloß mit den aus der Napoleonischen Zeit stammenden Prachtmöbeln und den frostigen, silbergestickten Paradebetten; wir fuhren nach der Wilhelmshöhe und kletterten bei einer wahrhaft tropischen Hitze in der Statue des Herkules umher; und da die Tante am verwichenen Tage an der *table d'hôte*, bei welcher unser Eintritt, zehn Mann stark, immer ein Gegenstand des Staunens war, von ihrem Nachbar erfahren hatte, daß in Kassel ein botanischer Garten sei, so fuhren wir, auch diesen zu besichtigen. Das war jedoch ein schwer Stück Arbeit. Denn der Garten, um den es sich handelte, gehörte einem Herrn Scheelhas, einem Privatmanne, der uns auf Ansuchen meiner Tante den Garten, soviel ich mich erinnere, selbst zeigte, oder durch seinen Gärtner zeigen ließ. Er war natürlich auf dem sonnigsten Punkte der Gegend angelegt, und um uns für die Erklärungen dankbar zu beweisen, welche unser Cicerone uns angedeihen ließ, zogen wir, die Tante, ich und die Pflegetochter stundenlang auf dem großen, zu Ehren der tropischen Pflanzen stellenweise ganz schattenlosen Terrain umher, während die Julisonne uns unbarmherzig auf den Köpfen brannte und unser Cicerone uns ebenso unbarmherzig von all den Holztäfelchen neben den Pflanzen und Gewächsen die lateinischen Namen hersagte, mit denen ich für mein Teil auch nicht den leisesten Begriff verbinden konnte.

Halb tot vor Hitze und Ermüdung langten wir in dem Gasthof an. Die Tante, die an Migraine litt, bekam einen heftigen Anfall derselben und mußte zu Bette gehen; ich hatte das ganze Gesicht von der Sonne schmerzlich aufgebrannt, und der Onkel, der, wie wir alle, am verwichenen Tage sein reichlich Teil von Mittagssonne genossen hatte, als an dem hessischen Grenzzollamte auf offener Heerstraße unsere sämtlichen Koffer abgeschnallt und geöffnet worden waren, empfing uns, im Schatten der Gasthofshalle behaglich Obst essend, und uns auslachend über den wissenschaftlichen Eifer seiner Frau. Solche Ereignisse kamen öfter vor, und es war belustigend, es zu beobachten, wie die einzelnen Personen unserer Karavane sich überhaupt zu dem Reisen verhielten.

Johann Wolfgang Goethe
Die abgehauenen Nußbäume

Am 15. September.

Man möchte rasend werden, Wilhelm, daß es Menschen geben soll ohne Sinn und Gefühl an dem wenigen, was auf Erden noch einen Wert hat. Du kennst die Nußbäume, unter denen ich bei dem ehrlichen Pfarrer zu St. . mit Lotten gesessen, die herrlichen Nußbäume, die mich, Gott weiß, immer mit dem größten Seelenvergnügen füllten! Wie vertraulich sie den Pfarrhof machten, wie kühl! und wie herrlich die Äste waren! Und die Erinnerung bis zu den ehrlichen Geistlichen, die sie vor vielen Jahren pflanzten. Der Schulmeister hat uns den einen Namen oft genannt, den er von seinem Großvater gehört hatte; und so ein braver Mann soll er gewesen sein, und sein Andenken war mir immer heilig unter den Bäumen. Ich sage dir, dem Schulmeister standen die Tränen in den Augen, da wir gestern davon redeten, daß sie abgehauen worden – abgehauen! Ich möchte toll werden, ich könnte den Hund ermorden, der den ersten Hieb dran tat. Ich, der ich mich vertrauern könnte, wenn so ein paar Bäume in meinem Hofe stünden und einer davon stürbe vor Alter ab, ich muß zusehen. Lieber Schatz, eins ist

Beck'sche Reihe

BSR

Alles,
was der Kopf braucht

Verlag C.H.Beck

Alles, was der Kopf braucht!

Dieser Prospekt zeigt die ganze Themenvielfalt der »Beck'schen Reihe«. Er stellt eine interessante Auswahl aus den Neuerscheinungen des Frühjahrs 1997 und den Veröffentlichungen der vergangenen Jahre vor. Für ausführliche Informationen fordern Sie bitte unser Gesamtverzeichnis an (Adresse siehe Rückseite). Die Bände der »Beck'schen Reihe« finden Sie in jeder gutsortierten Buchhandlung.

Rubriken

Günter Berg
Uwe Wittstock (Hrsg.)
Harte Bandagen
Eine Box-Anthologie
in 12 Runden
1997. 205 S.
DM 16,80 / sFr 16,– /
öS 123,– (BsR 1195)

Barbara Bronnen
(Hrsg.)
Lauter Seitensprünge
Ein literarisches
Lesebuch
1997. 292 S.
DM 19,80 / sFr 19,–
öS 145,– (BsR 1173)

Gartenlob
Ein kulturgeschicht-
liches Lesebuch
Mit einem Nachwort
von Wolfgang Beck
1997. Ca. 350 S.
DM 19,80 / sFr 19,– /
öS 145,– (BsR 1163)

Peter Köhler
Thomas Schaefer
(Hrsg.)
Recht so!
Ein Lesebuch zur Justiz
1997. Ca. 350 S.,
ca. 20 Abb. DM 19,80 /
sFr 19,– / öS 145,–
(BsR 1212)

Andrea van Dülmen
(Hrsg.)
Frauen
Ein historisches
Lesebuch
6. A. 1995. 397 S.,
7 Abb. DM 16,80 /
sFr 16,– / öS 123,–
(BsR 370)

Günter Stemberger
(Hrsg.)
Die Juden
Ein historisches
Lesebuch
4. A. 1995. 348 S.,
3 Abb. DM 16,80 /
sFr 16,– / öS 123,–
(BsR 410)

Till Bastian
Auschwitz und die »Auschwitz-Lüge«
Massenmord und Geschichtsfälschung
4. A. 1995. 103 S., 10 Abb., 3 Karten. DM 12,80 / sFr 12,50 / öS 93,– (BsR 1058)

Christabel Bielenberg
Als ich Deutsche war 1934 – 1945
Eine Engländerin erzählt
5. A. 1996. 320 S. DM 19,80 / sFr 19,– / öS 145,– (BsR 326)

Ernst-Otto Czempiel
Weltpolitik im Umbruch
Das internationale System nach dem Ende des Ost-West-Konflikts
2., aktual. A. 1993. 171 S. DM 19,80 / sFr 19,– / öS 145,– (BsR 444)

Alexander Demandt (Hrsg.)
Macht und Recht
Große Prozesse in der Geschichte
1996. 398 S. DM 28,– / sFr 26,– / öS 204,– (BsR 1182)

Fritz Fischer
Hitler war kein Betriebsunfall
3. A. 1992. 272 S. DM 19,80 / sFr 19,– / öS 145,– (BsR 459)

Sepp Graessner
Norbert Gurris
Christian Pross
Folter
1996. 286 S. DM 24,– / sFr 22,– / öS 175,– (BsR 1183)

Helmut König
Wolfgang Kuhlmann
Klaus Schwabe (Hrsg.)
Vertuschte Vergangenheit
1997. Ca. 340 S. DM 24,– / sFr 22,– / öS 175,– (BsR 1204)

Viktor Meier
Wie Jugoslawien verspielt wurde
2., durchges. A. 1996. 464 S., 2 Karten. DM 29,80 / sFr 27,50 / öS 218,– (BsR 1141)

Ger van Roon
Widerstand im Dritten Reich
Ein Überblick
6., überarb. A. 1994. 253 S. DM 19,80 / sFr 19,– / öS 145,– (BsR 191)

Udo Sautter
Lexikon der amerikanischen Geschichte
1997. 437 S., 2 Karten. DM 28,– / sFr 26,– / öS 205,– (BsR 1194)

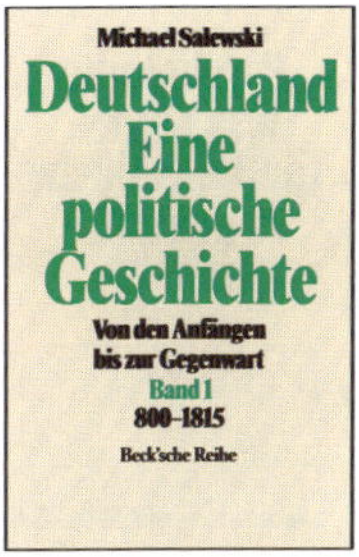

Michael Salewski
Deutschland • Eine politische Geschichte
Bd. I: 800 – 1815
1993. 291 S., 5 Karten. DM 20,– / sFr 19,– / öS 146,– (BsR 1009)
Bd. II: 1815 – 1990
1993. 469 S., 4 Karten. DM 24,– / sFr 22,– / öS 175,– (BsR 1010)

Ernst Weisenfeld
Geschichte Frankreichs seit 1945
Von de Gaulle bis zur Gegenwart
1997. 386 S. DM 28,– / sFr 26,– / öS 205,– (BsR 1207)

Beck'sche Reihe

Reinmar du Bois
Kinderängste
Erkennen – verstehen – helfen
2. A. 1996. 228 S.
DM 19,80 / sFr 19,– / öS 145,– (BsR 1137)

John H. Greist
James W. Jefferson
Depression
1995. 155 S.
DM 17,80 / sFr 17,– / öS 130,– (BsR 1093)

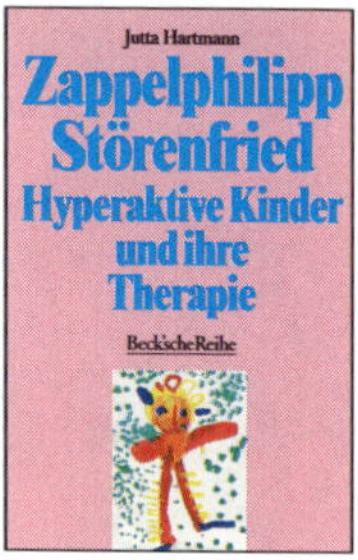

Jutta Hartmann
Zappelphilipp, Störenfried
Hyperaktive Kinder und ihre Therapie
6. A. 1997. 124 S.
DM 14,80 / sFr 14,– / öS 108,– (BsR 333)

Robert Jütte (Hrsg.)
Wege der Alternativen Medizin
Ein Lesebuch
1996. 229 S., 7 Abb.
DM 19,80 / sFr 19,– / öS 145,– (BsR 1171)

Gunther Klosinski
Psychokulte
Was Sekten für Jugendliche so attraktiv macht
1996. 117 S.
DM 14,80 / sFr 14,– / öS 108,– (BsR 1143)

Jean Liedloff
Auf der Suche nach dem verlorenen Glück
375. Tsd. 1996. 220 S.
DM 16,80 / sFr 16,– / öS 123,– (BsR 224)

Ratgeber/Medizin

Ludwig Reiners
Sorgenfibel
oder Über die Kunst, durch Einsicht und Übung seiner Sorgen Meister zu werden
112. Tsd. 1992. 141 S.
DM 9,80 / sFr 9,80 / öS 72,– (BsR 354)

Hanne Tügel
Kult ums Kind
Großwerden in der Kaufrauschglitzer-cybergesellschaft
1996. 174 S.
DM 17,80 / sFr 17,– / öS 130,– (BsR 1179)

Beck'sche Reihe

Natur/Umwelt

Werner Bätzing
Kleines Alpen-Lexikon
Umwelt, Wirtschaft, Kultur
1997. 322 S., 16 Karten.
DM 22,– / sFr 20,– / öS 161,– (BsR 1205)

Rachel Carson
Der stumme Frühling
126. Tsd. 1990. 348 S.
DM 19,80 / sFr 19,– / öS 145,– (BsR 144)

Eric Chivian
Michael McCally
Howard Hu
Andrew Haines
(Hrsg.)
Krank durch Umwelt
1996. 290 S., 24 Abb., 11 Tab.
DM 22,– / sFr 20,– / öS 161,– (BsR 1121)

Alwin Seifert
Gärtnern, Ackern – ohne Gift
250. Tsd. 1991. 219 S., 14 Abb., 8 Tafeln.
DM 16,80 / sFr 16,– / öS 123,– (BsR 434)

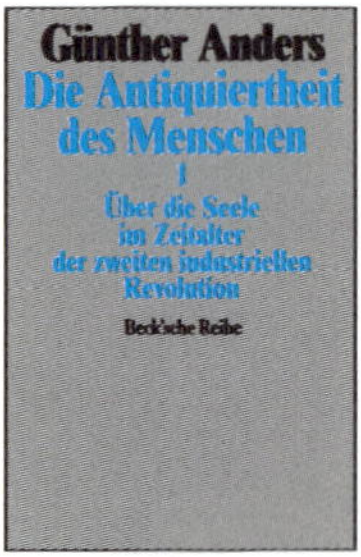

Günther Anders
Die Antiquiertheit des Menschen
Bd. I: Über die Seele im Zeitalter der zweiten industriellen Revolution.
Nachdr. 1994. XII, 353 S. DM 19,80 / sFr 19,– / öS 145,– (BsR 319)

Bd. II: Über die Zerstörung des Lebens im Zeitalter der dritten industriellen Revolution
Nachdr. 1995. 465 S. DM 19,80 / sFr 19,– / öS 145,– (BsR 320)

Otto A. Böhmer
Neue Sternstunden der Philosophie
Schlüsselerlebnisse großer Denker von Platon bis Adorno
2. A. 1996. 194 S. DM 19,80 / sFr 19,– / öS 145,– (BsR 1130)

Thomas Bührke
Newtons Apfel
Sternstunden der Physik von Galilei bis Lise Meitner
1997. 260 S., 12 Abb. DM 19,80 / sFr 19,– / öS 145,– (BsR 1202)

John Dominic Crossan
Jesus
Ein revolutionäres Leben
1996. 265 S., 1 Abb. DM 19,80 / sFr 19,– / öS 145,– (BsR 1144)

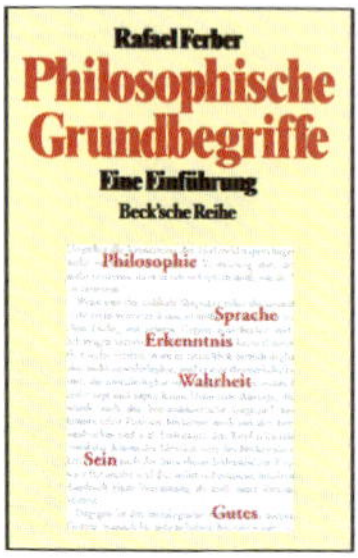

Rafael Ferber
Philosophische Grundbegriffe
Eine Einführung
3., durchges. A. 1995. 184 S. DM 19,80 / sFr 19,– / öS 145,– (BsR 1054)

Hans-Dieter Gelfert
Kleine Geschichte der englischen Literatur
1997. 369 S., 32 Abb. DM 28,– / sFr 26,– / öS 204,– (BsR 1181)

Christoph Gutknecht
Lauter böhmische Dörfer
Wie die Wörter zu ihrer Bedeutung kamen
3. A. 1996. 212 S. DM 17,80 / sFr 17,– / öS 130,– (BsR 1106)

Christoph Gutknecht
Lauter spitze Zungen
Geflügelte Worte und ihre Geschichte
1996. 292 S., 14 Abb. DM 19,80 / sFr 19,– / öS 145,– (BsR 1186)

Nabil Osman (Hrsg.)
Kleines Lexikon untergegangener Wörter
9. A. 1996. 263 S. DM 19,80 / sFr 19,– / öS 145,– (BsR 487)

Peter Koch
Thomas Krefeld
Wulf Oesterreicher
(Hrsg.)
Neues aus Sankt Eiermark
Das kleine Buch der Sprachwitze
1997. Ca. 160 S. Ca. DM 14,80 / sFr 14,– / öS 108,– (BsR 1187)

Bengt Algot Sørensen (Hrsg.)
Geschichte der deutschen Literatur
Bd. I: Vom Mittelalter bis zur Romantik
Ca. 350 S., 10 Abb.
Bd. II: Vom 19. Jahrhundert bis zur Gegenwart
Ca. 450 S., 10 Abb. 1997. Je DM 24,– / sFr 22,– / öS 175,– (BsR 1216/1217)

Beck'sche Reihe

Edmund Ballhaus
Die Paragraphenreiter
Haarsträubende Erlebnisse mit dem Amtsschimmel
1997. Ca. 180 S.
Ca. DM 16,80 / sFr 16,– / öS 123,– (BsR 1214)

Rolf Wilhelm Brednich
Die Spinne in der Yucca-Palme
Sagenhafte Geschichten von heute
390. Tsd. 1994. 157 S.
DM 9,80 / sFr 9,80 / öS 72,– (BsR 403)

Hermann Ehmann
oberaffengeil
Neues Lexikon der Jugendsprache
1996. 159 S.
DM 12,80 / sFr 12,– / öS 93,– (BsR 1170)

Hans H. Hiebel (Hrsg.)
Kleine Medienchronik
Von den ersten Schriftzeichen zum Mikrochip
1997. Ca. 280 S.
DM 24,– / sFr 22,– / öS 175,– (BsR 1206)

Klaus Janke
Stefan Niehues
Echt abgedreht
Die Jugend der 90er Jahre
4., aktual. A. 1996. 210 S., 20 Abb.
DM 14,80 / sFr 14,– / öS 108,– (BsR 1091)

Eike Schönfeld
Alles easy
Ein Wörterbuch des Neudeutschen
2. A. 1995. 175 S.
DM 14,80 / sFr 14,– / öS 108,– (BsR 1126)

320 S., 3 Abb.
(BsR 4008)

283 S., 3 Abb.
(BsR 4009)

339 S., 4 Abb.
(BsR 4010)

364 S., 4 Abb.
(BsR 4011)

Deutsche Geschichte zum Schmökern

Sieben Lesebücher zur deutschen Geschichte – von den Anfängen bis heute. Siebenmal informationsreiches Lesevergnügen zum günstigen Preis von jeweils nur

DM 10,– / sFr 10,– / öS 73,–

269 S., 5 Abb.
(BsR 4012)

350 S., 6 Abb.
(BsR 4013)

315 S., 8 Abb.
(BsR 4014)

Rima Handley
Eine homöopathische Liebesgeschichte
Samuel und Mélanie Hahnemann
3. A. 1996. 272 S. DM 19,80 / sFr 19,– / öS 145,– (BsR 1131)

Hassouna Mosbahi
Die rebellischen Töchter Scheherezades
Arabische Schriftstellerinnen der Gegenwart
1997. 160 S., 15 Abb. DM 19,80 / sFr 19,– / öS 145,– (BsR 1201)

Julia Onken
Feuerzeichenfrau
Ein Bericht über die Wechseljahre
210. Tsd. 1995. 207 S. DM 16,80 / sFr 16,– / öS 123,– (BsR 352)

Für ausführliche Informationen fordern Sie bitte unser Gesamtverzeichnis an: Verlag C.H.Beck, 80791 München.
Der Verlag ist mit allgemeinen Angeboten im Internet vertreten. Unsere Internet-Adresse lautet: http://www.beck.de/gw/index.htm

Überreicht durch:

Preisänderungen und Irrtümer vorbehalten.
Stand: 8. Januar 1997. ISBN 3-406-42369-8

Beck'sche Reihe

doch dabei: Was Menschengefühl ist! Das ganze Dorf murrt, und ich hoffe, die Frau Pfarrerin soll es an Butter und Eiern und übrigem Zutrauen spüren, was für eine Wunde sie ihrem Orte gegeben hat. Denn s i e ist es, die Frau des neuen Pfarrers (unser alter ist auch gestorben), ein hageres, kränkliches Geschöpf, das sehr Ursache hat, an der Welt keinen Anteil zu nehmen, denn niemand nimmt Anteil an ihr. Eine Närrin, die sich abgibt, gelehrt zu sein, sich in die Untersuchung des Kanons meliert, gar viel an der neumodischen, moralisch-kritischen Reformation des Christentumes arbeitet und über Lavaters Schwärmereien die Achseln zuckt, eine ganz zerrüttete Gesundheit hat und deswegen auf Gottes Erdboden keine Freude. So einer Kreatur war es auch allein möglich, meine Nußbäume abzuhauen. Siehst du, ich komme nicht zu mir! Stelle dir vor: die abfallenden Blätter machen ihr den Hof unrein und dumpfig, die Bäume nehmen ihr das Tageslicht, und wenn die Nüsse reif sind, so werfen die Knaben mit Steinen darnach, und das fällt ihr auf die Nerven, das stört sie in ihren tiefen Überlegungen, wenn sie Kennikot, Semler und Michaelis gegen einander abwiegt. Da ich die Leute im Dorfe, besonders die alten, so unzufrieden sah, sagte ich: „Warum habt ihr es gelitten?" – „Wenn der Schulze will, hier zu Lande", sagten sie, „was kann man machen?" – Aber eins ist recht geschehen. Der Schulze und der Pfarrer, der doch auch von seiner Frauen Grillen, die ihm ohnedies die Suppen nicht fett machen, was haben wollte, dachten es mit einander zu teilen; da erfuhr es die Kammer und sagte: „Hier herein!" Denn sie hatte noch alte Prätensionen an den Teil des Pfarrhofes, wo die Bäume standen, und verkaufte sie an den Meistbietenden. Sie liegen! O, wenn ich Fürst wäre! Ich wollte die Pfarrerin, den Schulzen und die Kammer – Fürst! – Ja wenn ich Fürst wäre, was kümmerten mich die Bäume in meinem Lande!

Thomas Bergmann

Die Natur, sie macht nur Dreck

Frau Hühnlein freut sich, wenn es wächst. Aber es darf nicht zu groß werden. Wie leicht entwächst einem etwas. Die Natur ist wild und schmutzt.

Frau Hühnlein mag kleine überschaubare Bäume. Große Bäume mag sie nicht. Sie wittert in ihnen Feinde, und das mit Grund. Sie hat, ganz christlich, zuerst vor der eigenen Haustür gekehrt. Jetzt möchte sie beim Nachbarn ein bißchen fegen. Seitdem schläft sie nicht sehr gut, auch wegen der Briefe vom Anwalt.

Wir treffen Frau Hühnlein vor ihrem schmucken Häuschen am Ortsrand von Veitsbronn, eine rundliche, vitale Frau in den Vierzigern, die kein Blatt vor den Mund nimmt. Blätter sind nicht ihr Fall. Sie könnten von Bäumen stammen, von großen, womöglich riesengroßen Bäumen.

„Vor 20 Jahren, als wir hierherzogen, hatten wir auch solche Ungeheuer auf dem Grundstück. Drei Stück. Da haben wir gleich gesagt: Dagegen müssen wir was machen. Und haben beschlossen, Rasen zu machen. Weil", so schließt sie etwas sprunghaft, „heute hätten sie ja doch weggemußt."

Frau Hühnlein spricht mit der Entschlossenheit einer Pionierin, die Schneisen in den Dschungel schlägt, um das Land zu besitzen; und „Rasenmachen" klingt bei ihr wie eine Mischung aus Säuberung und Erdbestattung.

Und tatsächlich hat sich der Urwald auf ihrem Grundstück deutlich gelichtet. Ihr Rasen – wie gesaugt; die Tulpen– wie Schlachtreihen. Ein Garten wie aus der Spraydose. Von Ungeheuern keine Spur. Doch halt, da hinten im Eck, was ist denn das?

„Vor 15 Jahren", sagt Frau Hühnlein etwas schuldbewußt, „hab' ich leichtsinnigerweise diesen Baum pflanzen lassen. Den werde ich Weihnachten irgendeinem Gärtner zur Verfügung stellen, und dann pflanzt der uns einen kleinen rein. Der ist ja schon viel zu groß! Und ich kann mich daran freuen, wenn der kleine wieder wächst. Es ist aus Vernunftsgründen."

Vernünftig ist Frau Hühnleins Garten. Vernünftig wie ein Telefonbuch.

„Wir", sagt Frau Hühnlein mit Brustton, „pflegen diese Sachen. Wir lassen es schneiden und schneiden. Und jetzt schauen Sie sich mal das an!"

Und ihr ausgestreckter Zeigefinger schwenkt jählings herum auf Nachbars Grundstück, auf den Skandal, der sich dort schamlos präsentiert, Ursache und Quelle ihrer schlaflosen Nächte: neun Eichen hat der Mann. Riesenteile. Und rührt sich nicht. Und der Wind weht. Und das Laub fällt. Und alles, alles kommt herüber auf Frau Hühnleins kurzgeschorenes Abstandsgrün. Verwunderung tönt jetzt ihre Stimme:

„Den stört das überhaupt nicht. Der läßt es einfach wachsen. Seit Jahren lieg' ich dem in den Ohren: Nehmen Sie doch ein paar Bäume weg! Schneiden Sie doch die Äste, wie jeder normale Mensch! Das Laub macht mich krank! Ja, ja, sagt der dann, daß laß' ich machen. Aber der denkt gar nicht dran. Ich" – und jetzt regt sich Frau Hühnlein gegen alle Vernunft doch wieder auf – „hab' die Arbeit! Er macht den Dreck. Ich hab' die Arbeit. Er rührt keinen Finger. Ich schuft' mich krumm. Kommt ja alles rüber zu mir. Und wie das klebt! Alles schwarz, alles zugepappt, grauslich. Bei mir wächst ja nichts mehr!"

Daß bei Frau Hühnlein nichts wächst – außer diesem Rasen von der Rolle eben –, ist eigentlich eine korrekte Zustandsbeschreibung. Doch so will sie es nicht verstanden wissen. Wie auch immer, sie ist jetzt schwer in Fahrt. „Ich hab' auf den eingeredet. Ich hab' den angefleht. Nichts. Ich hab' dem geschrieben. Ich hab' meinen Anwalt beauftragt. Nichts. Neunmal hat mein Anwalt geschrieben. Ohne Antwort. Der rührt sich nicht. Ich seh den ja dauernd. Der grüßt noch freundlich, stellen Sie sich das vor. Tut so, als ob. Ich hab' mich rechtskundig gemacht. Hab' mit dem Bürgermeister drüber gesprochen. „Das ist 'ne Zivilsache", sagt der. Geht ihn nichts an. Die einzige Möglichkeit, das hat mir mein Anwalt gesagt, ist die, daß ich eine Firma bestelle mit einer riesengroßen Leiter und lasse diese Bäume bis zur Grenze abschneiden, die ganzen Äste. Das kann ich. Allerdings, ich muß das alles bezahlen und muß dann vor Gericht und mein Geld wieder erstreiten. Ich werde also praktisch zum Prozeß gezwungen. Wo bleibt denn da der Rechtsstaat? Wieso kann der mich nicht schützen, vor dem Schmutz da?"

Frau Hühnlein ist in einem echten Dilemma. Einerseits möchte sie ihrem Nachbarn an den Kragen – schließlich zwingt der Kerl sie, seinen Dreck wegzumachen; andererseits scheut sie den Prozeß, man weiß nie, was dabei herauskommt, es ist so unwägbar, so unkontrollierbar. Ganz anders als in ihrem Garten. Im Kampf gegen die Natur hat sie – auf ihrem ureigenen Feld – obsiegt. Ihr Keller wimmelt von Chemie und scharfen Gerätschaften, mit denen sich die Triebe gut im Griff halten lassen.

An die schmutzige Natur ihres Nachbarn kommt sie jedoch nicht heran, wegen dem Rechtsanwalt. Und weil der Nachbar so schlapp ist. Der stellt sich stur und macht auch noch auf ökologisch. „Das war auch so 'ne Sache. Am Anfang, als ich mich bei ihm beschwert hab', hat er immer auf Naturschutz gemacht. Hat immer gesagt, die wären geschützt. Stimmt aber gar nicht, ich hab' mich genau erkundigt. Nichts da mit Naturschutz! Da vorne ist doch gleich der Wald, was soll man da hier die Bäume schützen? Andererseits: Vom Bürgermeister weiß ich, du darfst ja heute fast keinen Baum mehr fällen, obwohl du der Besitzer bist. Das gehört doch geändert. Ich denke, das Gesetz müßte so sein, daß man sagt: Okay, wer Bäume liebt, soll sie haben. Muß der Nachbar mit einverstanden sein. Aber das Gesetz sollte vielleicht dann vorschreiben, daß der, der die Bäume hält, a) die Sachen dann wieder rausmacht, die den Nachbarn stören, und b) daß der die Kosten trägt für die Beseitigung des Fluglaubs, das dem Nachbarn den Garten verunreinigt. Was glauben Sie, wieviel Leute dann noch solche Riesendinger haben wie der da drüben? Eichen", sagt Frau Hühnlein mit fester Stimme, „gehören in den Wald."

Eine Chance sieht sie noch, wenngleich ihr das nicht schmeckt. Es riecht zu sehr nach Wagenburg, wo sie doch eigentlich, wenn sie nur mutiger wäre, zur Attacke übers freie Feld blasen möchte:

„Wir haben erst mal einen zweiten Zaun gegen seinen gesetzt. Aber das hat auch Nachteile, sehen Sie mal."

Frau Hühnlein beugt sich hinab, streckt die Hand durch den Maschendraht und versucht mühsam, ein paar Gräser auszureißen, die in dem schmalen Raum zwischen den beiden Zäunen ganz unkontrolliert emporschießen. Das blanke Entsetzen treibt sie um. Sie sieht offensichtlich erst jetzt, was da passiert.

„Also das ist ja unheimlich. Das geht ja immer schneller. Da komme ich gar nicht mit. Das wird ja jetzt riesengroß und wächst bis da rauf. Mein Gott, das hab' ich gar nicht gesehen. Das wächst ja immer weiter. Und diese Kletterpflanzen!" Sie reißt und rupft, und Ameisen entdeckt sie auch noch, das ist zuviel. Sie beendet abrupt ihre kleine Flurbereinigung und sagt verzweifelt:

„Was soll ich bloß machen? Ich hab' dem erst im Herbst gesagt: Ich will mich doch mit Ihnen nicht streiten. Aber kommen Sie mir doch einmal entgegen und lassen Sie einmal diese Bäume schneiden!"

Und wenn sich da keine Lösung ergibt?

„Was soll ich dann machen. Dann ziehe ich weg. Dann ziehe ich in die Stadt. Weil, mich macht das krank!"

Bockt sie nur oder wirft sie wirklich das Handtuch? Kann man tatsächlich ein Haus aufgeben nur wegen Nachbars Laub? Frau Hühnlein nickt düster mit dem Kopf. Doch dann – noch gibt sie den Kampf nicht ganz verloren –, sagt sie:

„Wissen Sie was? Vielleicht hat mein Mann doch recht. Das sagt der mir schon seit Jahren. Wir tun jetzt eine Hecke pflanzen, dann sehen wir das nicht mehr. Das ist ja nicht zum Anschauen. Oder haben Sie einen anderen Rat?"

Und wir verlassen Frau Hühnlein, mit fragendem Gesicht, genauso ratlos wie sie, denn was soll man jemandem raten, der es gern klein und überschaubar hat, und dessen einzige Rettung eine Hecke ist, groß wie ein Haus und hoch wie neun Eichen?

Hans Magnus Enzensberger

fremder garten

es ist heiß. das gift kocht in den tomaten.
hinter den gärten rollen versäumte züge vorbei,
das verbotene schiff heult hinter den türmen.

angewurzelt unter den ulmen, wo soll ich euch hintun,
füße? meine augen, an welches ufer euch setzen?
um mein land, doch wo ist es? bin ich betrogen.

die signale verdorren. das schiff speit öl in den hafen
und wendet. ruß, ein fettes rieselndes tuch
deckt den garten. mittag, und keine grille.

Hans Henny Jahnn

Vor der eisernen Gittertür des Parks

Wenn man zurückschaut, scheint sich die Wirklichkeit, deren Zeuge wir waren, zu einer sichtbaren Kette zusammenzufügen. Jahrelang nun habe ich ein Tagebuch geführt. Zuweilen habe ich darin gelesen, habe die Hefte durchblättert, um den Eindruck einer Zusammenfassung zu gewinnen. Manche Sätze, die ich ehemals schrieb, habe ich ausgestrichen; andere habe ich eingefügt. Ich bin bei meinem Erzählen in der Nähe der Wahrheit geblieben; dessen habe ich mich befleißigt. Aber es bedrückt mich schwer, daß meine Worte nicht der Schatten meines ganzen Lebens geworden sind. Ich wiederhole mich in der Beteuerung, daß ich nicht Gewalt über mein Entsinnen habe – so wenig wie ich Herr meines Schicksals gewesen bin.

Mit Bestürzung, mit Ekel fast, denke ich daran, daß ich vielen Menschen die Hand gedrückt habe – und jetzt entdecke – in diesem Augenblick –, daß die meisten jener lebendigen, warmen Hände nichts aussagten, daß sie kraftlos waren, keinen Antrag bedeuteten, daß sie sich nur wie loser Staub bewegten. Alle Begegnungen sind wie eine unüberschaubare Mutlosigkeit.

Die Jahre sind ausgedehnt gewesen, und die Augenblicke waren voll kleiner Ereignisse, die ich nicht wieder einfangen kann. Manches, so wichtig es mir scheint, versagt sich dem Ausdruck. Ich entsinne mich, einmal wurde ich so stark an meine erste Heimat erinnert, daß ich weinen mußte, und ich bereute mein ganzes Leben. Das geschah auf einer Wanderung, die ich in der Nähe einer großen Stadt in unbekannter Landschaft vornahm. Ein gewöhnlicher Fahrweg verlief sich in eine lange gerade Lindenallee. Die Bäume waren sehr alt und zerschunden. Das Laubdach aber, das sie trugen, war jung, grün und leuchtend. Hie und da gab es Schatten im Dickicht über mir, weil es gegen Abend ging. Ich war beengt und befreit wie von einer unablässigen Lust, die weder steigen noch verebben kann. Und ich schritt aus, als lägen Meilen vor mir, die ich noch vor Anbruch der Nacht gewinnen müßte. Die Allee endete unvermittelt. Ein gewundener Weg führte weiter. Mir zur Linken stiegen mit Gras und Busch bewachsene Hügel an; rechts war eine Niederung, sumpfig, mit Schilf bestanden. Ein fließendes Wasser war zu einem langgestreckten See angestaut. Von Zeit zu Zeit begegnete ich mächtigen Eichbäumen, die den Weg zwangen, ihnen auszuweichen. Das Planen der Menschen und die Gesetze der Natur waren ineinander geflossen. Mir war, als könnte ich auf diesem Pfad einsam bis ans Ende der Welt gelangen. Solch einen Pfad muß ich einmal in meiner Kindheit gegangen sein. –

Meine glückselige Wanderung endete überraschend. Ich stand plötzlich vor einem hohen eisernen Gittertor. Die Türflügel hingen an zwei mächtigen weiß gekalkten Backsteinpfeilern mit kräftigen ausladenden Bossen. Eine Sandsteinplatte, an allen vier Seiten zu schön gesimsigen Architraven verarbeitet, krönte sie. Ich hob meine Arme, umklammerte die Gitterstäbe über meinem Kopfe und schaute mit suchenden Augen in den Park. Da lag ein weißes Schloß. Eine geschwungene Treppe führte von zwei Seiten zu einer hochgelegenen Tür. Ein steiles Dach aus schwarzen glasierten Ziegeln trug einen mit Kupfer beschlagenen Reiter. Das Balkenwerk, grün in der metallenen Verkleidung, Seigerwerk und Glocke, eine gebuchtete Haube und eine Wetterfahne. Die Glocke schlug mit dünnem fragenden Ton eine volle Stunde. – Wir alle kennen das ferne geheimnisvolle Haus. Ich aber weinte, weil ich an meine Heimat erinnert wurde. Ich bin niemals in so einem Schlosse ein und aus gegangen. Aber mein Vater hat mir oft erzählt: mein Großvater kam, als er noch ein Kind war, aus den Wäldern vor so eine Freitreppe geritten. Stieg aus dem Sattel, reichte einem Stallknecht die Zügel, trat ein durch die Tür. – –

Es ist eine vergangene Zeit. Ein Mann, weiß wie Kalk, lag eines Morgens auf dem Bett. Mit diesem Tod entglitt dem Knaben das Schloß. – Mein bestürztes Weinen kam sicherlich nicht nur, weil eine Vergangenheit meines Blutes plötzlich freigelegt war. Nicht das Heimweh allein bezwang mich. Ich gedachte meiner entschwundenen Vorfahren als leibhaftiger Menschen. Sie sind sicherlich nicht besser oder glücklicher gewesen als ich; – doch stärker. Sie füllten ihre

Konstitution mit ihrem Willen aus. Sie begrüßten das Leben mit wildem Einverständnis. – Ach, und daß das Vertrauen, daß wir in die Einsamkeit setzen, so schmählich gebrochen wird! Wir wandern ins Grenzenlose, in das Unbekannte hinaus; keine Überraschung würde uns umlegen. Doch statt des Unerwarteten kommt uns das Bekannte entgegen. Die Menschheit, die wir hinter uns wähnen, ist vor uns. Wir erkennen den Kreis, den unsere Füße begangen haben. Und es ist gleich das Labyrinth unserer Herkunft und unserer Bestimmung, in das wir versenkt werden. Die Wirrsal unserer Gefühle und Gedanken. Des Urgroßvaters Fleisch erkaltete in einem Schloß; ich aber zog fast heimatlos durch die Welt. Es ist wie es ist. Die nagende Pein, die von den einfachen Aussagen kommt.

Dies grenzenlose wehe, nirgendwo eingedämmte Gefühl hat mich oft befallen. Zuweilen habe ich mich davor gerettet, indem ich mich sinnlosen Wünschen und Träumen verschrieb. Breite Zeiten sind ausgefüllt mit Vorstellungen, die das Unmögliche umfassen. Das Glück, das tierische und das spirituelle, das sich mir versagte, eingepreßt in Bildern, die ich wunden Auges bestarrte. Sodann die Wiederholungen. Das fruchtlose und ziellose Lungern auf den Straßen. Die schwache Sehnsucht, teilhaben zu dürfen am Tun und Treiben der anderen. All die straffen und spitzen Brüste, abgezeichnet unter groben oder kaum verbergenden Kleidungsstücken, die meine Blicke gestreift. Die Zahl der menschlichen Angesichte, in die ich mich versenkt. Sünden, die ich zu tun bereit war, aber unterließ, und die danach Tage und Wochen mit dem Verlangen brannten, daß ich sie getan haben möchte. Die Wiederkehr des Tieres in mir, das Lied vom Lob der Armut, in dem es heißt, daß sie sich nicht darum kümmern, welchen weißen Leib sie besamen, wenn sie nur eine Stunde gewinnen, eine Stunde, in der es nicht Hunger und Sattheit gibt. Sie kennen das Werben nicht und nicht das Verlassen. – Die tausend schmerzvollen und heißen Anträge an die Schöpfung. Das Ausgeliefertwerden an den Raum voller flimmernder Sterne. Das Hinsinken an eine Wiese. Die Bereitschaft zur Trauer in den großen Wäldern. – Und die Begehrlichkeit nach Vergeltung, wenn es mir in der Brust schwarz wurde, weil ich die einfältigen Ordnungen verfälscht glaubte, die Gerechtigkeit zertreten sah, den Triumph der Lüge aber gleißend in der Qual der Niedergemetzelten. Dieser schreckliche Spiegel der realen Menschenwelt. Ihn zerschlagen. Die Bestie ausrotten. Ich habe es gewünscht. Diese Jäger auf Füchse und leise glucksende Enten im Schilf hinterrücks überfallen und niederschlagen. Viele, viele, viele niederschlagen. Ich habe es gedacht. Dies Urteilen und Richten inmitten der Armseligkeit und Machtlosigkeit! Und der Wunsch, wunderbar im Dienst am Nächsten und an den Vielen groß zu werden, irgendwo das Feuer des Heils zu rauben. Dies mein Leben, das niemand ernsthaft verflucht hat, außer meinem Vater, als es ihm unbekannt geworden war; das niemand gesegnet hat, außer meiner Mutter, weil ich ihr Sohn war. Jedes andere Fleisch aus ihrem Schoße hätte sie mit der gleichen Inbrunst gesegnet. Dies mein Leben, das nichts Böses verrichtet hat, was nicht bald vergessen wäre – und nichts Gutes, was nicht schon vergessen ist. Ich bin gerechtfertigt wie jeder andere, der unbemerkt herangewachsen ist, und davongeht, nachdem seine Zeit um ist. – Gewiß, ich habe jauchzende Träume gehabt. Zuweilen, wenn ich meine Hände auf die Tasten eines Klaviers setzte, war mir, als wäre ich befähigt, Großes zu schaffen. Ich sprang auf, hörte im Rausch meiner Einbildung Akkordfolgen, ein Geflecht von Stimmen. Von dünnen, kaum gehauchten Tönen verstärkte sich der Klang bis zur strengen Unerbittlichkeit schnell schmetternder Trompeten. Gleichsam überwältigt beugte ich mich der Eingebung und spürte mein pulsendes Dasein, mein Eigentum, mein einmaliges, meine Begnadung. Ja, meine inwendigen Kräfte nahmen sich vor, nicht nur mit den Tönen zu spielen, nicht nur mit den Gesetzen des Zufalls die Harmonien und ihre Fortschritte zu erschöpfen: ich träumte, ein besserer Rameau zu werden, ein Meister, der das unabänderliche Gesetz der Abstraktion in der Harmonie zu einer Äußerung zwingt, die, unerhört kühn und klar, eine Entsprechung des Ewigen ist, wie wir meinen, daß wenige sie erzwangen. Einzelne eisig vor entzücktem Erschauern, andere spielend mit dem Lächeln Abgeschiedener, denen das erste Vergehen die Starre gelöst hat.

Die Armut ist kein Schutz gegen Träume. Nicht einmal die Dichtkunst vermeidet es, sich des Armen zu bedienen.

Unbekannter Verfasser

Wie Griet sich selbst nicht mehr kannte

Jan ist böse mit seiner Frau, weil sie allerlei Törichtes angestellt hat. Und obgleich sie müd zum Umfallen ist, schickt er sie in den Garten zum Kleeschneiden. Doch Griet hat nichts gelernt. Sie zerschneidet sich mit der Sichel das Kleid. Und als sie der Schlaf übermannt, fallen die Fetzen herab. Jan, der sich über ihr Ausbleiben wundert, geht zum Garten und sieht, daß dort eine nackte Frau schläft. Wer mag das sein? fragt er sich. Griet ist es nicht, denn Griet trägt ein blaugedrucktes Kleid und eine grobe graue Schürze (en Schlomm). Jan kehrt weinend heim und schließt die Tür fest hinter sich.

Abends im Garten aber wird Griet wach. Sie betrachtet sich von unten bis oben – und kennt sich selbst nicht mehr. Bin ich Griet? fragt sie sich. Bin ich es nicht? Griet, stellt sie fest, hat ein Blaugedrucktes und eine grobe graue Schürze um. Sie denkt scharf nach und überlegt sich: Der Pastor hat mich so lange gekannt. Er hat mich getauft, er hat mich in das Buch geschrieben. Er muß mich kennen. Kennt er mich nicht, dann bin ich es nicht. Doch als der Pastor das nackte Frauensmensch kommen sieht, sagt der Erzähler, da wird er so falsch, als ob er Glas im Bauch hätte. Er flucht, greift nach der Reitpeitsche und jagt Griet, daß sie die Lappen verloren hätte, wären sie ihr noch auf dem Leib gewesen.

Griet aber faßt einen zweiten Plan. Wenn Sultan, ihr Hund, nicht bellt, dann bin ich Griet. Bellt er aber, dann bin ich es nicht. Doch als sie vor das Haus kommt, liegt Jan im Fenster, und der Hund bellt sie an. Da schreit Griet: Nun bin ich's nicht! Und Jan bemerkt über die flüchtende Nackte: Die kommt zeit ihres Lebens nicht mehr!

Georg Heym

Der Garten der Irren

Am roten Teiche stehen viele Schatten
Bei dünner Bäume schwächlichem Gesichte,
In Stille fort. Nur selten daß sich einer
Herunter zu dem trüben Wasser bücket.

Und manche gehn in den entleerten Hecken
In kühlen Gängen, die schon voller Lichte,
Und schleifen mit den Füßen in dem Laube,
Und sitzen wieder sanft in den Verstecken.

Der Strom ist weit hinab im blanken Scheine
Bei Erlen und den krumm geborenen Weiden
Und wer mit leichtem Kahn ihn überbrücket,
Er wird im Licht die gelben Blumen pflücken.

Ernst Stadler

Im Treibhaus

Gefleckte Moose · bunte Flechten schwanken
um hoher Palmen fächerstarre Fahnen ·
und zwischen glatten Taxusstauden ranken
sich bleich und lüstern zitternde Lianen.

Gleich seltnen Faltern schaukeln Orchideen ·
und krause Farren ringeln ihr Gefieder ·
glitzernd von überwachsnen Wänden wehn
in Flocken wilde Blütenbüschel nieder.

Und kranke Triebe züngeln auf und leuchten
aus jäh gespaltner Kelche wirrem Meer ·
und langsam trägt die laue Luft den feuchten
traumschlaffen Duft der Palmen drüberher.

Und schattenhaft beglänzt im weichen
gedämpften Feuer strahlt der Raum ·
und ahnend dämmern Bild und Zeichen
für seltne Wollust · frevlen Traum.

Eduard Mörike

Scheiden von Ihr

Ein Irrsal kam in die Mondscheinsgärten
Einer einst heiligen Liebe,
Schaudernd entdeckt' ich verjährten Betrug;
Und mit weinendem Blick, doch grausam
Hieß ich das schlanke,
Zauberhafte Mädchen
Ferne gehen von mir.

Ach, ihre hohe Stirn,
Drin ein schöner, sündhafter Wahnsinn
Aus dem dunkelen Auge blickte,
War gesenkt, denn sie liebte mich.
Aber sie zog mit Schweigen
Fort in die graue,
Stille Welt hinaus.

Von der Zeit an
Kamen mir Träume voll schöner Trübe,
Wie gesponnnen auf Nebelgrund,
Wußte nimmer, wie mir geschah,
War nur schmachtend, seliger Krankheit voll.

Oft in den Träumen zog sich ein Vorhang
Finster und groß in's Unendliche,
Zwischen mich und die dunkle Welt.
Hinter ihm ahnt' ich ein Haideland,
Hinter ihm hört' ich's wie Nachtwind sausen;
Auch die Falten des Vorhangs
Fingen bald an, sich im Sturme zu regen,
Gleich einer Ahnung strich er dahinten,
Ruhig blieb ich und bange doch,
Immer leiser wurde der Haidesturm –
   Siehe, da kam's!

Aus einer Spalte des Vorhangs guckte
Plötzlich der Kopf des Zaubermädchens,
Lieblich war er und doch so beängstend.
Sollt' ich die Hand ihr nicht geben
In ihre liebe Hand?
Bat denn ihr Auge nicht,
Sagend: da bin ich wieder
Hergekommen aus weiter Welt!

Heinrich Heine

Donna Clara

In dem abendlichen Garten
Wandelt des Alkaden Tochter;
Pauken- und Trommetenjubel
Klingt herunter von dem Schlosse.

„Lästig werden mir die Tänze
Und die süßen Schmeichelworte,
Und die Ritter, die so zierlich
Mich vergleichen mit der Sonne.

Überlästig wird mir alles,
Seit ich sah, beim Strahl des Mondes,
Jenen Ritter, dessen Laute
Nächtens mich ans Fenster lockte.

Wie er stand so schlank und mutig,
Und die Augen leuchtend schossen
Aus dem edelblassen Antlitz,
Glich er wahrlich Sankt Georgen."

Also dachte Donna Clara,
Und sie schaute auf den Boden;
Wie sie aufblickt, steht der schöne,
Unbekannte Ritter vor ihr.

Händedrückend, liebeflüsternd
Wandeln sie umher im Mondschein,
Und der Zephir schmeichelt freundlich,
Märchenartig grüßen Rosen.

Märchenartig grüßen Rosen,
Und sie glühn wie Liebesboten.
‚Aber sage mir, Geliebte,
Warum du so plötzlich rot wirst?'

„Mücken stachen mich, Geliebter,
Und die Mücken sind, im Sommer,

Mir so tief verhaßt, als wären's
Langenas'ge Judenrotten."

‚Laß die Mücken und die Juden',
Spricht der Ritter, freundlich kosend.
Von den Mandelbäumen fallen
Tausend weiße Blütenflocken.

Tausend weiße Blütenflocken
Haben ihren Duft ergossen.
‚Aber sage mir, Geliebte,
Ist dein Herz mir ganz gewogen?'

„Ja, ich liebe dich, Geliebter,
Bei dem Heiland sei's geschworen,
Den die gottverfluchten Juden
Boshaft tückisch einst ermordet."

‚Laß den Heiland und die Juden',
Spricht der Ritter, freundlich kosend.
In der Ferne schwanken traumhaft
Weiße Lilien, lichtumflossen.

Weiße Lilien, lichtumflossen,
Blicken nach den Sternen droben.
‚Aber sage mir, Geliebte,
Hast du auch nicht falsch geschworen?'

„Falsch ist nicht in mir, Geliebter,
Wie in meiner Brust kein Tropfen
Blut ist von dem Blut der Mohren
Und des schmutz'gen Judenvolkes."

‚Laß die Mohren und die Juden',
Spricht der Ritter, freundlich kosend;
Und nach einer Myrtenlaube
Führt er die Alkadentochter.

Mit den weichen Liebesnetzen
Hat er heimlich sie umflochten;
Kurze Worte, lange Küsse,
Und die Herzen überflossen.

Wie ein schmelzend süßes Brautlied
Singt die Nachtigall, die holde;
Wie zum Fackeltanze hüpfen
Feuerwürmchen auf dem Boden.

In der Laube wird es stiller,
Und man hört nur, wie verstohlen,
Das Geflüster kluger Myrten
Und der Blumen Atemholen.

Aber Pauken und Trommeten
Schallen plötzlich aus dem Schlosse,
Und erwachend hat sich Clara
Aus des Ritters Arm gezogen.

„Horch! da ruft es mich, Geliebter;
Doch, bevor wir scheiden, sollst du
Nennen deinen lieben Namen,
Den du mir so lang verborgen."

Und der Ritter, heiter lächelnd,
Küßt die Finger seiner Donna,
Küßt die Lippen und die Stirne,
Und er spricht zuletzt die Worte:

‚Ich, Señora, Eu'r Geliebter,
Bin der Sohn des vielbelobten,
Großen, schriftgelehrten Rabbi
Israel von Saragossa.'

Jochen Klepper
Gartenfrieden im Krieg

5. September 1939 / Dienstag

> In der Zeit meiner Not suche ich den Herrn; meine Hand ist des Nachts ausgestreckt und läßt nicht ab; denn meine Seele will sich nicht trösten lassen.
>
> *Psalm 77, 3*

Auch diese Nacht war wieder ruhig. Wie man das gelernt hat, dafür zu danken. Wir haben es freilich schon im November begriffen, als soviel Leid über die jüdischen Häuser kam. –

Nun ist's ein neues Seufzen, über die hohen Kriegssteuern für die, die nicht im Felde sind. Der Schritt von der Einschränkung zur Entbehrung scheint bereits nahe zu sein. Aber alles gilt nichts gegen die nur scheu vorgebrachten Gefallenennachrichten.

Ich arbeite weiter, kann aber keine lobenswerte Haltung darin erblicken, auch ist's eine gänzlich kraftlose Leistung; und doch sehne ich mich nur nach ihr.

Es ist so furchtbar, daß es nach allen Kämpfen um die Arbeit nun gleichgültig geworden ist, ob man arbeitet oder nicht. Es ging mir durch und durch, als Hanni heute „noch einmal" nach Potsdam wollte. Es war ein Tag voll immer reinerer Klarheit, immer reinerem Glanze, von wunderbaren Beleuchtungen. Potsdam war sehr verändert. Das Leben der vitalen Stadt so reduziert. Die Dampfer auf der Havel lagen still; auch kein Boot war zu sehen; und fast nur Militärautos und requirierte Wagen; endlose Reihen von Lastautos zur Soldatenbeförderung und übende Truppen am Rande der Stadt und der stillen Parks, die man sonst kaum einmal ohne Scharen von Menschen sah. Wir gingen durch den Park von Sanssouci, mit Renerle, durchs Paradiesgärtlein, übers Belvedere und kamen zu Hans Pflugs Haus am Waldrand; wir sprachen aber nur Frau Pflug, er ist schon eingezogen; er ist vier Jahre älter als ich und körperlich sogar schwächer. – Dann gingen wir nach Bornim zu Koenigswalds. Friede, Friede über dem paradiesisch reich blühenden Garten, aus dem wir mit riesigen, bunten Sträußen heimkehrten in die gleiche Stille, den gleichen Frieden. –

Johann Wolfgang Goethe

Der Garten von Philemon und Baucis

WANDRER. Ja! sie sind's, die dunkeln Linden,
Dort, in ihres Alters Kraft.
Und ich soll sie wiederfinden,
Nach so langer Wanderschaft!
Ist es doch die alte Stelle,
Jene Hütte, die mich barg,
Als die sturmerregte Welle
Mich an jene Dünen warf!
Meine Wirte möcht' ich segnen,
Hilfsbereit, ein wackres Paar,
Das, um heut mir zu begegnen,
Alt schon jener Tage war.
Ach! das waren fromme Leute!
Poch' ich? ruf' ich? – Seid gegrüßt,
Wenn gastfreundlich auch noch heute
Ihr des Wohltuns Glück genießt!

BAUCIS, Mütterchen, sehr alt.
Lieber Kömmling! Leise! Leise!
Ruhe! laß den Gatten ruhn!
Langer Schlaf verleiht dem Greise
Kurzen Wachens rasches Tun.

WANDRER. Sage, Mutter: bist du's eben,
Meinen Dank noch zu empfahn,
Was du für des Jünglings Leben
Mit dem Gatten einst getan?
Bist du Baucis, die geschäftig
Halberstorbnen Mund erquickt?

Der Gatte tritt auf.

Du Philemon, der so kräftig
Meinen Schatz der Flut entrückt?
Eure Flammen raschen Feuers,
Eures Glöckchens Silberlaut,
Jenes grausen Abenteuers
Lösung war euch anvertraut.
Und nun laßt hervor mich treten,
Schaun das grenzenlose Meer;
Laßt mich knieen, laßt mich beten,
Mich bedrängt die Brust so sehr.

Er schreitet vorwärts auf der Düne.

PHILEMON zu Baucis. Eile nur, den Tisch zu decken,
Wo's im Gärtchen munter blüht.
Laß ihn rennen, ihn erschrecken,
Denn er glaubt nicht, was er sieht.

Neben dem Wandrer stehend.

Das Euch grimmig mißgehandelt,
Wog' auf Woge, schäumend wild,
Seht als Garten Ihr behandelt,
Seht ein paradiesisch Bild.
Älter, war ich nicht zuhanden,
Hülfreich nicht wie sonst bereit;
Und wie meine Kräfte schwanden,
War auch schon die Woge weit.
Kluger Herren kühne Knechte

Gruben Gräben, dämmten ein,
Schmälerten des Meeres Rechte,
Herrn an seiner Statt zu sein.
Schaue grünend Wies' an Wiese,
Anger, Garten, Dorf und Wald. –
Komm nun aber und genieße,
Denn die Sonne scheidet bald. –
Dort im Fernsten ziehen Segel,
Suchen nächtlich sichern Port.
Kennen doch ihr Nest die Vögel;
Denn jetzt ist der Hafen dort.
So erblickst du in der Weite
Erst des Meeres blauen Saum,
Rechts und links, in aller Breite,
Dichtgedrängt bewohnten Raum.

Am Tische zu drei, im Gärtchen.

BAUCIS. Bleibst du stumm? und keinen Bissen
Bringst du zum verlechzten Mund?

PHILEMON. Möcht' er doch vom Wunder wissen;
Sprichst so gerne, tu's ihm kund.

BAUCIS. Wohl! ein Wunder ist's gewesen!
Läßt mich heut noch nicht in Ruh;
Denn es ging das ganze Wesen
Nicht mit rechten Dingen zu.

PHILEMON. Kann der Kaiser sich versünd'gen,
Der das Ufer ihm verliehn?
Tät's ein Herold nicht verkünd'gen
Schmetternd im Vorüberziehn?
Nicht entfernt von unsern Dünen
Ward der erste Fuß gefaßt,
Zelte, Hütten! – Doch im Grünen
Richtet bald sich ein Palast.

BAUCIS. Tags umsonst die Knechte lärmten,
Hack' und Schaufel, Schlag um Schlag;
Wo die Flämmchen nächtig schwärmten,
Stand ein Damm den andern Tag.
Menschenopfer mußten bluten,
Nachts erscholl des Jammers Qual;
Meerab flossen Feuergluten,
Morgens war es ein Kanal.
Gottlos ist er, ihn gelüstet
Unsre Hütte, unser Hain;
Wie er sich als Nachbar brüstet,
Soll man untertänig sein.

PHILEMON. Hat er uns doch angeboten
Schönes Gut im neuen Land!

BAUCIS. Traue nicht dem Wasserboden,
Halt auf deiner Höhe stand!

PHILEMON. Laßt uns zur Kapelle treten,
Letzten Sonnenblick zu schaun!
Laßt uns läuten, knieen, beten
Und dem alten Gott vertraun!

Helmuth James von Moltke
Ratschläge für den Garten

Berlin, [Sonntag] 26. 5. 40

... Gestern abend traf ich A. C. K. [Kirk]. Er fragte mich nach des Pims Ergehen und lässt vielmals grüßen. Er sagte: „Do you want to know my solution? It is a flood without an ark.“ Nein, schwimmen will ich hier nicht in Berlin; dazu sind mir die anderen Leute zu fies. – Ich weiss noch nicht, was ich mit der gewonnenen Zeit tun soll. Ich dachte daran, vielleicht Spanisch zu lernen. Aber lieber noch würde ich etwas arbeiten, was mehr Konzentration verlangt. Das Unglück ist nur, daß alles was man tut, auch wenn es auf historischem oder philosophischem Gebiet liegt, ob es Tolstoy ist, oder ob man die Bibel liest, so unheimlich aktuell erscheint.

Ich habe eine sehr grosse Sorge: daß nämlich dieser Krieg sich ins Ungeahnte ausweitet. Daß die U. S. A. hineingezogen werden, sei es, indem sie den Alliierten helfen, sei es indem die Engländer den Krieg von Canada aus führen wollen, worauf die U. S. A. einfach mitmachen müssen. Kommt das, und gerät Europa, teils willig, teils widerwillig unter unsere Herrschaft, so wird sich der Krieg in einen Kampf der westlichen Hemisphäre gegen Europa verwandeln, ein Krieg, der 100 Jahre dauern kann, der kein Ende zu haben braucht und der nur die Existenz von uns allen beeinträchtigen wird. Dann sind wir Gefangene Europas, die sich nirgendwo anders sehen lassen können. Carl und ich haben heute einmal geprüft, wo wir uns noch in der Welt zeigen können ohne gefangengesetzt oder nicht hineingelassen zu werden. Mit Ausnahme von Italien konnten wir kein Land entdecken.

Vielen Dank, mein Lieber, für den Bericht über die Blumen und Büsche. Hoffentlich gelingt alles schön. Ich hatte den Eindruck, daß sich auch der neugepflanzte Flieder ganz hinten in unserer Plantage gut machen würde. Der, der immer etwas später kommt. Schneide die Büsche ein wenig zurück. Ich habe im vorigen Jahre wenig geschnitten und sie werden sonst lang und spergelig und bilden nicht genügend Blütenholz. Das gilt auch für den kleinen blühenden Prunus, ich hatte ihm die zwei langen Triebe stehen lassen, weil ich fürchtete, daß er sonst zwischen Flieder und Jasmin nicht genügend Licht bekommen würde. Sorge bitte auch dafür, daß der kleine zartästige Flieder, der vorne steht, genügend Luft bekommt und schneide den alten Flieder, der auf seiner Südseite steht und den kleinen robusten Busch, der seine Nordseite deckt, soweit zurück, daß der kleine sich entfalten kann. Wenn der Kleine gut treibt, würde ich soweit gehen, den ganzen grossen Ast des Alten wegzunehmen.

Mein Lieber, jetzt höre ich auf. Es ist so lieb, sich mit Ihnen zu unterhalten.

Maria von Wedemeyer

Brief an Dietrich Bonhoeffer im Gefängnis Tegel

Seefeld, den 25. VII. 43

Du, mein liebster Dietrich!
In den hintersten Winkel des Gartens, wo mich niemand sieht, habe ich mich mit meinem Brief an Dich geflüchtet. Viele bunte Blumen lachen um mich her, die Sonne strahlt und lauter Gold hängt an den Bäumen. Ich brauchte nur Dich, um es herunterzupflücken. – Hier läßt es sich so schön glücklich an Zukunftsträumen werden. In gar nicht ferner Zeit werden wir zusammen so sitzen und uns viel – unendlich viel zu sagen haben. Nun kommt bald der August, den wir uns früher so herbeigesehnt haben. Soll ich Dir erzählen, daß Anfang April Klaus [v. Bismarck] schon auf unserer Seite und Mutter fast umgestimmt war? Vielleicht sollten wir aber doch, und darum grade auf diese Weise das halbe Jahr bis August einhalten. –

Aber wir wollten uns ja beide mit unsern Hoffnungen nicht auf einen bestimmten Tag festlegen. Nun bin ich jeden Abend immer dankbar, daß wieder ein Tag der Wartezeit herum ist, daß ich nun wieder um 24 Stunden dem Wiedersehen näher gerückt bin. Heut hab ich nun extra dies Briefpapier genommen, in der Hoffnung, daß wenn ich es schnell verschreibe ich es auch bald gar nicht mehr gebrauchen kann. –

Mein Versuch am Anfang August wieder in die Arbeit zu kommen, ist natürlich doch an Mutter gescheitert. Sie kam vor Schreck gleich angereist und glaubte sehr in Deinem Sinne zu handeln mich bis Ende August hier ganz fest anzuketten. Anschließend hat mich Klaus schon für die Brunftzeit nach Klein Reetz gepachtet.

Gegen diese höheren Gewalten ist gar nichts mehr zu machen, es sei dann, daß Du als höchste erscheinst. – Wir haben uns auch des längeren über unsere Hochzeit unterhalten. Im engsten Kreis wird es schon ein recht erheblich großes Fest. Mutter bekommt schon jetzt Angstzustände und ich – wünschte es wäre schon morgen! Die Frage des Pfarrers wird noch ein ganz großes Problem zwischen Mutter und Dir. – Ich habe übrigens im September in mein Tagebuch geschrieben, ich wollte mich einmal von Dir trauen lassen. Ewig schade, daß das nicht möglich ist!!!

Du brauchst aber in diesem Punkt keine Angst zu haben, denn Du weiß ja, wie leicht ich mich von Dir überzeugen lasse. Oder weißt Du es nicht? –

Eine Laute habe ich mir von einem Mädel hier geborgt. Sie versuchte auch zuerst mir Stunden zu geben, das gelang aber so total daneben, daß ich nun mit einer Lautenschule mein Glück privat versuche. Bisher kriegen sich aber Laute und Geige noch sehr das Zanken, und es ist garnicht einfach seine Finger da dazwischen zu haben. Immerhin kann ich schon spielen: „Ein Vogel wollte Hochzeit machen“ und bin enorm eingebildet darauf! Ist nicht die Laute eigentlich so ein bischen ein Jodlerinstrument. Ich habe sie jedenfalls bisher nur von Wandervögeln und in Skihütten gehört. Aber vielleicht haben wir später mal Gelegenheit sie auf eine von beiden Arten anzuwenden. – Hans Werner, der mich hier besuchte, meinte, wenn ich Laute spielen könnte, würde er eifersüchtig auf Dich. Er macht jetzt zum Abschluß seiner letzten Ferien noch eine Verwandtenreise, hat große jagdliche Erfolge und sieht aus, wie eine Niveareklame. Er macht sich auch schon viele Gedanken über unsere Hochzeit, möchte so gern Brautführer sein und eine sehr nette Brautjungfer haben. Ich hab ihm – wenn Du nichts dagegen hast – (ohne diesen Vorbehalt sage ich jetzt schon gar nichts mehr) Dorothee [Schleicher] versprochen und ich glaube, obgleich er sie ja gar nicht kennt, so ein bischen verliebt ist er jetzt schon in sie. – Schade, daß Du ihn nicht kennst. Papa sah ihn in Berlin ganz kurz und es freute mich so, daß er ihm gefiel. Aber, weißt Du, ihm fehlt, ohne daß er es weiß Vater doch sehr. Darin haben es die Geschwister schwer, daß sie noch so klein waren, als sie ihn zum letzten Mal richtig erlebten. Sie werden in Dir einen sehr guten großen Bruder bekommen. –

Als Du im November in Pätzig warst, hast Du ihnen einen großen Eindruck gemacht. Sie sprachen nicht darüber, aber in ihrem Abendgebet nannten sie unter ihren Lieben und Freunden plötzlich auch Dich. Das war sehr beweglich für mich, als ich es hörte. Und denk Dir, als ich Max's Sachen, die aus dem Feld zurückkamen auspackte, war das erste, was mir in die Hände fiel, weil es ganz oben auf lag, Dein Brief. Seither habe ich ihn immer bei mir und ich lieb ihn sehr.

Es ist so heißes Wetter, ich mag es gar nicht leiden, weil es für Dich scheußlich ist. Vielleicht nur hilft die Hitze ein wenig Dein Reißen zu vertreiben. – Hier beginnt man nun schon den Roggen einzufahren. Das Schneiden des Korns ist immer der Anfang des Herbstes, der Beginn des Abschiednehmens. Auch die Herbstblumen fangen nun an zu blühen. Ich möchte Dir so gern davon einen ganz großen Arm voll in Deine Zelle bringen. Vielleicht tue ich es bald. – Ach, das Warten ist manchmal schlimm für ein Herz, das sich so nach Dir sehnt. Aber es ist auch dankbar, daß es sich so sehnen darf. Nun wird es ja nicht mehr lange dauern.

In starker Liebe bleibe ich

Deine Maria

Christabel Bielenberg
Gartengespräche mit dem Blockwart

(Herbst 1939)

Ich saß auf der Terrasse, mit dem beschäftigt, was ich meine Stopfarbeit zu nennen wage, als Herr Neisse erschien, um den Wein zu stutzen, dessen üppige Ranken die Fenster unseres Hauses umwucherten. Sein wackliger alter Karren, beladen mit Leitern und Gartengeräten, hielt vor der Gartentür an. Ein kurzes Läuten, und schon begrüßte mich seine Stimme mit ihrem unverkennbaren sächsischen Tonfall hinter der Hecke. „Neisse, guten Morgen, Frau Doktor."

Wäre es ein Sonntag gewesen oder einer der vielen anderen Tage, an denen für etwas gesammelt wurde, so wäre das Läuten lauter und länger, der Tonfall abgehackter, der Gruß ‚Heil Hitler' gewesen. Herr Neisse kümmerte sich nämlich nicht nur gelegentlich um unseren Garten, er war auch unser Blockwart. Er beschnitt nicht nur Bäume, mähte den Rasen und fegte Blätter zusammen, er sammelte auch Parteibeiträge ein und verkaufte Abzeichen für das kürzlich aufgezogene ‚Winterhilfswerk', Ansichtskarten, Broschüren, alles mögliche, womit sich die Parteikasse auffüllen ließ. Außerdem hatte er der Partei über das Betragen der Volksgenossen seines Blockes Bericht zu erstatten, damit man genau kontrollieren konnte, ob jemand nicht gebührlich geflaggt oder nicht ausreichend oder gar unwillig für die große Sache gespendet hatte.

An Wochentagen war Herr Neisse freundlich, höflich, eher schüchtern; ein gut beschnittener Baum, ein Blumenbeet, der kleine dunkle Winkel neben der Garage, wo die Maiglöckchen eine sorgliche Hand brauchten – das waren Dinge, die ihm am Herzen lagen. Am Sonntag aber war die Sache anders. Da grüßte er mit dem ‚deutschen Gruß', da war er in seiner Parteiaufmachung. Da war er überdies auch gut rasiert, wenn man von einem kleinen, symbolischen Viereck über der Oberlippe absah. Für mich war er das einzige Rädchen in der Nazi-Maschinerie, das ich näher kannte, da wir die Liebe zur Gärtnerei gemeinsam hatten.

Es gab eine Geschichte, wonach bei Hitlers Geburt drei gute Feen an seiner Wiege gestanden hätten. Die erste wünschte ihm, daß jeder Deutsche ehrlich, die zweite, daß jeder Deutsche intelligent, die dritte, daß jeder Deutsche ein Nationalsozialist sein möge. Dann aber kam die böse Fee, und sie bestimmte, jeder Deutsche dürfe nur zwei dieser Eigenschaften besitzen. Somit blieben dem ‚Führer' nur intelligente Nazis, die nicht ehrlich waren, ehrliche Nazis, die nichts im Kopf hatten, und ehrliche und intelligente Bürger, die keine Nationalsozialisten waren. Eine hübsche, lustige Geschichte vielleicht, aber gar nicht so weit von der Wahrheit entfernt; denn ich hatte den Eindruck, daß diese drei Kategorien von Deutschen nebeneinander lebten und arbeiteten, aber infolge der Natur des Regimes unfähig waren, mehr als nur den oberflächlichsten Kontakt miteinander zu halten.

Man konnte bald entdecken, zu welcher dieser drei Kategorien Herr Neisse gehörte. Ich beobachtete ihn aus dem Augenwinkel, als er sein Wolljacket auszog, es sorgfältig zusammenlegte und die Leiter gegen die Ecke unseres Hauses lehnte. Dann holte er seine gut geölte Baumschere heraus und begann die Weinblätter um die Trauben wegzuschneiden, damit die Herbstsonne sie zum Reifen ermuntern könne. Er hatte mir versichert, etwa fünf Jahre vorher seien sie sogar eßbar gewesen – ein Versuch lohne sich immer. Ein so hingebungsvoller Gärtner, ein so harmloser Mensch, aber heute schien er mir nicht sehr gesprächig. Bei anderen Gelegenheiten hatte er mir nicht nur wertvolle Tips gegeben, wie den Besonderheiten der trockenen, sandigen Berliner Erde beizukommen war, sondern mir auch viel aus seinem Leben erzählt, während wir zusammen im Garten werkelten.

Herr Neisse war der Sohn eines sächsischen Bauern, unverkennbar sein Akzent. Selbst der letzte König von Sachsen hatte ja eine Urwüchsigkeit, die sein Volk, aber nicht sein Vetter, Kaiser Wilhelm, an ihm liebte: als er einmal, wie üblich, zu spät zu einer Militärparade des Obersten Kriegsherrn kam, der sich in seiner protzigen Uniform vor ihm aufgebaut hatte, begrüßte er ihn mit den Worten: „Na, Willem – haste mal wieder Telegramme verschickt?“ – kurz nachdem Wilhelm II. sein berühmtes Telegramm an die Buren geschickt hatte. Und als der Sachsenkönig schließlich abdanken mußte, hielt er eine reizende kurze Rede: „So, Kinder, nu könnt ihr euern Dreck alleene machen!“

Ich hatte den Eindruck, daß Herr Neisse, einst treuer Untertan seines Monarchen, genauso gedacht hatte, als er aus dem Ersten Weltkrieg kam. Er war Soldat gewesen, ohne sich besonders hervorzutun, aber als er in das Chaos von Berlin heimkehrte, war er doch ziemlich überrascht, wie plötzlich und vollständig Deutschland den Krieg verloren hatte. „Wissen Sie, Frau Doktor, wir haben uns doch gut gehalten, ja, man hat uns sogar von großen Siegen erzählt, und dann mit einemmal Schluß – aus. Die Regierung in der Heimat hat um Frieden ersucht. So was! Sie haben ihren Frieden bekommen, und verdient haben sie ihn. Ich bin nach Berlin gegangen, weil da meine Hilde war und ich ihr versprochen hatte, nach dem Krieg zu ihr zurückzukommen. Sie hat auf mich gewartet, meine Hilde. Die Gute, sie hat gewartet.“

Sie muß eine großartige Person gewesen sein, seine Hilde, denn sie sollte noch weitere zehn Jahre warten müssen, bis Herr Neisse soviel Geld zusammengespart hatte, wie nach seiner Meinung zum Heiraten notwendig war. Er hatte alles mögliche versucht, um nach dem Krieg Arbeit zu finden. Da er seinem ganzen Wesen nach ein Mensch vom Land war, fand er, daß das Gärtnerhandwerk für ihn das Richtigste wäre. Tagein, tagaus war er durch die baumgesäumten Straßen Dahlems gepilgert, unverzagt von einer Gartentüre zur nächsten. Er trank nicht, er rauchte nicht, er hatte für sein Mittagessen und einen Hungerlohn gearbeitet, den ganzen Tag sonst nichts gegessen und auf diese Weise nach einigen Jahren so viel zur Seite gelegt, daß er daran denken konnte, sich um einen kleinen Schrebergarten am Rand von Dahlem Dorf zu bewerben. Hilde hatte ebenfalls gespart; sie arbeitete an einem Metzgerstand auf dem Dahlemer Markt. Ihr Auge war auf eine bestimmte Parzelle gefallen, neben dem Grundstück ihres Bruders – das Häuschen war zwar nicht viel größer als ein Kaninchenstall, aber es genügte trotzdem.

Herr Neisse wußte nicht recht, was eigentlich schuld daran war, daß Deutschland den Krieg verloren hatte, aber für ihn gab es keinen Zweifel, daß das Unglück, das 1923 so unverdient über ihn hereinbrach, die Folge irgendeines gemeinen, heimtückischen Komplotts war. Fast über Nacht hatten sich seine Ersparnisse, Hildes Ersparnisse, ihr Schrebergarten, ihre so bescheidenen Hoffnungen in Luft aufgelöst. „Die Inflation, Frau Doktor, wissen Sie; plötzlich war alles futsch. Mit meinem ganzen Ersparten konnte ich gerade noch eine Tasse mit Untertasse kaufen, und die hab' ich der Hilde statt des Trauscheins geschenkt. Komisch, daß mir an der Untertasse so viel gelegen hat?“ Aber es war gar nicht so komisch, denn wenn Herr Neisse von jenen Zeiten erzählte, bebte seine Stimme vor innerer Bewegung, und die sonst so präzisen Bewegungen seiner Hände wurden nervös und fahrig. Der Verlust seines kleinen Sparkontos hatte nicht nur jegliches Vertrauen zerstört, das er etwa zu einer demokratischen Regierung hatte, sondern ihn auch zuinnerst getroffen, seine Selbstachtung und sein Recht auf Achtung zerstört. Die Untertasse – vielleicht war sie ein Hauch von Gutbürgerlichkeit, vielleicht war sie Ausdruck des Trotzes gegen die unberechenbaren herrschenden Mächte gewesen.

Auf die Inflation war für Herrn Neisse wiederum Arbeitslosigkeit gefolgt, da die gleichermaßen verarmten Besitzer der Villen in Dahlem, pensionierte Beamte und dergleichen, sich den Luxus, einen Gärtner zu halten, nicht länger leisten konnten. Aber nach Herrn Neisses Beschreibungen währte es nicht lange, bis viele von ihnen auszogen und einer neuen Schicht von protzigen Juden und Ladenbesitzern Platz gemacht hatten. Herr Neisse hatte noch nie etwas für die Juden übrig gehabt und übrigens auch nicht für die anderen, die Ladenbesitzer; er nannte sie ‚weiße Juden'. Nach dem Krieg strömten sie vom Osten herein, die Lilienbusch und Rosenstrauß, die Ipskis und Owskis; sogar ihre Namen waren absurd. Aber irgendwie hatten sie es fertiggebracht, ebenso schnell zu Geld zu kommen, wie er, Herr Neisse, seine Ersparnisse verloren hatte. Er hatte für diese neuen Herrschaften gearbeitet – man mußte schließlich leben –, aber es war nicht das gleiche. Er fand sie vulgär und prahlerisch, sie lispelten ein Kauderwelsch, das er kaum verstand, und Trost fand er nur darin, daß die Gärten die gleichen geblieben waren, obwohl die Villenbesitzer gewechselt hatten. Langsam aber sicher und mit Hilfe seiner sparsamen Hilde sah er seinen kleinen Schrebergarten aus dem Dunkel begrabener Hoffnungen wieder ins Reich der realen Möglichkeiten eintreten. Er näherte sich schon den Vierzig, als er endlich seine Hilde heiratete, aber es war ein unvergeßlicher Tag gewesen, und zudem hatten sie ein Holzhäuschen bezogen, das noch größer war als das seiner Träume. Es hatte sogar eine Veranda, wie er mir erzählte.

Zwei Jahre arbeiteten und sparten sie unermüdlich, um den halben Anteil an einem Gemüsestand zu erwerben und damit eine Sprosse auf der gesellschaftlichen Leiter nach oben zu rücken. Aber dann kam das Jahr 1929 und jenseits des Atlantik passierte etwas, das auch den europäischen Kontinent wie eine Sturmflut erreichte und eine Kette von Bankrotten und Selbstmorden auslöste. Die amerikanische Wirtschaftskrise versetzte der nur mühsam ausgewogenen Wirtschaft Deutschlands einen katastrophalen Schlag und ließ für einen Gelegenheitsgärtner keinen Platz mehr. Herr Neisse reihte sich in ein Heer von über sechs Millionen Erwerbslosen ein. Dank seinem Schrebergarten brauchte er nicht wirklich Hunger zu leiden, doch war er fast wieder auf den Punkt zurückgeworfen, wo er angefangen hatte, mit knurrendem Magen und vielen unfreiwilligen Mußestunden.

Er sprach zwar nicht davon, aber ich konnte mir vorstellen, daß Herr Neisse tief verbittert war und nach einem ‚-ismus' Ausschau hielt. Der Kommunismus sagte ihm nicht zu; er hatte immer für die Besitzenden gearbeitet, ihre Blumen und Bäume umsorgt. Er war, in seinem kleinen Bereich, ein Schöpfer; er verspürte nicht den Drang, alles in die Luft zu sprengen, er wollte nur irgendwohin gehören. Nationalismus? Das war etwas für die feinen Leute, für die, die noch etwas zu verlieren hatten. Nationalsozialismus, das war schon mehr nach seinem Geschmack. Er begann Parteiversammlungen zu besuchen. Zwar wünschte Herr Neisse, man hätte ihn bei der Blumendekoration zu Rate gezogen – er konnte hellrote und blaue Hortensien einfach nicht ausstehen –, aber er schilderte jene Zusammenkünfte mit einer Begeisterung, wie er sie sonst selten an den Tag legte. Die riesigen, fahnengeschmückten Säle, wenn die jungen Burschen einer nach dem anderen hereinschlüpften, ihre SA-Mützen aus der Tasche holten und ihre Regenmäntel auszogen, unter denen die verbotene Uniform zum Vorschein kam. Man konnte sich ihn gut vorstellen, wie er den rechten Arm hochriß und mit den anderen plärrte, wie ihm die Augen feucht wurden, wenn die lauten Männerstimmen das Horst-Wessel-Lied anstimmten.

Dann lauschte er gebannt, als es im Saal still wurde und die tiefe Stimme des großen Redners auf ihn eindröhnte, so viele seiner ungeformten Ressentiments in Worte faßte – und in was für Worte. Goldene Worte von deutschem Blut und deutschem Boden, von ‚Blubo', wie die Berliner das später nannten, von Deutschlands Wiedergeburt und seinem Bedürfnis nach einem Platz an der Sonne, von der Entehrung, die der Vertrag von Versailles über das Reich gebracht habe, von der Infamie und Doppelzüngigkeit der deutschen Nachkriegspolitiker, die das Vaterland verraten hätten. Und dann kam – die tiefe Stimme hob sich zu fanatischem Geschrei – der Sündenbock. Ein Sündenbock, wie er Herrn Neisse ganz entsprach, das Grundübel, an dem Deutschland litt: die Juden, die an allem schuld waren. „O nein, Frau Doktor, verstehen Sie mich richtig, nicht ein bestimmter Jude. Sie haben ganz recht, Ihr Vorgänger war ein sehr netter Herr – und von Dahlien hat er wirklich was verstanden. Nach 1933 konnte ich natürlich nicht mehr für ihn arbeiten, aber ich habe oft über die Hecke geschaut, wenn ich vorbeikam. Er hat sich meistens in seinem Garten aufgehalten, bevor er wegging, und ich wußte, was das bedeutete. Er hatte keine Arbeit, was mir sogar für ihn leid getan hat. Nein, nein, das internationale Judentum!" Herr Neisse beschrieb mit seiner Harke einen weiten Kreis, der alles einschloß, Hecken, Bäume, Dachgiebel, ja selbst die Wolken am Himmel. „Sie verstehen, Frau Doktor, das internationale Judentum."

Sobald er den fahnengeschmückten Saal und den Bannkreis der goldenen Worte verlassen hatte, fiel es Herrn Neisse wohl ebenso schwer wie mir, zu verstehen, wovon die Rede war. Auch trat er erst 1931 in die Partei ein; er konnte sich nicht früher dazu entschließen, weil Hilde das ganze Theater offensichtlich höchst albern gefunden hatte. Ein Verein von grünen Jungen, die Soldaten spielten, hatte sie erklärt und sogar ihrer gründlichen norddeutschen Verachtung für Hitlers österreichischen Akzent Ausdruck gegeben. Herr Neisse beeilte sich, mir zu versichern, sie habe sich inzwischen natürlich bekehrt – natürlich. Trotzdem wunderte mich das, denn ich wußte, daß Hilde eine typische Berlinerin war. Offensichtlich aber hatte sie es aufgegeben, ihm seine Begeisterung für die NSDAP auszureden, und ich hatte mich schon gefragt, ob nicht ihre Kinderlosigkeit etwas mit dieser Zurückhaltung zu tun hätte. Ich hatte den Eindruck, daß kein deutscher Mann sich ohne einen Sohn, ohne den Stammhalter, ganz vollständig fühlte, und da sie erst so spät geheiratet hatten, waren Herr Neisse und seine Hilde kinderlos.

Als Hitler 1933 Reichskanzler wurde, erhielt Herr Neisse, Parteigenosse Neisse, für seine getreue Teilnahme an Parteiversammlungen und die regelmäßige Zahlung der Mitgliedsbeiträge seinen Lohn – er wurde zum Blockwart ernannt. In dieser Funktion, auf der untersten Stufe der Parteihierarchie, war er verblieben und würde er zweifellos weiter bleiben, ein ewig Ausgenutzter, der zusah, wie die Juden und die ‚weißen Juden' ebenfalls auszogen und hohe, weiße Ziegelmauern um die neuen, prunkvollen Villen der Parteigrößen errichtet wurden, die nun in ihren großen, schwarzen Mercedes-Wagen Einzug hielten, mit ihren quellenden Plüsch-Garnituren und ihren unbedeutenden, aufgedonnerten Frauen. Himmler, Ley, von Ribbentrop, wir hatten eine eindrucksvolle Versammlung von Parteibonzen in Dahlem, und es war allgemein bekannt, daß sie in äußerstem Luxus lebten. Ebenso war allgemein bekannt, daß die NS-Größen in weiser Voraussicht Sorge getragen hatten, unter ihre Paläste tiefe und üppig ausgestattete Luftschutzbunker einbauen zu lassen, während wir gewöhnlichen Sterblichen nicht einmal Luftschutzausbildung erhalten hatten.

Für all diese so gar nicht zeitgemäßen Dinge hatte Herr Neisse sich eine Antwort zurechtgelegt, die ihn anscheinend befriedigte. Es war ganz einfach so, daß der ‚Führer' davon keine Ahnung hatte. Für Herrn Neisse war Hitler ein schlichter, aufrichtiger Mann, der einfacher Soldat gewesen war wie er selber und dessen einzige Extravaganz darin bestand, daß er sich für Deutschland und Deutschlands Wohl verzehrte. „Er hat ja die Kinder so gern, Frau Doktor, und auch Hunde – auch die Hunde liebt er." ‚Schlicht' war das Wort, auf das Herr Neisse und ich uns zur Beschreibung der Tugenden des ‚Führers' geeinigt hatten, obwohl ich mir einige andere Adjektive hätte einfallen lassen können, die zutreffender gewesen wären.

Der Tag, vom dem hier die Rede ist, war warm, und Herr Neisse zeigte sich ungewöhnlich schweigsam, während seine Leiter an der Hauswand Stück um Stück auf mich zurückte. Seine Schere klapperte, und die roten Weinblätter fielen wie Papierdrachen auf den Rasen unter ihm. Ich war an diesem Tag auch nicht gerade gesprächig gestimmt, ja es fiel mir schwerer denn je, mich auf meine Stopfarbeit zu konzentrieren. Der Krieg war noch nicht einmal vierzehn Tage alt. Niemand hatte sich vorgestellt, daß die Wehrmacht mit derartiger Dynamik nach Polen einrücken würde. Die Polen besaßen offensichtlich keine Luftstreitkräfte und attackierten die unerbittlich vordringenden deutschen Panzer in unglaublicher Bravour mit ihrer Kavallerie. Und die Briten – die Alliierten –, was unternahmen sie? Soweit ich sehen konnte, überhaupt nichts. Um ehrlich zu sein, ich hätte nicht zu sagen gewußt, was sie hätten tun sollen. Fallschirmtruppen landen? Die Flotte? Gott allein wußte, was zu tun war, wenn man feierlich in einen Krieg eintrat, um einen Verbündeten zu unterstützen. Ich wußte, daß ich mich an die Schlagzeilen der Zeitungen gewöhnen mußte, an die Meldungen von versenkten englischen Schiffen mit Tausenden von Menschenverlusten, an das Jubelgeschrei über die völlige Ohnmacht der britischen ‚Kriegshetzer' – außerdem bestand ja immer die Möglichkeit, daß die Angaben übertrieben waren, vermutlich der Wahrheit nicht im entferntesten nahekamen. Aber die anderen, wie man annehmen sollte, zuverlässigeren Stimmen von draußen – wie BBC, Radio Beromünster –, auch sie konnten einen nicht überzeugen, daß im Lager der Alliierten ein anderer Zustand herrschte als der des ohnmächtigen Zusehens.

Ich hatte noch einen andern Grund für meine gedrückte Stimmung. Mein Besuch beim Roten Kreuz – meine Geste des guten Willens sozusagen – war ein völliger Mißerfolg gewesen. Ich hatte nämlich ausgerechnet, ich könnte etwa drei, vier Halbtage pro Woche irgendeiner Freiwilligentätigkeit widmen, Mullbinden rollen, Pakete packen – meine

Vorstellungen waren etwas unklar, aber ich glaubte sicher, daß man mein Anerbieten erfreut akzeptieren werde. Ich hatte mich also zum Büro des Roten Kreuzes in die Domäne Dahlem begeben, nicht ohne eine gewisse Selbstzufriedenheit, wenn ich ehrlich sein soll. Ich war nicht bereit, meine feste Überzeugung vom hohen Wert jedes einzelnen Menschenlebens davon beeinträchtigen zu lassen, daß mein Vaterland mit Deutschland im Krieg war. Aber ich wurde von einer abgearbeiteten Blondine empfangen, deren geduldige blaue Augen alle Empfindungen – von freundlicher Neugier bis zu offener Verblüffung – spiegelten, als sie von meinem Vorhaben hörte. „Sind Sie verheiratet?“ „Ja.“ „Haben Sie Kinder?“ „Ja.“ „Darf ich mir dann die Frage erlauben, wie Sie auf die Idee gekommen sind, fürs Rote Kreuz zu arbeiten?“

Nun war ich die Verblüffte. „Ach so. Dann haben Sie also keine Verwendung für freiwillige . . .?“

„Leider gar keine“, antwortete sie mit Entschiedenheit. „Gehen Sie wieder nach Hause, zu Ihren Kindern, Frau Bielenberg, wo Sie hingehören.“

Sie hatte ein ganz freundliches Gesicht, die Dame vom Roten Kreuz, aber sie sah auch äußerst müde aus.

„Sie machen den Eindruck, als hätten Sie allerhand zu tun“, erlaubte ich mir zu sagen.

„Mehr als ich schaffen kann“, gab sie zu. „Dieser ganze Papierkrieg . . .“

Ich konnte nicht sagen, was an diesem Gespräch mich eigentlich so deprimierte, außer daß es tief entmutigend war, sich ständig in Opposition zu befinden. Vielleicht hatte ich gehofft, einmal etwas Positives tun zu dürfen.

Ich stach mich mit meiner Stopfnadel wieder ordentlich in den Finger, und als Reaktion auf meinen lauten Seufzer räusperte sich Herr Neisse und blickte starr auf eine Traube.

„Tut mir wirklich sehr leid, dieser Krieg, Frau Doktor“, sagte er, „es muß merkwürdig für Sie sein, in einem fremden Land.“

„Na ja, Herr Neisse, ich fühle mich eigentlich nicht fremd

hier, es ist ja meine Heimat, und an den Krieg denke ich eben so wenig wie möglich" – die obligate Antwort. „Trotzdem", fügte ich hinzu, „als Sie das letztemal hier waren, hatten wir gehofft, daß die Sache anders laufen würde, nicht wahr?"

„Ja, das hatten wir, der Pakt mit Rußland ..."

Aus irgendeinem Grund verstummte Herr Neisse wieder. Er stieg von seiner Leiter, rückte sie fast ungestüm ein Stück näher auf meinen Stuhl zu, und machte sich mit einer, wie mir schien, unnötigen Energie wieder ans Stutzen der Weinblätter. Ich hatte ihn allerdings etwas in Verlegenheit gebracht bei seinem letzten Besuch, der mit der Unterzeichnung des russisch-deutschen Nichtangriffspaktes zusammengefallen war – eine diplomatische tour de force und auch ein politischer Salto, der klügeren Leuten als Herrn Neisse den Atem verschlagen hatte. Ich hatte ihn damals gefragt, was nun mit einigen seiner Postkarten werde – Greuelbilder von ausgemergelten Frauen und hohläugigen Kindern, die vor Juden auf den Knien lagen, die teuflische Fratzen hatten und mit Peitschen bewaffnet waren. Wer Gefallen daran fand, solche Kartengrüße mit der Post zu versenden, konnte dem Text darunter entnehmen, daß es so in russischen Konzentrationslagern zugehe. Und nun waren die Russen, der bolschewistische Pöbel, mit einemmal unsere Busenfreunde. Meine Frage war Herrn Neisse nicht angenehm gewesen. Die Postkarten waren anscheinend zurückgezogen worden; es stand uns kleinen Fischen nicht zu, uns über solche Dinge Gedanken zu machen. Gewiß nicht, und als Herr Neisse ging, einigten wir uns darauf, daß der ‚Führer' schon wissen werde, was er tat, und daß wir gern über so manches hinwegsehen würden, solange es nur keinen Krieg gab.

Ich weiß auch nicht, warum ich ihn wieder nach den Postkarten fragte. Vielleicht, um das Thema zu wechseln, vielleicht, weil ich in seinem Karren eine braune Pappschachtel gesehen hatte, als ich ihm half, seine Leiter durch den Mauerbogen auf die Terrasse zu bugsieren. Sie lag halb versteckt unter mehreren Spaten und Bindfadenrollen.

„Ich sehe, Sie haben ein paar neue Karten" – die Wirkung hätte nicht dramatischer sein können, wenn ich ihm mein Stopfzeug an den Kopf geworfen hätte. Einen Augenblick schien es, als würde Herr Neisse von seiner Leiter kippen. Er schnitt wild auf das Weinlaub los, und eine ganze Traube kollerte auf die Terrasse.

„Nein – ja, ich hab' sie auf dem Weg hierher abgeholt. O ja, Sie können sie anschaun, wenn Sie wollen, am Sonntag sehen Sie sie sowieso."

Ich öffnete die Schachtel und kramte zerstreut darin herum. Starr blickende Frauen, starr blickende Kinder, starr blickende Schäferhunde, die allesamt die dürftige Gestalt anhimmelten, die ihr ‚Führer' war. Plötzlich hielt ich inne. Ich traute meinen Augen nicht. Das waren ja gute alte Bekannte: die Frauen, die Kinder, die Peitschen, die Juden. Nur der Text darunter war anders. ‚Britische Konzentrationslager in Südafrika während des Burenkrieges'. Ich starrte sie schweigend an. Auch das Geräusch der Baumschere in Herrn Neisses Hand verstummte. Ich warf einen Blick zu ihm hinauf – er schaute mich mit einem Ausdruck auf seinem zerfurchten Gesicht an, der schwer zu ergründen war. Flehentlich? Grollend? Resigniert?

„Sehr ähnlich, nicht wahr?" brachte ich murmelnd heraus.

„Sehr ähnlich", gab er zur Antwort.

„Sogar fast die gleichen" ,setzte ich hinzu.

„Wie Sie sagen, Frau Doktor, fast die gleichen ..." und wir konnten uns beide nicht dazu bringen, das Gespräch mit unserer obligaten Phrase „wir sind ja nur kleine Fische" abzuschließen.

Als wir uns am Gartentor die Hand gaben und ich ihn für die folgende Woche wieder bestellte, brachte Herr Neisse kein Lächeln zustande. Armer kleiner Kerl, wieder einmal hereingelegt. Das Leben hatte ihn nicht sehr rücksichtsvoll behandelt, und diese Ansichtskarten waren vielleicht die ärgste Kränkung. Um so wahrscheinlicher war es, daß uns künftig sein Sonntagsgruß wie ein Donnerschlag treffen würde.

Ich sah, daß er, bevor er um die Ecke am Ende der Straße bog, Nicky traf, der auf dem Heimweg vom Kindergarten war. Sie plauderten ein paar Worte miteinander, und dann kam Nicky auf mich zugehüpft.

„Ich hab Werner noch nach Hause begleitet", sagte er, als ich ihn fragte, warum er so spät komme, und dann: „Soll ich dir was sehr sehr Komisches erzählen?"

Ich war ganz danach aufgelegt, etwas sehr sehr Komisches zu hören, hatte aber nicht unbedingt mit dem gerechnet, was ich nun zu hören bekam.

„Weißt du, Mammi, Werner sagt, seine Mutter hört genauso Radio wie du, mit dem Ohr ganz dicht dran."

„Ach nein, wirklich?"

Einen Augenblick hielt ich die Luft an. Seit Kriegsausbruch stand auf das Abhören ausländischer Sender eine Mindeststrafe von fünf Jahren Gefängnis, im Höchstfall sogar die Todesstrafe. Es wurde immer ein Grund für die Verurteilung angegeben, wie fadenscheinig er auch war – ‚moralische Selbstverstümmelung' lautete die einfallsreiche Erklärung, die man für dieses spezielle Verbot ersonnen hatte. So wie ein Soldat an der Front erschossen werden konnte, wenn er versuchte, durch Selbstverstümmelung dem Einsatz zu entgehen, so war es für die Heimatfront ein Verbrechen, willentlich die Zerstörung ihrer Kampfmoral zuzulassen, indem man die Lügen abhörte, die der Feind verbreitete. Ich war Werners Mutter nie begegnet, aber von nun an waren wir aneinander gebunden, als hätten wir gemeinsam einen Mord begangen.

„Nun ja, sie wird halt taub sein", sagte ich mit fester Stimme, bevor die nächste Frage kam, die kommen mußte, „stocktaub auf einem Ohr, genau wie ich." Nicky schaute ein bißchen überrascht drein, enthielt sich aber weiterer Bemerkungen.

„Herr Neisse sagt, ich darf das nächstemal mitgehen, wenn er Abzeichen verkauft", sagte er. „Nett von ihm, nicht?"

„Ja", sagte ich, „sehr nett, ganz besonders nett."

Ich hatte für diesen Vormittag genug, und während ich ihm zusah, wie er vor mir herschlenderte, konnte ich nur hoffen, daß er seine sehr sehr komische Geschichte bis zum übernächsten Sonntag vergessen werde.

Als ich Anfang 1946 nach Berlin zurückkehrte, versuchte ich, Herrn Neisse ausfindig zu machen, da ich mittlerweile wußte, daß meine Ahnung mich in seinem Fall nicht getrogen hatte. Er hatte uns nichts Böses getan, keine belastenden Dinge über uns weitergegeben, wie andere eifrige Denunzianten es für richtig befunden hatten. Ich erfuhr, daß er nach dem Einmarsch der Russen an einem Laternenpfahl aufgehängt worden war; ob von den eindringenden Truppen oder von eifrigen ‚Widerstandskämpfern', die unbedingt zu ihren ersten Taten schreiten wollten, war nicht bekannt. Ich besuchte zum ersten und einzigen Mal sein Häuschen in Dahlem Dorf, das aber bis unters Dach mit Flüchtlingen vollgepfercht war, die sich bitter über ihre beengte und unbequeme Unterkunft beklagten. Niemand schien zu wissen, was aus Hilde geworden war, und ich war froh, daß eine Schneeschicht den Schrebergarten deckte, denn ich erfuhr von den neuen Bewohnern, daß er bei ihrer Ankunft im Herbst zuvor von Unkraut überwuchert gewesen war.

Betty Scholem

Es ist schön, daß man diese grüne Insel hat

Berlin, 3. 6. 1924

Mein liebes Kind!
Wir erhielten vorige Woche keinen Brief, u. mein Mutterherz erwartet ihn nun morgen!

In der vergangenen Woche habe ich viel Gebrauch von Zernsdorf gemacht. Wir waren Himmelfahrt Alle draußen, auch Martha, damit sie uns bekocht. Sie paßte auch getreulich auf den Humlibum. Am Nachmittag widmete sich Käthe eine halbe Stunde ihrem Sohn u. nahm ihn mit ins Haus, wo Reinhold sich umzog, denn die Jungen hatten Teich u. Anlegestelle ausgemistet u. sahen entsprechend aus. Im Garten liegt nämlich ein großer Teich, bevölkert von Algen u. Fröschen, über den führt eine total morsche Brücke, Erich brach mit einer Planke ein u. nun hatte sie einen schönen Spalt. Reinhold u. Käthe kriegten das Zanken, was der Aufmerksamkeit auf das Kind abträglich war u. Humli verließ unbemerkt den Schauplatz, wandelte in den Garten u. „ieber die Bicke". Wir Anderen lagen weit hinten im Gras, sahen ihn die Brücke betreten u. noch ehe wir aufspringen konnten, war er schon durch den Spalt gefallen zu den Algen u. Fröschen. Im Augenblick war Erich im Wasser u. hatte ihn beim Wickel, noch ehe sein Köpfchen naß war, denn er war durch die schmale Spalte gewissermaßen stehend hindurchgerutscht. Die Aufregung war natürlich groß, aber Schaden hat das Püppchen nicht genommen, er weinte nur ein bischen vor Schreck. Am Sonntag wurde ein Extra-Kindermädchen mitgenommen, nebst 4 Meter Drahtzaun, womit jetzt die Bicke gesperrt ist.

Berlin, 28. 4. 1932

Mein liebes Kind!
Deinen schönen langen Brief vom 19. 4 erhielt ich schon heute vor 8 Tagen. Wenn aber kein zwingender Mailday da ist, fällt man sofort in Trägheit. [. . .]

Die 170 Landtagssitze Hitlers tragen nicht zur Freude bei. Nehmen die italienischen Zeitungen davon Notiz? Das würde mich interessiren.

Letzten Sonntag waren wir in Zernsdorf, reizend war es, alles schon hellgrün angespitzt, 3 Veilchen überwucherten den Rasen; u. vom Dache unseres Tischlers, ein sonst vernünftiger Handwerker, wallte eine riesengroße Hakenkreuzfahne über den erstaunten Kiefernwald.

Berlin, 25. 4. 1933

Liebe Kinder!
Es ist wieder etwas Schreckliches passiert, Sonntag den 23. Nacht, wurde W[erner] erneut u. zu unserm namenlosen Entsetzen auch Emmy festgenommen. Wieso, weshalb, keine Ahnung. Er hatte aussichtsreiche Verhandlungen für eine Existenz aufgenommen u. war, als ich Sonnabend Abend bei ihm war, entgegen seiner sonstigen pessimistischen Einstellung sehr hoffnungsvoll. Wenn möglich, wollte er sein Studium zum Zwecke besserer Möglichkeiten mit dem juristischen Dr. abschließen u. wir hatten schon mit Meyer Verbindungen angeknüpft. Da schriftliches Hin u. Her jetzt nicht geht, gedachte er Sonntag Mittag hinzufahren, um sich genau zu informieren. Der Professor, bei dem er den Referendar abgelegt, hat ihm ein außergewöhnliches Empfehlungsschreiben an den dortigen Ordinarius mitgegeben.

Zernsdorf, 28. 5. 1933

Liebe Kinder!
Endlich habe ich am Freitag den 26. Emmy auf *10 Minuten* sprechen können, ich sah sie wenigstens lebendig vor mir u. es hat mich ein wenig beruhigt. Welche unsägliche Mühe es kostete, diese Unterredung zu erreichen, ist nicht zu sagen! Am 25. war bei den Kindern in der Klopstockstr. angerufen worden. Werner sei nach Spandau gekommen u. seine Mutter soll ins Berliner Präs[idium] kommen wegen Sprecherlaubnis. In der Annahme, das Präs. habe telefonirt, wagte ich mich nochmal hin, dort wußte man zwar von nichts, aber da ich einmal da war, habe ich gekämpft bis ich den Staatsanwalt sprechen konnte u. nicht abgelassen, bis ich seine Erlaubnis hatte. [...] Um 8 Uhr morgens war ich ins

Präs. gekommen u. verließ es um 11 Uhr mausetot! Sprecherlaubnis mit Werner ist nicht zu erlangen – wegen „Verdunkelung“! es giebt merkwürdige Sachen! – u. mit Emmy darf ich erst wieder in 4 Wochen reden. Da hoffe ich denn doch, daß sie bis dahin frei sind.

Es stellte sich nachher heraus, daß man aus dem Gefängnis *in Spandau* auf Werners Wunsch angerufen hatte. Die Selma fuhr auch sofort mit den von Werner gewünschten Sachen nach Spandau, wo Alles einfacher gehandhabt wird u. nicht solch Durcheinander wie hier. Auch die hier abgelehnte Kleiderbürste wurde dort genehmigt. Seine „Versetzung“ geschah aus Platzmangel.

So stehen wir also auf demselben Punkt wie vor 5 Wochen, oder vielmehr es ist schlimmer! Denn wie lange wird man Emmy die Stellung halten? Sie werden glatt ruinirt.

Die Verhältnisse bei uns in Deutschland sind weiter unerfreulich u. unsicher. Unsere persönliche Freude ist allein Zernsdorf, wo man wirklich in der grünen Ruhe ein bischen aufatmet. Wir sind seit Mittwoch über den Himmelfahrtstag hier bis morgen. Ich allerdings mußte doch am Freitag reinfahren, bin dann aber gleich am Nachmittag wieder hinaus, nachdem ich bei Reinhold zu Tisch war u. alles beredet hatte. Das Wetter ist sehr schön, endlich einmal, Erich hat auch diese 4 Tage Urlaub gekriegt u. wir genießen den grünen Fleck um so mehr, als wir ihn vielleicht nicht behalten können. Wir haben ihn einem Kerl in Kö[nigs]-Wu[sterhausen], der sich damit befaßt, zum Verkauf aufgegeben, glauben aber selbst nicht, daß dieses sehr große und dabei sehr primitive Grundstück einen Käufer findet, der eine nennenswerte Summe zahlt.

Deinen Brief vom 17. 5 (erhalten 24. 5.) beantworte ich nächste Woche: heute kann ich nicht mehr.

Herzlichst Kuß Mutt

Berlin, 10. 10. 1933

Mein liebes Kind!

[...]

Von Zernsdorf haben wir den Teil mit dem kleinen Haus verkauft für 9000 M, davon muß die noch vom Vorgänger übernommene Hypothek von 5000 M abgelöst werden, ein Zaun gezogen u. (höchst merkwürdig!) das inzwischen durch Anschwemmung gewonnene Land am See an den Wasserfiskus bezahlt werden, das Grundstück mußte neu vermessen werden u. das Katasteramt will 4 M pro □ für das Schwemmland haben, direkt eine Frechheit! Ob wir mit 1000 M für alle die Kosten wegkommen, ist fraglich, noch „schwebt" die Sache! Den verbleibenden Rest bekomme ich auf meine Bürgschaft, die aus der Liquidation von Arthur Scholem in keinem Falle voll getilgt werden kann. Aber wir sind schon froh, daß *etwas* realisirt wird u. ich wünschte, ich hätte es bereits im Sack. Mit dem Haus steht es schlimm. Die Polizei, unser größter Mieter, hat per 1. April 34 „vorsorglich" gekündigt. D. h. sie wollen bleiben, wenn sie es billiger kriegen. Die Geschäftsräume zu vermieten, ist unmöglich. Erich schreibt auf jede Annonce, kein Aas antwortet.

Berlin, 20. 8. 1934

Mein liebes Kind!

Vorige Woche hatte ich keine Nachricht. Ich glaube aber, ich habe auch nicht geschrieben! Ich bin wieder so mit Geschmiere überhäuft, Ihr glaubt es nicht. Wann wird endlich Werner aus unserer Korrespondenz verschwinden!!

[...] Werner triezt mich schrecklich, u. er ist ja auch in der unglückseligsten Lage. Jetzt wurde er nach Plötzensee verlegt, was für die Besuche sehr unglücklich ist. In Moabit waren wir mit den Beamten schon direkt befreundet, sie erleichterten mir, was sie nur konnten; schon die beiden letzten an anderer Stelle stattfindenden Besuche zeigten mir den Unterschied. In Pl[ötzensee] geht es aber zuchthausmäßig zu! Als ich Werners Karte mit dieser Nachricht erhielt, bekam ich im Augenblick einen furchtbaren nervösen Durchfall, meine Schwester mußte kommen u. sie machte mir einen solchen Skandal, daß ich sie nicht wiedererkannte, so böse war sie, sie würde mich in ein Sanatorium stecken, wenn diese verfluchte Zucht mit Werner nicht aufhört! Aber es ist so, ewig steht Maria am Kreuz.

Ich fahre jetzt nur noch über Sonntag nach Zernsdorf, aber Erich ist noch allein draußen, um ein wenig Urlaub von dem Sommer-Getümmel zu haben. Gestern kamen auch Reinholds zu Besuch u. guckten auf die verkaufte Seite.

Zernsdorf, 8. 10. 1934

Liebes Escha, Danke schön für Deine Karte vom 20. 9., ich hoffe nur, daß Deine Beinbesserung endlich anhält, lange genug dauerte es ja!

Vorige Woche schrieb ich nicht, denn was ich jetzt wieder wegen Werner zu klieren habe, ist eine wahre Fron u. wirklich schrecklich. Er will durchaus einen Anwalt haben u. Emmy will keinen nehmen, so geht das Hin u. Her, immer durch mich, weil sie nicht direkt korrespondieren dürfen – seit Wochen muß ich fortwährend den selben Quatsch schreiben, bei dem nicht das Geringste herauskommt. Selbstredend ist Werner auf das Tiefste zu beklagen, seit 1½ Jahren eingesperrt, das lebendige Draußen ist ihm völlig entrückt, ich finde es bewunderswert, daß er seinen Verstand überhaupt noch beisammen hat. Wann wird man von diesem Unglück erlöst sein! Und ich bin vollkommen überzeugt, daß nachher ein großer Schlußkrach ins Kraut schießt, denn *wir* werden Alles falsch gemacht haben!

– Wie Ihr seht, sind wir in Zernsdorf. Die Kinder haben 14 Tage Ferien, das Herbstwetter ist unwahrscheinlich warm u. schön u. drin in der Wohnung wüten Maurer u. Maler mit furchtbarem Gedrecke, kein Zimmer ist bewohnbar. Also drei Gründe, draußen zu bleiben u. es ist sehr schön. Letzten Donnerstag hatte ich Sprechstunde bei Werner u. fuhr dann gleich raus. Wir können bis 6 Uhr im Freien bleiben u. Mittags auf der Veranda essen. Jeden Tag freue ich mich, Erich diesen Fleck erhalten zu haben, der seine ganze Freude ist; so ein Muffel, wie der geworden ist!

Zernsdorf, 29. 7. 1935

Liebe Kinder!
Ich bin recht unlustig zum Schreiben, u. eigentlich lähmt mich schon der Anblick eines Briefbogens. Wir sind alle ziemlich niedergeschlagen, das Verbot der [Jüdischen] Rundschau ist Euch auch gewiß bekannt, was soll man dazu äußern! Uns ist hier draußen am wohlsten, wenn wir garnichts hören, u. man merkt auch hier nichts, es ist ein abseitiger Winkel u. Alles ruhig. Ende dieser Woche ist leider Schluß. Ich fahre schon Sonnabend hinein, Hete hat Geburtstag u. ich gehe zum Tanten-Käffchen. Dem großen Aufbruch am Sonntag entfleuche ich auch gern, mit Aufregung, Geschrei, Kindern u. Papagei, dazu der Sonntagsverkehr – das ist zu viel! Weil wir noch nicht genug Kinder haben, die kleinen Charnas u. unsere, hat Edith für diese letzte Woche eine Schulfreundin von Irene eingeladen, eine kesse Göre, u. werden jetzt alle 3 Mädel über den Jungen herfallen. Der Tierbestand des Gartens hat sich um ein Igelchen vermehrt, daß am Teichufer sitzt u. trinkt. Es ist schön, daß man diese grüne Insel hat.

Hete sprach einen „Kameraden! von W[erner], nach dessen Erzählungen es ihm glänzend (!) ginge, u. er mache sich über die Zukunft gar keine Sorgen! Über solches Geschwätz kann ich nur aus der Haut fahren! Ich will sogar hoffen, daß eine gewisse Stumpfheit infolge der Unmöglichkeit etwas zu ändern, sich seiner bemächtigt hat, denn sonst müßte er ja den Verstand verlieren. Wie ich heute Nachricht hatte, schrieb er an seine Frau, es ginge ihm „einigermaßen“, was mir der Wahrheit näher zu kommen scheint als „glänzend“.

Bodenbach [in der Tschechoslowakei, von Berlin aus an einem Tag zu erreichen], 21. 11. 1937

[...]

Das Wort Auswanderung darf in deinen Briefen an uns nicht vorkommen, denn Du weißt ja, daß jeder Brief geöffnet werden kann, und wenn die Behörde nur im entferntestens argwöhnt, daß jemand auswandern will, kommt sie sofort und verlangt Zahlung der Reichsfluchtsteuer. Da Erich außer dem Rückkaufswert seiner Lebensversicherung und Zernsdorf nichts besitzt, würde sie ihre Hand auf Zernsdorf legen und sich garnicht darum kümmern, daß ich davon 7000 Mark zu bekommen habe. Denn da ich die Hypothek löschen ließ, ist für die Behörde das Grundstück unbelastet und die 7000 eine einfache Schuld von Erich an mich. Selbstverständlich verkauft Erich jetzt Zernsdorf und ich erhalte dann sofort meine 7000 Mark. Von diesem Geld muß ich dann leben, bis ich von den Ausgewanderten wieder Geld geschickt bekomme.

Wolfgang Benz

Überleben in einer Berliner Laubenkolonie

Die Geschichte vom Überleben des jüdischen Jünglings Hans Rosenthal – des späteren Fernsehunterhalters – ist nicht weniger dramatisch als wunderbar. Fünfmal war der junge Hans durch glückliche Zufälle der Deportation entgangen, ehe er eine Woche vor seinem 18. Geburtstag Ende

März 1943 in der Berliner Laubenkolonie „Dreieinigkeit" untertauchte. Hans stammte aus gutsituierter jüdischer Familie. Der Vater (nach der NS-Terminologie als „Mischling" geboren, der aber als „Volljude" galt, weil seine Mutter bei der Heirat zum jüdischen Glauben übergetreten war) war Bankkaufmann und bis 1937 in sehr guter Position bei der Deutschen Bank in Berlin. Man hatte ihm sogar ein Unterkommen in der Kairoer Filiale angeboten, um seine Entlassung zu umgehen.

Vater Rosenthal macht sich statt dessen als Vertreter selbständig, erliegt aber bald, noch vor der „Reichskristallnacht", einem Nierenleiden. Mutter Rosenthal stirbt 1941 an Krebs. Der damals 16jährige Hans geht, um den neunjährigen Bruder Gert zu beschützen, mit ins jüdische Waisenhaus. Er hat nach dem Besuch der jüdischen Mittelschule schon einige Stationen hinter sich, hatte sich bis zur Auflösung des Lehrguts Jessen in der Niederlausitz im Rahmen der Jugend-Alija auf die Auswanderung nach Palästina vorbereitet, war dann als Zwangsarbeiter im städtischen Friedhof Fürstenwalde zum Hilfstotengräber avanciert und arbeitete schließlich, um in Berlin beim kleinen Bruder zu sein, in einer Blechemballagenfabrik.

Im August 1942 bekam er seine Ausschließung aus der Wehrmacht und dem Reichsarbeitsdienst bestätigt – Grund: „Jude" –, und etwa zur gleichen Zeit mußte er, weil er zu alt dafür geworden war, das Waisenhaus verlassen und ins jüdische Jugendwohnheim umziehen. Das war einer der fünf Glücksfälle. Im Oktober 1942 wurden die Insassen des Waisenhauses deportiert. Hans hoffte, mit Hilfe der Großeltern (die in „Mischehe" leben), den kleinen Bruder verstecken zu können. Aber sie redeten ihm das gefährliche Unterfangen aus. Der zehnjährige Gert Rosenthal wurde am 19. Oktober 1942 nach Riga abtransportiert. Hans hört nie wieder von ihm, obwohl Gert von seinem Ersparten fünfzig Postkarten gekauft hat und jeden zweiten Tag eine davon an seinen großen Bruder schreiben will.

Hans entgeht nicht nur der „Fabrikaktion" am 27. Februar 1943, sondern entkommt gleich darauf, schon auf dem Weg in die Illegalität, auch einer Polizeikontrolle und verschwindet am 27. März in Berlin-Lichtenberg in der Laube der Frau Jauch. Hans kennt sie nur flüchtig, aber er weiß niemand sonst, der ihn verbergen würde; und Frau Jauch überläßt ihm das kleine Hinterzimmer und teilt ihre Rationen mit dem jungen Juden. Eingeweiht ist auch Frau Hardt (deren Mann ist Kommunist), die in der Nähe wohnt. Nur während der nächtlichen Luftangriffe auf Berlin kann Hans Rosenthal sein Versteck verlassen. Als er sich beim Löschen der brennenden Nachbarlaube die Hand verbrennt, kommt das einer existenzbedrohenden Katastrophe gleich, denn er muß ohne Ausweise in einem Krankenhaus Hilfe suchen.

Die tatsächliche Katastrophe kommt im August 1944, als Frau Jauch plötzlich erkrankt und stirbt. Hans muß eine neue Bleibe suchen, und er findet sie, ebenfalls in der Kolonie „Dreieinigkeit", bei Frau Schönbeck, die nicht nur ihre Lebensmittelrationen mit ihm teilt, die ihn auch gegen den eigenen Sohn verteidigt, der bei einem Fronturlaub den illegalen Gast bemerkt und die Konsequenzen fürchtet. Zuletzt dehnt sich die Kenntnis von der illegalen Existenz des jungen Juden in der Kolonie aus, viele wissen von seinem Aufenthalt und helfen nach Kräften. Der Einmarsch der Roten Armee nach Berlin hätte dem nun 20jährigen Hans Rosenthal statt der Befreiung aber fast doch noch das Ende gebracht. Mit feierlich wieder angelegtem Judenstern begab er sich auf die Straße und wäre fast als vermeintlicher Nazi erschossen worden, weil diese Einheit der Roten Armee kürzlich das KZ Majdanek befreit hatte, wo sich die SS-Wachmannschaft mit Judensternen zu tarnen versuchte. Ein vorbeikommender jüdischer Offizier identifiziert Hans Rosenthal als Juden – weil er das Glaubensbekenntnis hebräisch aufsagen kann – und rettet ihn endgültig.

Rückblickend im Jahr 1980 schrieb er, es seien diese drei Frauen aus der Kolonie Dreieinigkeit gewesen, „deren Hilfe es mir bis heute möglich gemacht hat, nach dieser für uns jüdische Menschen so furchtbaren Zeit unbefangen in Deutschland zu leben, mich als Deutscher zu fühlen, ohne Haß ein Bürger dieses Landes zu sein. Denn diese Frauen hatten ihr Leben für mich gewagt".

Andere Juden hatten weniger selbstlose Helfer gefunden. Viele mußten ihr Leben mit ihrem Hab und Gut bezahlen und wurden nicht nur von Nationalsozialisten regelrecht ausgeplündert.

Hilde Domin

Herbstzeitlosen

Für uns denen der Pfosten der Tür verbrannt ist
an dem die Jahre der Kindheit
Zentimeter für Zentimeter
eingetragen waren.

Die wir keinen Baum
in unseren Garten pflanzten
um den Stuhl
in seinen wachsenden Schatten zu stellen.

Die wir am Hügel niedersitzen
als seien wir zu Hirten bestellt
der Wolkenschafe die auf der blauen
Weide über den Ulmen dahinziehn.

Für uns die stets unterwegs sind
– lebenslängliche Reise
wie zwischen Planeten –
nach einem neuen Beginn.

Für uns
stehen die Herbstzeitlosen auf
in den braunen Wiesen des Sommers
und der Wald füllt sich
mit Brombeeren und Hagebutten –

Damit wir in den Spiegel sehen
und es lernen
unser Gesicht
zu lesen.

Simon Dach

Klage über den endlichen Vntergang vnd ruinirung der Musicalischen Kürbs-Hütte vnd Gärtchens. 13. Jan. 1641

Waß grawen seh ich doch? herrscht hie nun Schlam vnd Wust,
Mein Albert? stundt allhie dein Gärtchen, dessen Lust
Wir brüderlich verknüpfft vnß zu gebrauchen pflagen?
Hat diese Wüsteney die schöne Frucht getragen?
Die bloß nach Ewigkeit, vnd vnserm Himmel schmeckt
Vnd bleibt, wenn vnß daß Grab schon tausentmahl bedeckt,
Dein Kürbes-Hütten-Werck? Ach wie in kurtzen Jahren
Entstandt es vnd nam zu, ietzt ist es gantz verfahren,
Vnd weiß mehr übrig nichts, alß waß wir Beyderseit
Darinnen auffgesetzt, weil einig dieß der Zeit
Mit nichten vnterthan. Deß Pregels grawer Rücken
Jst fast vnß zehnmahl schon an stat der starcken Brücken,
Die Pferd vnd Schlitten trägt: Deß Frülings grüner Pracht
Wirdt ietzt zum zehndenmahl vnß haben angelacht,
Alß dieser Platz vom Raht dir erst ward eingegeben.
Waß Frewde sahe man, waß Hoffnung vmb dich schweben!
Du machtest dich hinauß, sobald das Honigthor

Nur auffgeschlossen ward, kamst offt der Sonnen vor.
Vmb fünffe pflag ich dir bißweilen zuzusprechen,
So fand ich allbereit dich graben, bawen, brechen,
Dein Balgentreter auch war embsig neben dir,
Der schon erhitzt euch baht vmb einen halben Bier.
Du massest alles ab: hie solten seyn die Gänge,
Die Zucht der Blumen da, die Bäume nach der Länge
An jenem Orte stehn, vnd dort die Laube seyn.
Du bawtest auch dazu ein Regenhauß hinein.
Zu Zeiten halff ich mit, man hielt vnß für Fantasten
Vnd nennet vnsern Baw nur einen Bährenkasten.
Man pflag, wie fleissig du auch wahrst, dich auffzuziehn,
Weil dieß Ort viel zu klein zu einem Garten schiehn.
Ein einig Jahrchen war indessen vmbgelauffen,
Dein Gärtchen trug auch schon, man spricht dir zu mit Hauffen
Vnd rühmet deinen Witz: dieß Ort war vngestalt,
Wie ist er itzt verkehrt in einen Auffenthalt
Der Lieb vnd Freundligkeit? Vor war es eine Warte
Der wilden Kriegesmacht, ietzt muß es seyn ein Garte,
Der Ruh vnd Frewde bringt; drey Jahrchen gehn vorbey,
Vnd du beschenckst vnß schon mit Blumen mancherley.
Wenn ich die Thür auffthat, so schlug mir zu Gesichte
Ein kleines Paradieß; wen haben seine Früchte,
Wie klein er immer war, nicht neben vnß erfrewt?
Mir warlich must er seyn ein Zwang der Traurigkeit
Vnd Mutter süsser Ruh. Jetzt pflag ich mich zu strecken
Hin in daß kühle Graß, da mich ein Baum bedecken
Vnd überschatten kunt. Hie schöpfft ich Lufft vnd Ruh
Vnd sahe durch daß Laub den schnellen Wolcken zu,
Die mit dem sanfften Ost wie vmb die Wette flogen,
Jetzt sprang ich wieder auff zu schreiben, waß bewogen;
Wie manches Lied hab ich zu der Zeit auffgesetzt,
Mit dem sich Königsberg noch diese Stund ergetzt.
Zu Zeiten rührt ich auch die Seiten meiner Geigen,
Die Vögel sungen mit vnd zwangen mich zu schweigen,

Jm stillen Pregel schrie der geilen Frösche Schaar,
Am Laube ward ich dan der Raupen wo gewar,
Die weisse Rose ward bestohlen von den Bienen.
Jn dessen kamest du, vnd Blum sampt Roberthinen,
Auch Fauljoch, der mit vnß so manchen lieben Tag
Jn Zucht gemässer Lust hinwegzubringen pflag.
Welch Anmuht oder Schertz ist damahls hinten blieben!
Wer zehlt die Fröligkeit, mit welcher wir vertrieben
Die noch zu kurtzen Tag? Der eine ging vmbher,
Der ander legte sich, sah in die läng vnd quer,
Mit grünem sich verschantzt, vnd wünscht hie stets zu wohnen.
Herr Roberthin sprach zu den Kürbsen vnd Melohnen
Vnd diesen sonderlich: die, sagt er, hält sich wol,
Die aber zimlich schlecht, Herr Henrich, diese soll
Für gutte Freunde seyn, der Kürbiß trug mein Leiden
Vnd jenem pflagestu dein Liebchen einzuschneiden.
Arsille prangte hie, da Phyllis, aber dort
Rosette, daß zwar schön vnd dennoch dunckle Wort.
Mein Gott, wie offt sind wir biß in die Nacht gesessen
Vnd haben vnsre Zeit mit guttem Tranck vnd Essen
Vnd singen zugebracht! Hie ist des Pregels Gang,
Auß dem die grosse Schaar der müden Rosse tranck.
Hie ist ihr kühles Bad, hie sind so offt gelegen
Die Reussen, so mit Korn vnß zu versehen pflegen
Vnd andern Wahren mehr, hie hat so manche Nacht
Die Dudden vnd Schalmey vnß auß dem Schlaff gebracht,
Hie pflag die Stadt zu Land vnd Flut in grossen Schaaren
Nach Steinbeck, Selgenfeld vnd Neuendorff zu fahren
Vnd nach Jerusalem, man sieht die Wiesen stehn,
Wohin daß junge Volck nach Blumen pflag zu gehn.
Wenn hörte man nicht hie die Bursch vmb Abendzeiten
Rings vmb den Kneiphoff gehn vnd spielen auff den Seiten,
Daß Stadt vnd Lufft erklang; die reiche Bürgerey
Fuhr auff dem Pregel heim mit lachen vnd Geschrey
Theils von dem Lande, theils auß ihren schönen Gärten

Vnd hatten, Bacchus, dich sampt Venus zu Gefährten
Vnd grüßten vnß dabey: daß war mit einem Wort
Ein Wohnhauß gutter Ruh, ein rechtes Frewden Ort.
Ach aber kurtze Zeit! Wie schön es vor gestanden
So gar ist nichts davon, alß Einsamkeit vorhanden,
Alß Grawen, Furcht vnd Rew, es kränckt mich hie zu stehn,
Für Vnmuth kan ich auch schier nicht vorüber gehn.
So muß ein Wandersmann auß Schrecken eilends fliehen,
Den seine Reise heist am Asphaltites ziehen,
Der Grabstadt Sodomä, so zieh ich bey der Nacht
Dem Ort vorbey, wo nun die Sünder vmbgebracht.
Ach daß, wo kurtz hievor die schönsten Blumen waren,
Die Land vnd BürgersLeut ietzt reiten, gehen, fahren!
Wie liegt hie alles doch so plötzlich vmbgekehrt,
Recht wie ein wilder Feind wo eine Stadt verheert
Vnd auff den Grund geschleifft! Wem ist dieß zuzumessen?
Hast du zum Schaden wem den Ort so lang besessen?
Vergönt ihn dir nicht mehr der Eigennutz vnd Neid?
Jch weiß nicht, ist mir recht, so thut es selbst die Zeit,
Die sich in alles dringt vnd allem macht sein Ende.
An waß doch leget nicht die grausam ihre Hände,
Die gar zu steinern sindt? Dieß Ort war wie man spürt
Mit Erd am Pregelstrom in etwas auffgeführt
Vnd solt ein Bollwerk seyn, wo vormahls Spieß vnd Degen,
Soldaten vnd Geschoß vnd Harnisch sindt gelegen.
Alß Gott zu vnß gelenckt des edlen Friedens Sinn
Kamst du vnd pflantztest Bäum vnd schöne Blumen hin.
Nun war der Platz bepfählt am Pregel vnd am Graben,
Die Dielen faulten weg, die langen Jahre haben
Die Pfähl auch durchgebracht. Es fället alles ein,
Wie konte deine Lust den langer übrig sein?
Man hat nohtwendig ja den Winter müssen bawen,
Dein Gartenwerck muß fort, wirdt öde, Wust vnd Grawen.
Dieß solte zwar nicht groß bekümmern vnsern Sinn:
Waß mit der Zeit entsteht, fährt mit der Zeit auch hin.
Mir aber steigt dennoch es allzusehr zu Hertzen,

Der Sachen Vnbestandt macht mir zu grosse Schmertzen.
Jch weiß nicht, thu ich hie Recht oder Vnrecht an,
Eß kränckt mich, daß auch ich der Zeit bin vnterthan
Vnd werde nur von ihr ohn Säumnüs fortgerissen.
Mein Früling ist schon fort, wie strenge Wasser fliessen,
Wohin zwar, weiß ich nicht: mein Mannes Alter fleugt,
Jndem manch grawes Haar sich schon bey mir eräugt.
Dafern ich vor der Zeit den Geist nicht auff sol geben,
Wie lang doch wirdt es seyn, so endet sich mein Leben!
Denn schlaff ich eisenfest vnd werde waß ich war,
Die Seele nehm ich auß, bin weder Haut noch Haar.
Dieß thut daß Alter mir, dieß thut es allen Sachen,
Kein Hauß, kein Stadtbaw darff ihm andre Rechnung machen.
Ein iedes hat sein Ziel. Waß mit der Zeit beginnt,
Wirdt biß es wiederumb auch mit der Zeit zerrinnt.
Waß man ietzt Kneiphoff heist, sind Wiesen erst gewesen,
Wo Häuser stehn, da hat man Blumen vor gelesen,
Der Pregel ging vorhin ohn Leut, ohn Dorff vnd Stadt,
Der ietzt so volckreich ist vnd sieben Brücken hat.
Wer hat vor vnß gesehn in wenig hundert Jahren
Der dreyen Städte Pracht, die Kirchen, Schiff vnd Wahren,
Wer selbst den Helicon am stillen Pregel stehn,
Durch welchen Preussenland kan gleich den Sternen gehn?
Wo Schlangen erst geheckt vnd ander Vngehewer,
Da steht ietzt hingebawt ein prächtiges Gemäwer.
Vnd wo vorhin geruht ein Büffel oder Bähr,
Geht ietzt ein Frawenbild im schönen Garten her
Vnd windet einen Krantz. O last auch vnß bemühen,
Damit wir solcher Art noch ferner mögen blühen.
Stellt allen Hochmuth ein! Nehmt euch der Demuth an,
Durch welche man allein am höchsten steigen kan.
Last keiner Ṻppigkeit vnd Boßheit ihren Willen,
Flieht Vnrecht vnd Gewald vnd suchet Gott zu stillen
Durch Busse, die er liebt, vnd mischt in solche Rew
Der Thränen heisse Glut vnd keine Heucheley.

Gott möchte seinen Stab sonst von vnß weiter setzen
Vnd auß ergrimtem Sinn mit Feinden vnß behetzen,
Durch Hunger, Pest vnd Brand vnß schlagen hie vnd da,
Biß daß er auß vnß macht ein wüstes Sodoma.
Er ist so eben nicht an dieses Land gebunden,
Es haben Völcker sich wol besser sonst befunden.
Wo sind sie ietzund hin? sie vnd ihr hoher Preiß
Liegt, daß man auch fast mehr nicht ihre Stelle weiß.
Wo ist die grosse Macht der alten Spartiaten,
Wo Thebe, wo Corinth? Wo Alexanders Thaten?
Hat Babel mit der Höh dem Himmel gleich gedräwt,
So ist sie dennoch Staub, vnd schon vor langer Zeit.
Wie hoch Carthago sich an Zier vnd Pracht gehäuffet,
Hat sie doch Scipio durch Schwerd vnd Brand geschleiffet.
Hat Rom so manches Reich, so manches Volck verheert,
Der Goht vnd Wend hat offt sie selbst gantz vmbgekehrt.
O könt ich deiner doch, O Magdeburg, hie schweigen,
Waß kanst du ietzt vnß noch von deiner Schönheit zeigen!
Jch habe dich gesehn vnd offt gesagt, du must
Deß Höchsten Gnüge seyn, sein Hertz vnd beste Lust.
Jst aber dieses Lieb? ist dieses Gunst gewesen,
Daß er vnß andern dich zum Schewsal hat erlesen?
Und war er dazumahl in deine Schön entbrandt,
Alß er dich übergab in deiner Feinde Hand?
Alß Schänden, Raub vnd Tod zu dir sindt eingezogen
Vnd du in einer Glut bist Himmelauff geflogen?
Die Elbe sich entfärbt vnd in dein Glut versteckt
Vnd wuste keinen Lauff, mit Leichen zugedeckt?
Wo laß ich, Deutschland, dich? Du bist durch Beut vnd morden
Die dreissig Jahr her nun dein Hencker selbst geworden
Vnd hast dich hingewürgt: denn deiner Freyheit Ruhm,
Die deine Seele war vnd bestes Eigenthum,
Muß in den Fesseln gehn, die Glut ist zwar geleget,
Die doch betrieglich noch sich in der Aschen reget,
So bald zeucht einer auß daß wilde Krieges Schwerdt,

Daß wiederumb sehr schwer in seine Scheide fährt.
O würden wir doch klug durch frembder Noht vnd
Schaden,
Ohn Zweiffel kähmen wir bey Gott hiedurch zu Gnaden!
Daß gutte, so vnß hält vmbgeben in gemein,
Würd vnsrer Kinder auch, ja Kindes Kinder seyn.
Mein Albert, werther Freund, laß vnß thun waß wir
können,
Wil gleich die Zeit so kurtz vnß hie zu seyn vergönnen,
Wir zwingen ihren Zwang, sie wüte wie sie kan,
Sie greifft nicht vnsern Geist, noch seine Gaben an.
Der führt daß Glück vnd Sie im Fall er wil gefangen
Vnd kan in Noht vnd Streit zu seiner Ruh gelangen,
Dem Wetter, wenn es sturmt, auff eine zeitlang weicht
Vnd nachmahls auff sein Ziel mit vollem Segel streicht.
Fahr fort der Stimmen Zwist in Eintracht schön zu bringen,
Wie du bißher getan, vnd lehr vnß künstlich singen,
Ein Orpheus vnsrer Zeit, vnd hör so sorglich nicht,
Waß Mydas nachlaß hie von deinen Sachen spricht.
Ein Vrtheil, welches reiff duch Wissenschaft ist worden,
Setzt dich durch deine Kunst in der berühmten Orden,
Bey vnß bist du vielleicht nicht sonderlich beliebt,
Da anderswo dein Werck dir Danck vnd Ehre giebt,
Die nicht wirdt vntergehn. Jch suche meinem Leben
Durch Krafft der Poesie ein länger Ziel zu geben,
Hat mich Melpomene nur günstig angeblickt
Vndt machet meinen Sinn zu ihrem thun geschickt,
So laß ich andre, die nach grossen Mitteln ringen,
Die nur nach Ehren stehn vndt die die Zeit verbringen
Mit Vnlust, voller Lust: mich sol ein grünes Graß,
Ein Thal, ein kühler Wald, ein klahres Quell wie Glaß
Dem schnöden Volck entziehn, ich wil mein eigen werden
Vnd weil ich lebe schon mich säubern von der Erden,
Der Dinge müssig gehn, die durch gefälschten Schein,
Der manchen auffgesetzt, mein Meister könten seyn.
Mein Lied sol mit der Zunfft der Götter mich vermengen,

Darauß mich weder Fall noch Zeit noch Tod soll drengen.
Es ist kein Reim, wofern ihm Geist vnd Leben schreibt,
Der vnß der Ewigkeit nicht eilends einverleibt.

Gartenfreuden

Hugo von Hofmannsthal
Lob des Gartens

Es ist ganz gleich, ob ein Garten klein oder groß ist. Was die Möglichkeiten seiner Schönheit betrifft, so ist seine Ausdehnung so gleichgültig, wie es gleichgültig ist, ob ein Bild groß oder klein, ob ein Gedicht zehn oder hundert Zeilen lang ist. Die Möglichkeiten der Schönheit, die sich in einem Raum von fünfzehn Schritt im Geviert, umgeben von vier Mauern, entfalten können, sind einfach unmeßbar. Es können im Hof eines Bauernhauses eine alte Linde und ein gekrümmter Nußbaum beisammenstehen und zwischen ihnen im Rasen durch eine Rinne aus glänzenden Steinen das Wasser aus dem Brunnentrog ablaufen, und es kann ein Anblick sein, der durchs Auge hindurch die Seele so ausfüllt wie kein Claude Lorrain. Ein einziger alter Ahorn adelt einen ganzen Garten, eine einzige majestätische Buche, eine einzige riesige Kastanie, die die halbe Nacht in ihrer Krone trägt. Aber es müssen nicht große Bäume sein, sowenig als auf einem Bild ein dunkelglühendes Rot oder ein prangendes Gelb auch nur an einer Stelle vorkommen muß. Hier wie dort hängt die Schönheit nicht an irgendeiner Materie, sondern an den nicht auszuschöpfenden Kombinationen der Materie. Die Japaner machen eine Welt von Schönheit mit der Art, wie sie ein paar ungleiche Steine in einen samtgrünen, dicken Rasen legen, mit den Kurven, wie sie einen kleinen kristallhellen Wasserlauf sich biegen lassen, mit der Kraft des Rhythmus, wie sie ein paar Sträucher, wie sie einen Strauch und einen zwerghaften Baum gegeneinanderstellen, und das alles in einem offenen Garten von soviel Bodenfläche wie eines unserer Zimmer. Aber von dieser Feinfühligkeit sind wir noch weltenweit, unsere Augen, unsere Hände (auch unsere Seele, denn was wahrhaft in der Seele ist, das ist auch in den Händen); immerhin kommen wir allmählich wieder dorthin zurück, wo unsere Großväter waren, oder mindestens unsere naiveren Urgroßväter: die Harmonie der Dinge zu fühlen, aus denen ein Garten zusammengesetzt ist: daß sie untereinander harmonisch sind, daß sie einander etwas zu sagen haben, daß in ihrem Miteinanderleben eine Seele ist, so wie die Worte des Gedichtes und die Farben des Bildes einander anglühen, eines das andere schwingen und leben machen.

Ein alter Garten ist immer beseelt. Der seelenloseste Garten braucht nur zu verwildern, um sich zu beseelen. Es entsteht unter diesen schweigenden grünen Kreaturen ein stummes Suchen und Fliehen, Anklammern und Ausweichen, eine solche Atmosphäre von Liebe und Furcht, daß es fast beklemmend ist, unter ihnen allein zu sein. Und doch sollte es nichts Beseelteres geben als einen kleinen Garten, in dem die lebende Seele seines Gärtners webt. Es sollte hier überall die Spur einer Hand sein, die zauberhaft das Eigenleben aller dieser stummen Geschöpfe hervorholt, reinigt, gleichsam badet und stark und leuchtend macht. Der Gärtner tut mit seinen Sträuchern und Stauden, was der Dichter mit den Worten tut: er stellt sie so zusammen, daß sie zugleich neu und seltsam scheinen und zugleich auch wie zum erstenmal ganz sich selbst bedeuten, sich auf sich selbst besinnen. Das Zusammenstellen oder Auseinanderstellen ist alles: denn ein Strauch oder eine Staude ist für sich allein weder hoch noch niedrig, weder unedel noch edel, weder üppig noch schlank: erst seine Nachbarschaft macht ihn dazu, erst die Mauer, an der er schattet, das Beet, aus dem er sich hebt, geben ihm Gestalt und Miene. Dies alles ist ein rechtes ABC, und ich habe Furcht, es könnte trotzdem scheinen, ich rede von raffinierten Dingen. Aber ein jeder Blumengarten hat die Harmonie, die ich meine: seine Pelargonien im Fenster, seine Malven am Gatter, seine Kohlköpfe in der Erde, das Wasser dazwischenhin, und, weil das Wasser schon da ist, Büschel Schwertlilien und Vergißmeinnicht dabei, und wenns hochkommt, neben dem Basilikum ein Beet Federnelken, das alles ist einander zugeordnet und leuchtet eins durchs andere. Gleicherweise hat jeder ältere Garten, der zu einem bürgerlichen oder adeligen Haus gehört, seine Harmonie, ich rede von Gärten, die heute mehr als sechzig Jahre als sind: da hat jeder größere Baum seinen Frieden um sich und streut seinen Schatten auf einen schönen stillen Fleck oder auf einen breiten, geraden, rechtschaffenden Weg, die Blumen sind dort wo sie wollen und sollen, als hätte die Sonne selbst sie aus der Erde hervorgeglüht, und der Efeu hat sich mit jedem Stück Holz und Mauer zusammengelebt, als könnte eins ohne das andere nicht sein. Das ist aber nicht bloß der edle Rost, den die Zeit über die angefaßten Dinge bringt, sondern auch die Anlage, deren selbstsichere Simplizität die paar Elemente der ganzen Kunst in sich hält.

Matthias Claudius

Abendlied eines Bauersmanns

Das schöne große Tag-Gestirne
vollendet seinen Lauf.
Komm, wisch den Schweiß mir von der Stirne,
lieb Weib, und dann tisch auf.

Kannst hier auf der Erde decken,
hier unterm Apfelbaum:
Da pflegt es abends gut zu schmecken,
und ist am besten Raum.

Und rufe flugs die kleinen Gäste,
denn hör, mich hungert's sehr;
bring auch den kleinsten aus dem Neste,
wenn er nicht schläft, mit her.

Dem König bringt man viel zu Tische;
er, wie die Rede geht,

hat alle Tage Fleisch und Fische
und Panzen und Pastet;
und ist ein eigner Mann erlesen,
von andrer Arbeit frei,
der ordert ihm sein Tafelwesen
und präsidiert dabei.

Gott laß' ihm alles wohl gedeihen!
Er hat auch viel zu tun
und muß sich Tag und Nacht kasteien,
daß wir in Frieden ruhn.

Und haben wir nicht Herrenfutter;
so haben wir doch Brot
und schöne frische, reine Butter
und Milch, was denn für Not?
Das ist genug für Bauersleute,
wir danken Gott dafür,
und halten offne Tafel heute
vor allen Sternen hier.

Es präsidiert bei unserm Mahle
der Mond, so silberrein!
Und guckt von oben in die Schale
und tut den Segen h'nein.

Nun Kinder, esset, eßt mit Freuden,
und Gott gesegn' es euch!
Sieh, Mond! ich bin wohl zu beneiden,
bin glücklich und bin reich!

Johann Wolfgang Goethe

Zu einem Kupferstich, Goethes Gartenhaus im Weimarer Park darstellend

Übermütig sieht's nicht aus,
Hohes Dach und niedres Haus;
Allen, die daselbst verkehrt,
Ward ein guter Mut beschert.
Schlanker Bäume grüner Flor,
Selbstgepflanzter, wuchs empor.
Geistig ging zugleich alldort
Schaffen, Hegen, Wachsen fort.

Johann Wolfgang Goethe

In meinem Garten

An Auguste Gräfin zu Stolberg

Weimar, 17.–24. Mai 1776

d. 17. May. Morgens 8. Guten Morgen Gustgen. Nichts als dies zur Grundlage eines Tagbuchs für dich. Ach du nimmst an dem unsteten Menschen noch Theil, der seit er dir nichts von sich schrieb, seltsame Schicksaale gehabt hat. Ich fühle dass ich Dir nicht alles sagen kann drum mag ich nichts sagen. Adieu! –

In meinem Garten Gustgen gegen 10. Hab ein liebes Gärtgen vorm Thore an der Ilm schönen Wiesen in einem Thale. ist ein altes Häusgen drinne, das ich mir repariren lasse. Alles blüht alle Vögel singen. Gustgen und Du bist kranck! –

d. 18. May. Gestern konnt ich dir nichts mehr sagen. Der Husarn Rittmeister kam in meinen Garten, ich ritt um eilf nach dem Lustschloss Belvedere wo ich hinten im Garten eine Einsiedeley anlege, allerley Pläzgen drinn für arme Krancke und bekümmerte Herzen. Ich ass mit dem Herzog, nach Tisch ging ich zur Frau v. Stein einem Engel von einem Weibe, frag die Brüder, der ich so offt die Beruhigung meines Herzens und manche der reinsten Glückseeligkeiten zu verdancken habe. der ich noch nichts von dir erzählt habe, das mir viel Gewalt gekostet hat, heut aber will ich's thun will ich tausend Sachen von Gustgen sagen. Wir gingen in meinem Garten spazieren. Ihr Mann, ihre Kinder, ihr Bruder. ein paar Fräul. Ilten. es kamen mehr zu uns wir gingen spazieren, begegneten der Herzoginn Mutter und dem Prinzen, die sich zu uns [gesellten]. Wir waren ganz vergnügt. Ich verlies die Gesellschafft, ging noch einen Augenblick zum Herzog und ass mit Fr. v. Stein zu Nacht. Nun ists wieder schöner heitrer Tag. Soviel iezt. halb 9.

12 Uhr in meinem Garten. Da lass ich mir von den Vögeln was vorsingen, und zeichne Rasenbäncke die ich will anlegen lassen, damit Ruhe über meine Seele komme, und ich wieder von vorne mög anfangen zu tragen und zu leiden. Gustgen könnt ich Dir von meiner Lage sagen! die erwünschteste für mich, die glücklichste, und dann wieder – Ich sagte immer in meiner Jugend zu mir da so viel tausend Empfindungen das schwanckende Ding bestürmten: Was das Schicksal mit mir will, dass es mich durch all die Schulen gehen lässt, es hat gewiss vor mich dahin zu stellen wo mich die gewöhnlichen Qualen der Menschheit gar nicht mehr anfechten müssen. Und iezt noch ich seh alles als Vorbereitung an. Ich hab das ausgestrichen weils dunckel und unbestimmt gesagt war. Nach Tische mehr.

Sonnabends Nachts 10 in meinem Garten. Ich habe meinen Philipp nach Hause geschickt und will allein hier zum erstenmal schlafen. Und so meinen Schlaf einweihen dass ich Dir schreibe. Die Maurer haben gearbeit biss Nacht ich wollt sie aus dem Haus haben, wollte – o ich kann dir nicht ins Detail gehn. Den ganzen Nachmittag war die Herzoginn Mutter da und der Prinz und waren guten lieben Humors, und ich hab denn so herum gehausvatert, wie alles weg war, ein Stück kalten Braten gessen und mit meinem Philipp, |: lass Dir von den Brüdern was von ihm erzählen:| von seiner und meiner Welt geschwäzzt, war ruhig und bin's und hoffe gut zu schlaffen zu holdem Erwachen. Gute Nacht beste. – Es geht gegen eilf ich hab noch gesessen und einen englischen Garten gezeichnet. Es ist eine herrliche Empfindung dahausen im Feld allein zu sizzen. Morgen frühe wie schön. Alles ist so still. Ich höre nur meine Uhr tackcken, und den Wind und das Wehr von ferne. gute Nacht. – Sonntag früh d. 19. Guten Morgen! ein trüber aber herrlicher Tag. Ich habe lang geschlafen, wachte aber gegen vier auf, wie schön war das grün dem Auge das sich halbtruncken aufthat. Da schlief ich wieder ein.

Georg Christoph Lichtenberg
Vergleichung mit Adam im Paradiese

An Heinrich Christian Boie [?]

[*Wrest? Juni 1775?*]

Wenn ich nun so allein für mich in diesen bezaubernden Gärten einher wandele, so fällt mir zu weilen mein A[*h*]nherr, ich meine Adam im Paradiese ein und ich habe neulich eine solche Vergleichung zwischen mir und ihm angestellt, wobey ich noch gewinne, daß er ein schöner Kerl und wenigstens 3 Fuß höher war als ich, das gebe ich ihm vor.

Er wohnte im Paradiese und ich in einem Garten, der aller Wahrscheinlichkeit nach nicht viel schlechter ist.

Er herrschte über die Thiere und Pflantzen in seinem Garten und ich in dem meinigen.

Ich darf nur gebieten so wird aus Ochsen und Hammel, Ochsen und Hammelbraten, Gänse Enten und Hüner [*die*]

Calcuttischen und die aus Guinea legen ihre Federn ab um mir bequemer in den Mund zu kriechen.

Er beherrschte die Thiere Edens und ich die von Wrest, des Verwalters zwey Hunde und einen verdammten Bullen ausgenommen denen ich aus dem Wege gehen muß, und dann kommt es zu weilen zwischen den Mücken und mir zu einem Gefechte worin ich aber meistens den längeren ziehe.

Er gieng Nackend und ich trage ein altes Kleid, das nicht viel besser ist, den[*n*] würcklich haben sich an den Ellenbogen schon starck spuren eines anfangenden Standes der Unschuld geaussert.

Adam hatte nie einen rothen Heller in der Tasche, und ich führe seit einiger Zeit selten mehr.

Er durfte nicht von allen Baumen und Früchten essen, ich darf von jedem Baum den Gebrauch machen den ich will, davon essen oder mich daran aufhängen alle Pflantzen stehen mir zu Befehl von der Ananas bis zum Schierling.

Er nennte alle Thiere und Pflantzen nach ihrem Nahmen. Ich thue es auch seit einiger Zeit so ziemlich fertig, und wo ich es nicht weiß da frage ich Mr Throp den Gärtner.

In diesem Punckt sind wir einander dünckt mich einander so ziemlich gleich, aber nun hören sie was ich für Vorzüge habe. Erstlich habe ich keine Eva, beise also folglich in keine verbotene Apfel und werde nicht aus dem Garten gepeitscht, habe Hausfriede werde nicht jaloux über den Teufel. Wenn ich meine Augen an einem schönen Mädchen weiden will, so gehe ich hinunter und sehe mir Flora und Ceres in weisem Marmor an, die wenn sie lebendig wären, der Eva wenig nachgeben würden.

Simon Dach

Horto recreamur amoeno

1

Der habe Lust zu Würfeln und zu Karten,
Der zu dem Tanz und der zum kühlen Wein.
Ich liebe nichts, als was in diesem Garten
Mein Drangsals-Trost und Krankheit-Arzt
kann sein.
Ihr grünen Bäume,
Du Blumen-Zier,
Ihr Haus der Reime,
Ihr zwinget mir
Dies Lied herfür.

2

Mir mangelt nur mein Spiel, die süße Geige,
Die würdig ist, daß sie mit Macht erschall,
Hie, wo das Laub und die begrünten Zweige
Am Graben mich umschatten überall,
Hie, wo von weiten
Die Gegend lacht,
Wo an der Seiten
Der Wiesen Pracht
Mich fröhlich macht.

3

Was mir gebricht an Geld und großen Schätzen,
Muß mein Gemüt und dessen güldne Ruh
Durch freies Tun und Fröhlichkeit ersetzen,
Die schleußt vor mit das Haus der Sorgen zu;
Ich will es geben

Um keine Welt,
Daß sich mein Leben
Oft ohne Geld
So freudig hält.

4

Gesetzt, daß ich den Erdenkreis besässe
Und hätte nichts mit guter Lust gemein,
Wann ich der Zeit in Angst und Furcht genösse,
Was würd es mir doch für ein Vorteil sein?
Weg mit dem allen,
Was Unmut bringt!
Mir soll gefallen,
Was lacht und singt
Und Freud erzwingt.

5

Ihr alten Bäum und ihr noch junge Pflanzen,
Rings um verwahrt vor aller Winde Stoß,
Wo um und um sich Freud und Ruh verschanzen,
Senkt alle Lust herab in meinen Schoß.
Ihr sollt imgleichen
Durch dies mein Lied
Auch nicht verbleichen,
So lang man Blüt
Auf Erden sieht.

Georg Rodolf Weckherlin

Schönheit nicht währhaft

Laßt uns in den Garten gehen,
Schönes Lieb, damit wir sehen,

Ob der Blumen Ehr, die Ros,
So euch eure Farb gezeiget,
Da sie heut der Tau aufschloß,
Ihren Pracht noch nicht abneiget.

Sieh doch, von wie wenig Stunden
Ihr frischer Schmuck überwunden,
Wie zu Grund liegt all ihr Ruhm!
Natur, wie sollt man dich ehren,
Da du doch ein solche Blum
Kaum einen Tag lassest währen?

Was ist es dann, daß ihr fliehet,
Indem euer Alter blühet,
Von meiner Lieb Süßigkeit?
Genüeßet nu eurer Jahren,
Die Zeit würd eure Schönheit
Nicht mehr dann diese Blum sparen.

Karl Friedrich Kretschmann

Einladung in den Garten; an Dorimenen

O wie schön ist alles hier!
Dorimene, komm zu mir
Wo die Schatten kühlen;
Wo die Fliederranken blühn,
Wo im düftenden Jesmin
Zephir spielen.

Buxus in beschornen Reihn
Schränkt die Hiazinten ein
Neben den Narzißen,
Die, so spröd ihr Ahnherr war,
Ihre Nachbarn immerdar
Heimlich küßen.

Ueber der Aurikel Flor
Schwärmt der Schmetterlinge Chor,
  Stutzer in den Beeten;
Flatterhaft, verbuhlt, geschmückt,
Bunter als man sie erblickt
  In den Städten.

O wie schön ist alles hier!
Dorimene, komm zu mir
  In den Frühlingsgarten;
Hier, wo süßrer Balsamduft,
Reinre Farbe, frischre Luft
  Auf dich warten.

Wo, im Pomeranzenhain,
Neuen bittersüßen Wein
  Uns Lyäus reichet,
Bis die mohnumkränzte Nacht,
Noch indem die Freude lacht
  Uns beschleichet.

Dann von Wein und Liebe warm,
Schlaf, o schlaf in meinem Arm,
  Bis in Rosenhecken
Philomele, wenn es tagt,
Zärtlich locket, seufzt und klagt,
  Uns zu wecken.

Leopold Friedrich von Goeckingk

Bey Uebersendung des Schlüssels zur Gartenthür

Soll ich dich in den Brunnen werfen?
Schick ich dich hin zu Amarant?
Sollt ich vielleicht das Schwerd zu meinem Tode schärfen?
Selbst geben in des Mörders Hand?

Was soll ich thun? Vernunft, du prahlest immer
Mir deine weisen Lehren vor,
Doch lauter steiget noch der Liebe sanft Gewimmer
Aus der beklemmten Brust empor.

Wohlan, es sey! Zwar könnt' ich widerstehen,
Weil dieses Herz mir das verspricht:
Doch, Amarant, in dir, in dir den Mörder sehen,
Das will ich und das kann ich nicht.

Da nimm ihn hin! Komm, wenn die kleine Glocke
Die Nonnen zu der Hora weckt,
Verhülle dich besorgt in deinem Ueberrocke,
Und geh, von deinem Muth bedeckt.

Schon an der Thür sollst du den Busen hören,
Der wie ein Eisenhammer pocht;*
Sollst fühlen, wie das Blut in allen Herzensröhren
Beym Feuer deiner Küsse kocht.

Was willst du mehr? Schon das sollt' ich nicht geben;
Wem gäb' ichs auch wohl außer dir?
Doch, willst du kühner seyn? Nimm lieber gleich mein Leben;
Langsam nimmt sonst der Gram es mir.

Macht mich der Rausch von deiner Liebe trunken,
So kannst du leicht mein Sieger seyn:
Doch würde, wenn ich nun durch dich ins Grab gesunken,
Dich so ein Sieg wohl noch erfreun?

* Unter Eisenhammer wird hier ein Hüttenwerk verstanden, wo das Eisen verarbeitet wird, dergleiches es in Nantchens Gegend viele giebt.

Leopold Friedrich von Goeckingk

Nach dem ersten nächtlichen Besuche

Bin ich nüchtern, bin ich trunken?
Wach' ich, oder träum' ich nur?
Bin ich aus der Welt gesunken?
Bin ich anderer Natur?
Fühlt' ein Mädchen schon so was?
Wie begreif' ich alles das?

Weis ich, daß die Rosen blühen?
Hör' ich jene Raben schreyn?
Fühl ich, wie die Wangen glühen?
Schmeck ich einen Tropfen Wein?
Seh ich dieses Morgenroth? –
Tot sind alle Sinnen, tot!

Alle seyd ihr denn gestillet?
Alle? Habet alle Dank!
Könnt' ich so in mich gehüllet,
Ohne Speis' und ohne Trank,
Nur so sitzen Tag für Tag,
Bis zum letzten Herzensschlag.

In die Nacht der Freude fliehet
Meine Seele wieder hin!
Hört und schmeckt, und fühlt und siehet
Mit dem feinem innrem Sinn!
O Gedächtniß! schon in dir
Liegt ein ganzer Himmel mir!

Worte, wie sie abgerissen
Kaum ein Seufzer von ihm stieß,
Hör' ich wieder, fühl' ihn küssen:
Welche Sprache sagt, wie süß?
Seh' ein Tränchen – Komm herab!
Meine Lippe küßt dich ab!

Wie ich noch so vor ihm stehe,
Immer spreche: Gute Nacht!
Bald ihn stockend wieder flehe:
Bleibe, bis der Hahn erwacht!
Wie mein Fuß bei jedem Schritt
Wanket, und mein Liebster mit!

Wie ich nun, an seine Seite
Festgeklammert, küssend ihn
Durch den Garten hin begleite!
Bald uns halten, bald uns ziehn!
Wie da Mond und Sterne stehn
Unserm Abschied zuzusehn.

Ach da sind wir an der Türe!
Bebend hält er in der Hand
Schon den Schlüssel. – Wart' ich spüre
Jemand gehen, Amarant!
Warte nur das Bischen doch!
Einen Kuß zum Abschied noch!

Ich verliere, ich verliere
Mich in diesem Labyrint!
Traumt' ich je, daß ich erführe,
Was für Freuden, Freuden sind?
Wenn die Freude töden kann,
Triffst du nie mich wieder an.

Johann Wolfgang Goethe

Garten

Margarete an Faustens Arm. Marthe mit Mephistopheles
auf und ab spazierend.

MARGARETE. Ich fühl' es wohl, daß mich der Herr nur schont,
Herab sich läßt, mich zu beschämen.
Ein Reisender ist so gewohnt,
Aus Gütigkeit fürlieb zu nehmen;
Ich weiß zu gut, daß solch erfahrnen Mann
Mein arm Gespräch nicht unterhalten kann.
FAUST. Ein Blick von dir, ein Wort mehr unterhält
Als alle Weisheit dieser Welt. Er küßt ihre Hand.
MARGARETE.
Inkommodiert Euch nicht! Wie könnt Ihr sie nur küssen?
Sie ist so garstig, ist so rauh!
Was hab' ich nicht schon alles schaffen müssen!
Die Mutter ist gar zu genau.

Gehn vorüber.

MARTHE. Und Ihr, mein Herr, Ihr reist so immer fort?
MEPH. Ach, daß Gewerb' und Pflicht uns dazu treiben!
Mit wieviel Schmerz verläßt man manchen Ort,
Und darf doch nun einmal nicht bleiben!
MARTHE. In raschen Jahren geht's wohl an,
So um und um frei durch die Welt zu streifen;
Doch kömmt die böse Zeit heran,
Uns sich als Hagestolz allein zum Grab zu schleifen,
Das hat noch keinem wohlgetan.
MEPHISTOPHELES. Mit Grausen seh' ich das von weiten.
MARTHE. Drum, werter Herr beratet Euch in Zeiten.

Gehn vorüber.

MARGARETE. Ja, aus den Augen aus dem Sinn!
Die Höflichkeit ist Euch geläufig;

Allein Ihr habt der Freunde häufig,
Sie sind verständiger, als ich bin.
FAUST. O Beste! glaube, was man so verständig nennt,
Ist oft mehr Eitelkeit und Kurzsinn.
MARGARETE. Wie?
FAUST. Ach, daß die Einfalt, daß die Unschuld nie
Sich selbst und ihren heil'gen Wert erkennt!
Daß Demut, Niedrigkeit, die höchsten Gaben
Der liebevoll austeilenden Natur –
MARGARETE. Denkt Ihr an mich ein Augenblickchen nur,
Ich werde Zeit genug an Euch zu denken haben.
FAUST. Ihr seid wohl viel allein?
MARGARETE. Ja, unsre Wirtschaft ist nur klein,
Und doch will sie versehen sein.
Wir haben keine Magd; muß kochen, fegen, stricken
Und nähn, und laufen früh und spat;
Und meine Mutter ist in allen Stücken
So akkurat!
Nicht daß sie just so sehr sich einzuschränken hat;
Wir könnten uns weit eh'r als andre regen:
Mein Vater hinterließ ein hübsch Vermögen,
Ein Häuschen und ein Gärtchen vor der Stadt.
Doch hab' ich jetzt so ziemlich stille Tage;
Mein Bruder ist Soldat,
Mein Schwesterchen ist tot.
Ich hatte mit dem Kind wohl meine liebe Not;
Doch übernähm' ich gern noch einmal alle Plage,
So lieb war mir das Kind.
FAUST. Ein Engel, wenn dir's glich.
MARGARETE. Ich zog es auf, und herzlich liebt' es mich.
Es war nach meines Vaters Tod geboren.
Die Mutter gaben wir verloren,
So elend wie sie damals lag,
Und sie erholte sich sehr langsam, nach und nach.
Da konnte sie nun nicht dran denken,
Das arme Würmchen selbst zu tränken,

Und so erzog ich's ganz allein,
Mit Milch und Wasser; so ward's mein.
Auf meinem Arm, in meinem Schoß
War's freundlich, zappelte, ward groß.

FAUST. Du hast gewiß das reinste Glück empfunden.

MARGARETE. Doch auch gewiß gar manche schwere Stunden.
Des Kleinen Wiege stand zu Nacht
An meinem Bett; es durfte kaum sich regen,
War ich erwacht;
Bald mußt's ich's tränken, bald es zu mir legen,
Bald, wenn's nicht schwieg, vom Bett aufstehn
Und tänzelnd in der Kammer auf und nieder gehn,
Und früh am Tage schon am Waschtrog stehn;
Dann auf den Markt und an dem Herde sorgen,
Und immer fort wie heut so morgen.
Da geht's, mein Herr, nicht immer mutig zu;
Doch schmeckt dafür das Essen, schmeckt die Ruh.

Gehn vorüber.

MARTHE. Die armen Weiber sind doch übel dran:
Ein Hagestolz ist schwerlich zu bekehren.

MEPHISTOPHELES. Es käme nur auf Euresgleichen an,
Mich eines Bessern zu belehren.

MARTHE. Sagt grad', mein Herr, habt Ihr noch nichts gefunden?
Hat sich das Herz nicht irgendwo gebunden?

MEPHISTOPHELES. Das Sprichwort sagt: Ein eigner Herd,
Ein braves Weib sind Gold und Perlen wert.

MARTHE. Ich meine, ob Ihr niemals Lust bekommen?

MEPH. Man hat mich überall recht höflich aufgenommen.

MARTHE. Ich wollte sagen: ward's nie Ernst in Eurem Herzen?

MEPHISTOPHELES.
Mit Frauen soll man sich nie unterstehn zu scherzen.

MARTHE. Ach, Ihr versteht mich nicht!

MEPHISTOPHELES. Das tut mir herzlich leid!
Doch ich versteh' – daß Ihr sehr gütig seid. Gehn vorüber.

FAUST. Du kanntest mich, o kleiner Engel, wieder,
Gleich als ich in den Garten kam?
MARG. Saht Ihr es nicht? ich schlug die Augen nieder.
FAUST. Und du verzeihst die Freiheit, die ich nahm?
Was sich die Frechheit unterfangen,
Als du jüngst aus dem Dom gegangen?
MARGARETE. Ich war bestürzt, mir war das nie geschehn;
Es konnte niemand von mir Übels sagen.
Ach, dacht' ich, hat er in deinem Betragen
Was Freches, Unanständiges gesehn?
Es schien ihn gleich nur anzuwandeln,
Mit dieser Dirne gradehin zu handeln.
Gesteh' ich's doch! Ich wußte nicht, was sich
Zu Eurem Vorteil hier zu regen gleich begonnte;
Allein gewiß, ich war recht bös' auf mich,
Daß ich auf Euch nicht böser werden konnte.
FAUST. Süß Liebchen!
MARGARETE. Laßt einmal!

Sie pflückt eine Sternblume und zupft die Blätter ab, eins nach dem andern.

FAUST. Was soll das? Einen Strauß?
MARGARETE. Nein, es soll nur ein Spiel.
FAUST. Wie?
MARGARETE. Geht! Ihr lacht mich aus.

Sie rupft und murmelt.

FAUST. Was murmelst du?
MARGARETE halb laut. Er liebt mich – liebt mich nicht.
FAUST. Du holdes Himmelsangesicht!
MARG. fährt fort. Liebt mich – Nicht – Liebt mich – Nicht –

Das letzte Blatt ausrupfend, mit holder Freude.

Er liebt mich!
FAUST. Ja, mein Kind! Laß dieses Blumenwort
Dir Götterausspruch sein. Er liebt dich!
Versteht du, was das heißt? Er liebt dich!

Er faßt ihre beiden Hände.

MARGARETE. Mich überläuft's!
FAUST. O schaudre nicht! Laß diesen Blick,
Laß diesen Händedruck dir sagen,
Was unaussprechlich ist:
Sich hinzugeben ganz und eine Wonne
Zu fühlen, die ewig sein muß!
Ewig! – Ihr Ende würde Verzweiflung sein.
Nein, kein Ende! Kein Ende!
MARGARETE drückt ihm die Hände, macht sich los und läuft weg.
Er steht einen Augenblick in Gedanken, dann folgt er ihr.
MARTHE kommend. Die Nacht bricht an.
MEPHISTOPHELES. Ja, und wir wollen fort.
MARTHE. Ich bät' Euch, länger hier zu bleiben,
Allein ist es ein gar zu böser Ort.
Es ist, als hätte niemand nichts zu treiben
Und nichts zu schaffen,
Als auf des Nachbarn Schritt und Tritt zu gaffen,
Und man kommt ins Gered', wie man sich immer stellt.
Und unser Pärchen?
MEPHISTOPHELES. Ist den Gang dort aufgeflogen.
Mutwill'ge Sommervögel!
MARTHE. Er scheint ihr gewogen.
MEPHISTOPHELES. Und sie ihm auch. Das ist der Lauf der Welt.

Peter Gay

„Gartenratgeber“

„Der Blumengarten“, schreibt Louisa Johnson Ende der dreißiger Jahre des 19. Jahrhunderts in ihrem Ratgeber *Every Lady Her Own Flower Gardener*, „ist zur beherrschenden Leidenschaft englischer Damen geworden.“ Er zwingt zu Vernunft und Urteil; er ist ernstem Nachdenken ebenso förderlich wie dem harmlosen, eleganten Spiel der Laune. „Herz und Neigungen der Jungen und Alleinstehenden meines Geschlechts werden von einem Blumengarten ebenso angesprochen, wie ein Kinderzimmer die Gefühle der reifen Frau anspricht." Ein Garten, so hatte Louisa Johnson einleitend versichert, „bietet das reinste aller menschlichen Vergnügen". Daß er starkes Vergnügen bereitet, ist gut belegt; wirkt er doch auf die „Laune" und reizt die „Neigungen". Daß das Vergnügen das reinste war, ist hingegen nicht so sicher.

Gartenarbeit war in jenen Jahren gutsituierten, behüteten jungen Damen vorbehalten. Nach Meinung der meisten Männer hatten sie es nötiger, ihre Phantasie zu betätigen, als die welterfahrenen Männer selbst. Das ist jedenfalls die Botschaft von Thomas Bridgemans *Florist's Guide*. Die Gartenarbeit, so Bridgeman, bereite „nachhaltiges geistiges Vergnügen" und halte die Menschen vom Laster ab. Aber der allgemeine Tenor des Buches, das sich „an das sanftere Geschlecht" wendet, ist weniger viril. Das Buch schließt mit einer kunstvollen Allegorie, „Der Ehe-Garten", einem Schwelgen in sinnlichen Metaphern. Die Ehe ist etwas „Abgeschlossenes", ein „verborgener Wohnsitz", genau wie ein Garten. Dieser „köstlichen Einfriedung" muß man sich „umsichtig und vorsichtig" nähern. Die weiblichen Geschlechtsorgane, dieser verborgene Wohnsitz, scheinen hier von einem randvoll mit Metaphern gefüllten Graben umgeben zu sein: Sie liegen verborgen hinter der Idee der Ehe, die Bridgeman wiederum als umfriedeten Garten sieht. Für gewöhnlich betritt man diesen Garten fröhlich und ausgelassen. „Blumen von jeder Farbe und jedem Duft sind ausgestreut, um das Auge zu bezaubern und den Geschmack zu erfreuen." Dennoch: Einige Pflanzen sind schädlich und müssen ausgerottet werden. Dauerhaftes Glück in diesem Garten mag nur ein Traum sein; aber, wie Bridgeman der Leserin rät: „Wenn du darauf begierig bist, daß dieser Garten allen Segen trägt, den er tragen kann, dann mußt du jene wundervolle Blume FROHSINN mitnehmen, die von allen Blumen der Natur die köstlichste und zarteste ist.“ Diese Blume fallenzulassen oder zu verlieren wäre ein Unglück; sie ist ein „Schatz, den nichts ersetzen kann“. Impotenz oder Kastration sind irreparabel. Viele Wege in diesem eingefriedeten Garten, etwa die an den „Pfad des Honigmonds“ angrenzenden, sollten besser gemieden werden; viele Sträucher sind giftig. Da gibt es zum Beispiel diese „zähe, wetterharte Pflanze namens STARRSINN“; sie ist unverdaulich und, in größeren Mengen genossen, tödlich. Gleich gegenüber aber findet sich „jener liebreizende, blühende Busch namens WILLIGKEIT; zwar behagt er dem Gaumen nicht immer, doch ist er sehr heilkräftig.“ Er hinterläßt „einen süßen Geschmack im Munde“ und bringt endlich „die köstlichste Frucht. Trag' immer einen kräftigen Zweig davon in der Hand!“ Und so weiter, durch manche anderen Büsche hindurch, bis zum Ende dieser hausgemachten Philosophie.

Es mag hart und übertrieben erscheinen, dieses mehr oder weniger belanglose Nachwort zu einem ansonsten brauchbaren Gartenratgeber als konsequente Metapher auf Geschlechtsverkehr oder sexuelle Panik zu lesen. Sicher war es nicht Bridgemans Absicht, gehobene Pornographie für junge Damen zu schreiben. Aber gerade weil „Der Ehe-Garten“ so harmlos ist, verweist er auf die von respektablen Bürgerinnen durch „feine“ Gartenarbeit getätigte Investition von Erotik. Die Gartenarbeit war ihnen ein Ersatz für weniger akzeptable Unternehmungen; sie gab ihnen die Möglichkeit, ihren Ängsten im Zusammenhang mit den drängenden Forderungen der Liebe den Stachel zu nehmen.

Die Liebe zur Natur barg also für den Sinnlichen die profitabelsten Möglichkeiten. Sie konnte Sexualität köstlicher machen, indem sie erotische Erinnerungen wiederbelebte und in Ehren gehaltenen Jahrestagen besonderes Gewicht gab. In einer normalen Lebensgeschichte war zu erwarten, daß die Sinnlichkeit des Heranwachsenden die

Natur zum Gegenstand grenzenloser und gefährlicher Sehnsüchte machte. Einmal glücklich verheiratet, mochte dem Erwachsenen dann die Natur dazu dienen, seinen Liebeserfüllungen ein besonderes Aroma zu verleihen. Diese Scheidung war aber keineswegs absolut. Charles Kingsley war ein frühreifer Knabe und von frühestem Alter an ungeheuer an der Liebe interessiert. Als er gerade sechzehn war, hatte er die eben skizzierte Dialektik bereits erfaßt. Einem Freund, der ihn offenbar um Rat gefragt hatte, schrieb er: „Lehre sie, Gott zu lieben; lehre sie, die Natur zu lieben. Gott ist die Liebe; je mehr wir Ihn lieben, desto mehr lieben wir alle Menschen, die um uns sind." Kingsley wußte, wovon er sprach. Seine tiefempfundenen, stimmungsvollen Naturschilderungen, von Kritikern als das Beste an seinen Romanen beurteilt, verraten seine Erregung in Gegenwart der Natur. Rückblickend auf seine Cambridger Zeit schrieb er: „Nachdem einmal die Liebe zur Natur mein ganzes Glück ausmachte, fand ich in den ‚schattigen Erinnerungen' und vagen Empfindungen, die die unbeseelte Schöpfung in mir aufrief, eine Ader geheimnisvollsten Reichtums, in der ich schwelgte, ohne ihren Wert zu ermessen. Das Ungeheure und das Erhabene, oder die Erregung heftiger Bewegung, erschütterte mich fast bis zum Wahnsinn; seltsame Tränen hab' ich, ich weiß nicht warum, vergossen beim Anblick der üppigsten und sonnigsten Szenerien." Vor allem die Adjektive Kingsleys – geheimnisvoll, üppig, köstlich – offenbaren die explosive erotische Geladenheit der Natur. So kann er „das köstliche Erzittern dieser Espenblätter" notieren, und in einem Brief an das Mädchen, das er liebt, heißt es: „Diese köstlichen selbstgepflanzten Koniferen! Bei jedem Schritt höre ich, wie sie mir zuflüstern von Dir, und das köstliche Gestern verschmilzt mit dem noch köstlicheren Morgen."

Erdmute Heller/Hassouna Mosbahi

Der himmlische Lustgarten

„Ohne die Lüste wäre der Mensch unvollkommen."
Ibn Chaldun

Nachdem die Diskussion über Sexualität und Erotik lange Zeit von den fundamentalistischen Moralisten als eine „ketzerische Debatte von Homosexuellen und verwestlichten Sittenverderbern" denunziert worden ist, haben sie sich vor kurzem schließlich doch in die Debatte eingeschaltet, und zwar mit folgender abstrusen Idee: Die sexuelle Erfüllung solle und werde erst im Jenseits, im Paradies stattfinden – und nur dort. Denn das diesseitige Leben sei ausschließlich der Verehrung Gottes und seines Propheten gewidmet.

Könnte man sicher sein, zu den „Auserwählten" zu gehören – wohlgemerkt: zu den männlichen Auserwählten –, die am Tag der Auferstehung Einlaß finden im Paradies, so wäre dieser Vorschlag durchaus erwägenswert und mancher Kummer bliebe uns hienieden erspart. Denn der Koran schildert uns das Paradies in über dreihundert Versen als einen Ort ewiger Schönheit und der nie endenden sexuellen Wonnen:

„Sie (d. h. die Frommen, die in das Paradies eingegangen sind) liegen (darin behaglich) auf Betten, die mit Brokat gefüttert sind. Und die Früchte der Gärten hängen tief (so daß man sie leicht pflücken kann) [. . .]. Darin (d. h. in den Gärten) befinden sich (auch), die Augen (sittsam) niedergeschlagen, weibliche Wesen, die vor ihnen [. . .]. weder Mensch noch Dschinn entjungfert hat. [. . .] Sie sind (so strahlend schön), wie wenn sie aus Hyazinth und Korallen wären" (55, 54–58).

Die koranische Paradiesesvorstellung hat viele Poeten und selbst Theologen und Gottesmänner zu immer neuen phantastischen Schilderungen angeregt. Der aus Medina stammende Dichter Omajja Ibn Abi s-Salt schwärmt: „Honig, Milch, Wein und Weizen gibt es dort; frische Datteln, Äpfel, Granatäpfel, Bananen, klares Wasser. Auch Jungfrauen trifft man dort, die folgsamen Puppen gleichen, zart, auf Ruhebetten liegend, keusch, sie sind die Gattinnen [...]. Auf Kissen siehst du die Jungfrauen liegen! Wirklich, dort ist Schönheit, dort ist Wonne! [...] Geschmückt ist man mit Armreifen aus Silber, aus edlem Gold und Juwelen. Kein störendes Geschwätz, kein Schelten gibt es dort, keinen bösen Dämon, niemanden, der Tadelswertes tut! – Und einen Becher, der dem Zecher keinen Kater bewirkt – an seinem schönen Trunk ergötzt sich der Zechgenosse!"

Ungezählt sind die *Hadithe* und andere Überlieferungen, in denen das Paradiesesleben als eine einzige Orgie der Sinne ausgeschmückt und beschrieben wird. Zu den berühmtesten und populärsten Darstellungen des himmlischen Lustgartens gehören die Berichte zweier Geistlicher, des nordafrikanischen Imams Abd ar-Rahman Ibn Ahmad al-Qadi und des ägyptischen Imams und Polyhistors Dschalal ad-Din as-Suyuti. Nach ihrer minutiös detaillierten Beschreibung ist das Paradies ein riesiger Garten mit acht Toren aus massivem Gold, die mit den erlesensten Edelsteinen verziert sind. Auch die acht Häuser – *diyar* – des Paradieses sind aus kostbaren Steinen erbaut, zwischen ihnen fließen Bäche mit klarem Wasser, Honig, Milch und Wein. Die Bäume des Paradieses sind von ewigem Grün. Unter manchen von ihnen wachsen gesattelte und aufgezäumte Pferde, mit denen die Auserwählten Gottes durch das Paradies reiten.

As-Suyuti vergaß nicht, uns auch den Speisezettel des Paradieses mitzuteilen und daß die Nahrung „immerwährend" sei. Wenn die Auserwählten gegessen oder getrunken hätten, so träte ihnen nur ein leichter Hauch von Schweiß auf die Haut – frisch und wohlduftend wie Moschus. Der Imam versichert, die Paradiesbewohner hätten kein Gesäß, denn dieses diene ja nur der Entleerung und eine derartig banale Handlung fände im Paradies nicht statt.

Das ganze Paradies ist laut as-Suyuti von weiblichen Wesen, den *Huris* – schönen, schwarzäugigen Jungfrauen – bevölkert, die weiße, gelbe, grüne oder rote Gesichter und große, schwarze Gazellenaugen haben. Von den Zehen bis zum Knie duften sie nach Safran, von den Knien bis zu den Brüsten nach Moschus, von den Brüsten bis zum Hals nach Ambra und vom Hals bis zu den Haarspitzen nach Kampfer. Spuckt eine Huri auf den Boden, so wird ihr Speichel sogleich zu Moschus. Auf ihren Brüsten steht der Name ihres (einstigen) Ehemannes zusammen mit einem der 99 Schönen Namen Gottes. An jedem Arm tragen sie goldene Armbänder, an jedem Finger zehn Ringe und an jedem Fuß zehn Reifen, besetzt mit kostbaren Steinen und Perlen. Alle *Huris* sind in Liebe zu ihren (einstigen) Ehemännern entflammt.

Die Auserwählten gehen natürlich keiner Arbeit nach; sie kennen keine Sorgen und keine Krankheit. Von Tag zu Tag werden sie schöner, und ihr Appetit wird immer größer. Wenn sie den Liebesakt vollziehen, „währt ihr Orgasmus schier unendlich – exakt 80 Jahre lang". An diesem Punkt gerät der Imam geradezu in Ekstase und teilt seinen staunenden Lesern mit, daß sich die Auserwählten „ständig im Zustand der vollkommenen Erektion befinden. Jedes Mal, wenn sie mit einer *Huri* schlafen, finden sie die Schöne als Jungfrau vor. Die Erregung ist bei jedem Koitus so gewaltig, daß ein Sterblicher in Ohnmacht fallen würde."

Monica Kurzel-Runtscheiner

Die Gärten der Kurtisanen

In der schönen Jahreszeit gehörten Ausflüge in die Umgebung, vor allem aber Besuche der Weingärten, zu den beliebtesten Freizeitbeschäftigungen der Römer. Auch Montaigne berichtet, daß er gerne „die Weingärten, welche wirkliche Gärten mit Lusthäusern sind und sich durch besondere Schönheit auszeichnen", besuchte. Jeder, der in Rom etwas auf sich hielt, allen voran die Kardinäle und die Angehörigen der großen Adelsfamilien, besaß einen solchen Weingarten. „Das sind Schönheiten", schrieb Montaigne weiter, „die jedem geöffnet sind, der sie genießen will, wozu er will, sei es auch zum Schlafen und in Gesellschaft – wenn die Herren nicht da sind, die das nicht gerade gern sehen." Viele Kurtisanen besaßen eigene Weingärten, in denen sie gesellige Zusammenkünfte mit ihren Kunden veranstalten konnten. Zugleich aber pflegten sie, so wie andere Römer, auch Vergnügungsfahrten zu den Gärten der Großen zu unternehmen. 1555 fuhr die Kurtisane Camilla Marescotta Senese gemeinsam mit ihrer Kollegin Bernardina und drei vornehmen Verehrern in der Kutsche zum Weingarten der Familie Altoviti. Unterwegs trafen sie auf einen gemeinsamen Freund, den Söldnerführer Lorenzo Minerbetti, den sie aufforderten, sie zu begleiten. Beim Weingarten angekommen, mußte erst der Pförtner gefunden werden, damit der Park, der in Abwesenheit der Herrschaft versperrt war, für die Besucher geöffnet wurde. Das Vergnügen, das den Herren bei solchen Gelegenheiten geboten wurde, bestand natürlich nicht nur darin, daß man in schöner Umgebung im Freien tafelte und scherzte. Im Anschluß an das Essen zog sich die Kurtisane meist mit ihrem Liebhaber zurück, um auch seine sonstigen Bedürfnisse zu befriedigen. Ein Bekannter der spanischen Kurtisane Maria Fasarga, die 1585 wegen der Repressalien Sixtus' V. von Rom nach Neapel übersiedelt war, schilderte Jahre später in einem Verhör anschaulich auch diesen Aspekt der „Landpartie“. Als Maria in Neapel lebte, bat sie eines Tages ihren damaligen Liebhaber, Don Giovanni de Robles, einen Ausflug aufs Land zu organisieren. Don Giovanni mietete daraufhin eine Kutsche und machte sich mit Maria, ihrer Kollegin Beatrice da Foralva und einem Freund auf den Weg zur Wallfahrtskirche Madonna dell' Arco. Auf halbem Weg kehrte man wegen der großen Hitze in einem Wirtshaus ein, „wo Herr Giovanni etwas zu essen herrichten ließ. Und nachdem er gegessen hatte, vergnügte sich Herr Giovanni mit Frau Maria in einem schlecht eingerichteten Zimmerchen, wo die beiden zusammen waren um miteinander zu sprechen, zu spielen und um jene anderen Dinge zu tun, die ein Mann und eine Frau machen, wenn sie zusammen sind, nämlich mit einander zu schlafen, sich zu genießen und dem Vergnügen nachzugehen.“

Franz Blei
Die Frau

Von einem andern Erlebnis aus dieser Zeit habe ich der Mutter nicht berichtet. Weil alle Worte fehlten, es mitzuteilen. Weil alle Worte fehlten, es zu entzaubern. Die Engländer hatten sich nur ein kleines Stückchen von der langen Schleppe des Gartens, die an ihrem Haus hing, abgeschnitten und ihm den Saum der Mauer gegeben. Was dann kam, war die schöne Wildnis geblieben, verwachsener noch als unser Garten da unten und, wie es schien, ganz sich selber überlassen, von niemandem bewohnt oder besucht. Was wir bei uns an flüchtigem Getier aufscheuchten, Eichhörnchen oder einen Igel, das nahm dahinüber Reißaus, unter der morschen Planke durch oder auf den Ast drüben. Wie in die große Sicherheit.

Es war um die Stunde, wo die brennende Sonne die Aprikosen so schläfrig macht, daß sie den Halt verlieren und auf den Rasen fallen – es ist ein kleiner gedämpfter Paukenschlag in der panischen Stunde eines Gartens – da zwang dies Mischgefühl von Neugier und Furcht vor dem Unbekannten den Buben, sich durch eine Lücke zu zwängen. Es stand da dichtes Holz, man hatte alle Mühe, und der Boden war von vermorschten Zweigen bedeckt. Ganz vorsichtig trat man auf, um das Unbekannte nicht aufmerksam zu machen, die eindringliche atemnehmende Stille nicht laut werden zu lassen, die man am Pfeifen eines Vogels abhörte, eines gelben Pirols. Ein Weg, den man überschritt, in neues Dickicht zu treten, war ganz grün von Flechte und Moos. Das blaugrüne Dunkel hier war voll Augen, und es roch nach Moder, daß der Fuß schwer davon wurde. Es zog ihn zu einer durch die Baumstämme und Büsche schimmernden Helle. Da fand man am Rande dieser Helle ein großes Eirund Wiese, baumumstanden, und mit dem Rücken ans Dunkle der Bäume gelehnt einen Pavillon, ockergelb. Vom Rasen führte eine niedere Steinstufe zu der Türe, die breit, hoch und ganz aus Glas war. Wie eine Vorderwand aus Glas sah es aus, so schmal war rechts und links von dieser Wand das Pfeilerwerk, ganz übersponnen von wildem Wein und Kletterrosen, die auch über die seltsam geformte braune Dachkuppel krochen. Vier Figürchen am vorderen Dachrand standen bis zur Hüfte im Gerank. Es sah wie ein Schlößchen aus gegen unsere simplen Saletteln.

Hier in der Sonne war alle Furcht weg und nur die Neugierde geblieben, ob man eindringen könnte. Ich schritt nicht geradeaus auf den Pavillon zu, sondern ging ihn, am Baumrand entlangschleichend, von der Seite an. Jetzt stand ich vor seiner gläsernen Türwand und schaute. Da stand, nichts sah ich als das, eine große schlanke Frau, ganz nackt, und hatte die Arme zu ihrem schwarzen Haar gehoben. Die Füße sah ich nicht. Mit ihnen stand sie in einem weißen Nest von Wäsche. Nicht viel mehr als drei Schritte, und ich hätte die Gestalt berühren können, denn die dreiflügelige Glastür, die dem Blick nichts verbarg, war wie nicht mehr vorhanden, so eindringlich und bedeutend stand diese schlanke Frau in ihrer Stille. Da wandte sie den Kopf aus dem Profil in den Garten, erblickte mich, und ihr Mund zeigte lächelnd die Zähne.

Ich lief fort. Verwirrt nach der andern Seite, rannte beinah an einen Liegestuhl, in dem ein Mann schlief, das Gesicht der Sonne zu, daß Kinn und graugelbe Bartkoteletten in die Luft stachen. Nicht mehr als das sah ich von dem Mann, der sich nicht rührte.

Der schlummernde Drache dieser Andromeda war, das erfuhr ich viel später, ein Börsenspekulant und hieß Grünhut. Er galt als der älteste Schutzpatron der Damen vom Ballettkorps. Welche jeweils an der Reihe war, davon bekam die Stadt Kunde aus dem Umstand, daß die betreffende junge Dame über das mit hellblauer Seide ausgeschlagene Kupee des alten Herrn verfügte, den ich noch über ein Jahrzehnt später zur Mittagsstunde am Graben spazieren sah, immer aus seinen gelbgrauen wehenden Bartkoteletten lächelnd, mehr schlurfend als gehend, in Beinkleidern, so lang, daß er mit den Absätzen drauftrat. Er sah aus wie Jacques Offenbach oder dessen Mumie und lebt, ein gut erhaltener Hundertzwanziger, wohl heute noch. Wenigstens im Andenken der ältesten Koryphäen vom Ballettkorps.

Unbekannter Verfasser

Die schlafende Chloe

Mein Herz hatt ich voll Zärtlichkeit
Der schönen *Chloe* längst geweiht.
Ich schwur, daß ich ihr treu verbliebe.
Doch stäts hielt sie die Schaam zurück,

Ihr Mund verläugnete mein Glück.
Das Aug allein gestand: Ich liebe.

O was erlitt ich nicht für Qual!
Bis ich zuletzt voll Kühnheit stahl,
Was sie zu stehlen nur erlaubte.
Stäts sprach sie: Laß mich doch in Ruh,
Rang halb, und schloß die Augen zu,
Wenn ich nur einen Kuß ihr raubte.

Jüngst saß sie, um verdeckt zu seyn,
Am schattigten Gebüsch allein,
Ihr Busen wallte vom Verlangen.
Ich weiß nicht recht, was sie empfand,
Was du begiengst, o lose Hand,
Dieß weis ich, hätt ich gern begangen.

Ich lauscht im fernen Rosenstrauch,
Bis Zephyrs ungetreuer Hauch
Die Zweige bog, und mich verriethe.
Schnell deckte sie das weiße Knie,
Und stellte sich, als schliefe sie,
Doch schlug die Brust, das Antlitz glühte.

O wie durchstrich ich nicht die Flur;
Ich dachte Chloe schliefe nur,
Daß sie mein Kuß erwecken sollte.
Ich küßte Hand und Mund. Sie schlief.

Ich küßte stark. Sie schlief so tief
Als ob sie nicht erwachen wollte.

Was that ich mehr? Wer dieses fragt,
Der ist nicht werth, daß mans ihm sagt.
Ihr Schönen könnt ihr sie drum strafen.
Sie schlief. Wüßt sie, was ich gethan!
Sie zeigt' es mir noch jetzt nicht an.
O möchte sie doch oft so schlafen!

Theodor Fontane

Im Garten

Die hohen Himbeerwände
trennten dich und mich,
doch im Laubwerk unsre Hände
fanden von selber sich.

Die Hecke konnt' es nicht wehren,
wie hoch sie immer stund:
Ich reichte dir die Beeren,
und du reichtest mir deinen Mund.

Ach, schrittest du durch den Garten
noch einmal im raschen Gang,
wie gerne wollt' ich warten,
warten stundenlang.

Johann Wolfgang Goethe

Gingo Biloba

Dieses Baums Blatt, der von Osten
Meinem Garten anvertraut,
Gibt geheimen Sinn zu kosten,
Wie's den Wissenden erbaut.

Ist es *ein* lebendig Wesen,
Das sich in sich selbst getrennt?
Sind es zwei, die sich erlesen,
Daß man sie als *eines* kennt?

Solche Frage zu erwidern,
Fand ich wohl den rechten Sinn;
Fühlst du nicht an meinen Liedern,
Daß ich eins und doppelt bin?

Johann Wolfgang Goethe

Gefunden

Ich ging im Walde
So für mich hin,
Und nichts zu suchen,
Das war mein Sinn.

Im Schatten sah ich
Ein Blümchen stehn,
Wie Sterne leuchtend,
Wie Äuglein schön.

Ich wollt es brechen,
Da sagt' es fein:
Soll ich zum Welken
Gebrochen sein?

Ich grub's mit allen
Den Würzlein aus,
Zum Garten trug ich's
Am hübschen Haus.

Und pflanzt' es wieder
Am stillen Ort;
Nun zweigt es immer
Und blüht so fort.

Christian Cay Lorenz Hirschfeld

Am Sommerhaus

Bei allen diesen Annehmlichkeiten blühet an unserm Sommerhause ein Garten, wo sich das Nützliche mit dem Schönen verbindet. Lang streckt er sich mit seinen farbigten Blumenbeeten, zwischen deren belustigenden Krümmungen hin und wieder ein springendes Gewässer mit silberhellen Wirbeln sprudelt, und sich tief unten zu einem kleinen Fischteige sammelt, mit seinen schattigten Gängen, wo ein Chor von Nachtigallen zu dem plätschernden Geräusche singt, mit seinen anmuthigen Rasenbänken und Lauben, mit seinen Küchengewächsen und Fruchtbäumen in nachläßig scheinender Ordnung hin, und ein Traubengeländer umzäunet seinen Bezirck. Hier wohnen Ruhe, Kühlung, und Entzücken aller Sinne; hier ist es lieblich, die Morgenröthe erwachen zu sehen, oder in der Abendluft zu wandeln, unter dem silbernen Lichte des Monds, oder in süssen Phantasien einsam zu sitzen, unterdessen die Laube Schatten und leichte Blüte auf uns herabstreuet, oder der schwärmende Wind in den Gipfeln der Bäume ein sanftmelancholisches Rauschen verbreitet. Hier und da schimmert eine weisse Statue nach der andern dem Auge entgegen, die so wohl durch die Schönheit der Arbeit, als auch durch die lichtvolle Farbe, und scheinende Größe dem Garten mehr Leben und Heiterkeit mittheilen. Umgeben von Rosengebüschen stehet die reitzende Flora da, das Gesicht nach ihren aufblühenden Blumenbeeten gekehrt, und über diese scheint die holde Zufriedenheit aus ihren Blicken zu lächeln, und das aus seinen Blättern sich entfaltende Veilchen die nahe Göttin zu grüssen. Dort liegen einige Nymphen, und giessen das von den Springbrunnen in ihre Gefäße sich sammlende Wasser immer geschäftig in den Teich herab; und in jener mit Fruchtbäumen verwachsener Wildnis, die an den benachbarten Wald gränzet, spannet Diana ihren Bogen durch die Gesträuche aus. Aber noch mehr entzücken das Auge jene unfabelhaften Gestalten, Thomson und Kleist, die, von den lauschenden Musen umgeben, oben an dem Ausgange der dämmernden Allee stehen, in der Hand die göttliche Leier, das Haupt mit jungen Rosen bekränzt. Freude umstrahlet ihre Stirne; noch scheinen sie die Reitze der Natur zu besingen, und ihr Mund sich in sanfter Begeisterung zu öfnen; nahe vor ihnen reicht der ernsthaftere Sommer jenem seine

Früchte, da indessen der Frühling an der Hand eines kleinen Amors diesem einen Straus von frischen Maiblumen übergiebt. Diese Statuen setzte Euphranor, der Erbauer des Landhauses; „sie stehen da, sprach er, sie, die uns die Schönheit des Jahres fühlen lehrten, und ihre Bildnisse, die gröste Zierde eines Gartens, sollen uns täglich an ihre Gesänge erinnern. Keiner wandele vor ihnen ohne eine heilige Ehrfurcht vorüber; keiner vergesse, was er Dichtern schuldig ist, die in unsre Brust die Freuden der Natur sangen. [. . .]"

Johann Wolfgang Goethe
Der Garten der Großeltern

Vor diesen didaktischen und pädagogischen Bedrängnissen flüchteten wir gewöhnlich zu den Großeltern. Ihre Wohnung lag auf der Friedberger Gasse und schien ehmals eine Burg gewesen zu sein: denn wenn man herankam, sah man nichts als ein großes Tor mit Zinnen, welches zu beiden Seiten an zwei Nachbarhäuser stieß. Trat man hinein, so gelangte man durch einen schmalen Gang endlich in einen ziemlich breiten Hof, umgeben von ungleichen Gebäuden, welche nunmehr alle zu einer Wohnung vereinigt waren. Gewöhnlich eilten wir sogleich in den Garten, der sich ansehnlich lang und breit hinter den Gebäuden hin erstreckte und sehr gut unterhalten war; die Gänge meistens mit Rebgeländer eingefaßt, ein Teil des Raums den Küchengewächsen, ein andrer den Blumen gewidmet, die vom Frühjahr bis in den Herbst, in reichlicher Abwechslung, die Rabatten so wie die Beete schmückten. Die lange gegen Mittag gerichtete Mauer war zu wohl gezogenen Spalier-Pfirsichbäumen genützt, von denen uns die verbotenen Früchte den Sommer über gar appetitlich entgegenreiften. Doch vermieden wir lieber diese Seite, weil wir unsere Genäschigkeit hier nicht befriedigen durften, und wandten uns zu der entgegengesetzten, wo eine unabsehbare Reihe Johannis- und Stachelbeerbüsche unserer Gierigkeit eine Folge von Ernten bis in den Herbst eröffnete. Nicht weniger war uns ein alter, hoher, weitverbreiteter Maulbeerbaum bedeutend, sowohl wegen seiner Früchte als auch, weil man uns erzählte, daß von seinen Blättern die Seidenwürmer sich ernährten. In diesem friedlichen Revier fand man jeden Abend den Großvater mit behaglicher Geschäftigkeit eigenhändig die feinere Obst- und Blumenzucht besorgend, indes ein Gärtner die gröbere Arbeit verrichtete. Die vielfachen Bemühungen, welche nötig sind, um einen schönen Nelkenflor zu erhalten und zu vermehren, ließ er sich niemals verdrießen. Er selbst band sorgfältig die Zweige der Pfirsichbäume fächerartig an die Spaliere, um einen reichlichen und bequemen Wachstum der Früchte zu befördern. Das Sortieren der Zwiebeln von Tulpen, Hyazinthen und verwandter Gewächse so wie die Sorge für Aufbewahrung derselben überließ er niemanden; und noch erinnere ich mich gern, wie emsig er sich mit dem Okulieren der verschiedenen Rosenarten beschäftigte. Dabei zog er, um sich vor den Dornen zu schützen, jene altertümlichen ledernen Handschuhe an, die ihm beim Pfeifergericht jährlich in Triplo überreicht wurden, woran es ihm deshalb niemals mangelte. So trug er auch immer einen talarähnlichen Schlafrock, und auf dem Haupt eine faltige schwarze Samtmütze, so daß er eine mittlere Person zwischen Alkinous und Laertes hätte vorstellen können.

Alle diese Gartenarbeiten betrieb er ebenso regelmäßig und genau als seine Amtsgeschäfte: denn eh er herunterkam, hatte er immer die Registrande seiner Proponenden für den andern Tag in Ordnung gebracht und die Akten gelesen. Ebenso fuhr er morgens aufs Rathaus, speiste nach seiner Rückkehr, nickte hierauf in seinem Großvaterstuhl, und so ging alles einen Tag wie den andern. Er sprach wenig, zeigte keine Spur von Heftigkeit; ich erinnere mich nicht, ihn zornig gesehen zu haben. Alles, was ihn umgab, war altertümlich. In seiner getäfelten Stube habe ich niemals irgend eine Neuerung wahrgenommen. Seine Bibliothek enthielt außer juristischen Werken nur die ersten Reisebeschreibungen, Seefahrten und Länderentdeckungen. Überhaupt erinnere ich mich keines Zustandes, der so wie dieser das Gefühl eines unverbrüchlichen Friedens und einer ewigen Dauer gegeben hätte.

Friedrich Schiller
Da Sie neulich von Ihrem Gartenhause sprachen

Jena, 31. Januar 1797

An Goethe
Zu der guten Akquisition für die Oper wünsche ich Glück, und was das epische Werk betrifft, so hoffe ich, Sie sind in gute Hände gefallen. Das Werk wird einen glänzenden Absatz haben, und bei solchen Schriften sollte der Verleger billig keinen Profit zu machen suchen, sondern sich mit der Ehre begnügen. Mit schlechten Büchern mag er reich werden.

Weil doch von merkantilischen Dingen die Rede ist, so lassen Sie mich Ihnen eine Idee mitteilen, die mir jetzt sehr am Herzen liegt. Ich bin jetzt genötigt, mich in der Wahl einer Wohnung zu beeilen, da ein Gartenhaus hier zu verkaufen ist, welches mir konvenient wäre, wenn ich hier wohnen bleiben wollte. Da ich notwendig auf einen Garten sehen muß, und die Gelegenheit so leicht nicht wiederkommen könnte, so müßte ich zugreifen.

Nun sind aber verschiedene überwiegende Gründe da, warum ich doch lieber in Weimar wohnen möchte, und könnte ich dort eine Wohnung von derselben Art finden, so möchte ich es wohl vorziehen. Nach den Erkundigungen, die ich habe anstellen lassen, wird dieses aber schwerhalten. Da Sie neulich von Ihrem Gartenhause sprachen und meinten, es habe Raum genug, so wünschte ich zu wissen, ob Sie es vielleicht für eine längere Zeit entbehren und es mir ordentlich vermieten könnten. Es ist ja ohnehin schade, daß es dasteht, ohne sich zu verinteressieren, und mir wäre sehr damit geholfen.

Wären Sie dazu nicht ungeneigt, und qualifizierte sich das Haus in den wesentlichen Dingen dazu, sommers und winters bewohnt zu werden, so würden wir über die Veränderungen, die noch nötig wären, leicht miteinander einig werden können.

Was den Garten betrifft, so stünde ich Ihnen für meine Leute, daß nichts verdorben werden sollte.

Die Entfernung würde mich wenig abschrecken. Meiner Frau ist eine äußere Notwendigkeit, sich in Bewegung zu setzen, sehr gesund, und was mich betrifft, so hoffe ich nach einigen Versuchen in freier Luft, mir auch mehr zutrauen zu können.

Vorderhand wünschte ich nun bloß zu wissen, ob Sie überhaupt nur zu einer solchen Disposition geneigt wären, das übrige würde dann auf eine nähere Besichtigung ankommen.

Leben Sie recht wohl. Alles grüßt. S.

Körner wünscht zu erfahren, ob Sie die bestellten Musikalien und den Katalog der Wackerischen Auktion bekommen?

Wilhelm von Kügelgen
Gartenfreuden

Ballenstedt am 27sten Juli 1844

Mein vielgeliebter theurer Gerhard!
Gestern Morgen bei Zeiten erhielt ich Deinen sehr lieben Brief und der ganze Tag war Feiertag. Es durchzog mich echtes Festtagsgefühl, was auch heute noch nachklingt. Wie köstlich friedlich, freundlich und brüderlich war Dein Brief, ja sogar schmeichelhaft. Ich las ihn im Schatten meines Bosquets und blickte über das Blatt hinweg auf den Sonnenschein der in der Spanischen Kresse glühte und auf den grünen Rasen. Schon sehe ich im Geist das Dampfbot, das Dich herüberbringt und höre den Wagen vor meiner Thür halten, aus dem Du steigst. Sogleich führe ich Dich in den Garten, ich setze Dir frische Milch vor und Venidos oder Kirschen, wenn Du willst, von allen Sorten. Aus der benachbarten Schule über die Baumwipfel tönt der Gesang der unschuldigen Kinder zu uns herüber, sie singen „Jesus meine Zuversicht und mein Heiland ist am Leben, dieses weiß ich, sollt' ich nicht darum mich zufrieden geben" – es sind keine Russen diese Kinder und meine sind darunter. Alles dieses habe ich genossen. Du magst nun kommen oder nicht und Dein Brief hat's bewirkt. Freilich schreibst Du eigentlich am eifrigsten vom Wetter, welches bei Euch noch unter der Grausamkeit rasen muß. Bei uns ist's auch schlecht, aber ein Unterschied muß doch sein, denn trotz des trüben Himmels und unbehaglichen Kälte, sind wir doch viel bei Sonnenschein draußen, essen häufig Abends im Bosquet und müssen zuweilen, wenigstens ich das beschwitzte Hemde wechseln, wenn wir ins Bett steigen. Daß Ihr soviel Regen habt, nimmt mich Wunder, wir haben fast gar keinen und leiden an kalter Dürre, doch sitze ich in meinem kleinen Garten in frischer Vegetation, weil ich fleißig gieße. Dies Jahr sind die

Kirschen ganz vorzüglich, groß und zuckersüß, doch mache ich mir nicht so sonderlich viel daraus und tauschte sie gern gegen Eure Krebse ein. Ihr habt außer Beeren und mittelmäßigen Aepfeln, eigentlich kein Obst, doch entbehrt Ihr im Grunde dabei nichts als eine Revenüe, denn Ihr habt Brei und wie der Herr v. Grünewaldt sagt, dabei völlige Freßbreiheit. Ich bin überzeugt, daß ich in einem ganzen Jahre keinen Brei gefressen habe, es müßte denn Kartoffelbrei mit Bratwürsten gewesen sein. Beim Brei fallen mir natürlich die Weiber ein, welche ihn brauen und da komme ich denn auf Deinen Ausfall gegen das weibliche Geschlecht, bei Gelegenheit des Uexküllschen Ehepaars. Ja wohl haben wir Ursache Gott zu danken für unsere Weiber, wie auch dafür, daß wir keine koketten, verbuhlten, melancholischen, krampfhaften usw. erwischt haben. So sehr gefährlich ist es aber doch nicht eine Wahl zu treffen, wie Du in Deinem augenblicklichen Eifer meintest, denn die Weiber sind im Ganzen eine gute und practische Nation. Am allermeisten zuwider wäre es mir, wenn meine Frau sich auf Theorien steifte, oder vielleicht eine Art Centaur wäre, wie manche Weiber, etwa halb Prophet und halb feminin. Denke Dir wie schrecklich der seligen Krüdener ihr Mann zu sein! Auch würde dieselbe sich mit mir sehr erkältet haben, wir würden uns haben scheiden lassen d. h. damals, denn jetzt wird das Scheiden etwas langweilig. Der König von Pr. druckt schon seit 4 Jahren an einem neuen Ehescheidungsgesetz. Endlich sind jetzt die Präliminarien erschienen, welche nur in einer Erschwerung der Form bestehen. So dürfen z. B. die Sühnversuche des Predigers nicht unter einem halben Jahre beendet sein. Ich glaube, daß in den meisten Fällen Mann und Frau sich gegen den sühnversuchenden Pastor verbinden, ihn zum Hause hinausschmeißen und wieder gut Freund sein werden. Warum man eigentlich die Scheidungen erschweren will, weiß ich nicht; sie sind wegen der Herzenshärtigkeit ein durchaus nothwendiges Arzeneimittel für die Gesellschaft. Bei gläubigen Christen sind sie gar nicht möglich, denn da diese sich nur im Fall des Ehebruchs scheiden dürfen, der Ehebruch ihnen aber noch schärfer untersagt und verpönt ist, so weiß ich nicht wie es bei ihnen jemals zur Scheidung kommen wollte. Wirklich schlechte Ehen aber bei Personen, denen das Gesetz Christi keine Autorität ist, mit Gewalt der Bajonnette zusammen halten zu wollen, scheint ein kleiner Unsinn zu sein. –

Johann Wolfgang Goethe
Sprichwort

Das wär dir ein schönes Gartengelände,
Wo man den Weinstock mit Würsten bände.

Friedrich Paulsen
Der Garten der Mutter

Hier mag auch des Gartens gedacht werden. Er war die Domäne der Mutter. Sie hatte ihn selbst angelegt; als sie einzogen, war es ein wüster Fleck Erde mit einigen Sträuchern gewesen. Sie machte daraus ein kleines Paradies mit unendlichen Schätzen und Herrlichkeiten für das Herz eines Kindes [. . .].

Wichtiger für den Haushalt war der Gemüsebau. Der Grünkohl nahm ein ganzes Viertel ein, er hatte die Aufgabe, dem Wintertisch grünes Gemüse zuzuführen. Ein anderes Viertel nahmen Frühkartoffeln ein; ich hab oft am Morgen, ehe ich zur Schule ging, der Mutter eine Schüssel voll für den Mittagstisch geholt und am Brunnen abgewaschen. Herrlich waren die Mohrrüben (gelbe Wurzeln) . . . Und natürlich Blumen. Da gab's vor allem vor dem Stubenfenster das runde ‚Krautbeet': es war eingefaßt mit blühendem Lavendel; darin standen blühend nach der Jahreszeit Primeln und Aurikeln, Rosen und Nelken, Astern und Reseda. Der Blumengarten setzte sich vor den Fenstern des Hauses fort. Fuchsien, Levkojen, Rosen, Nelken, Passionsblumen, an zierlichem Spalier gezogen, füllten die Fenster, manche als jahrelange Hausgenossen ...

Johann Wolfgang Goethe

Gärtner

Blumen sehet ruhig sprießen,
reizend euer Haupt umzieren;
Früchte wollen nicht verführen,
kostend mag man sie genießen.

Bieten bräunliche Gesichter
Kirschen, Pfirschen, Königspflaumen;
kauft! denn gegen Zung und Gaumen
hält sich Auge schlecht als Richter.

Kommt, von allerreifsten Früchten
mit Geschmack und Lust zu speisen!
Über Rosen läßt sich dichten,
in die Äpfel muß man beißen.

Sei's erlaubt, uns anzupaaren
eurem reichen Jugendflor,
und wir putzen reifer Waren
Fülle nachbarlich empor.

Unter lustigen Gewinden,
in geschmückter Lauben Bucht,
alles ist zugleich zu finden:
Knospe, Blätter, Blume, Frucht.

Martin Brons/Hermann Glaser

Schrebergärtner

Schließlich seien jene erwähnt, die das Grüne nicht suchten, sondern sich schufen: die Schrebergärtner. Auch sie konnten sich auf berühmte Vorbilder stützen: etwa auf die barocken „Hesperidengärten" vor den Mauern Nürnbergs mit ihren seltenen, exotischen Züchtungen. Den Kleingärtnern der Jahrhundertwende ging es freilich weniger um Agrumi und Pomeranzen, mehr um Kraut und Rüben. Sie wollten durch eigene, selbstversorgende Naturalwirtschaft ihr knappes Haushaltsgeld strecken. 1908 entstand ein „Gemeinnütziger Verein zur Gründung von Gartenkolonien". Dr. med. Alfons Stauder wirkte für ihn im Sinne seines Berufskollegen Dr. Schreber aus Leipzig. In seiner Werbeschrift heißt es vom Kleingärtner:

„Gemüse aller Art, Salate, Beeren, Früchte wachsen ihm fast kostenlos zu, der geringe Preis für den Gartenpacht wird mehr als doppelt und dreifach herausgewirtschaftet, die Ersparnis für den Haushalt ist eine oft nicht unbeträchtliche. Je mehr die Kenntnis und Erfahrung im Gartenbau wächst, desto mehr wird sich auch dieser reale Segen über die Kolonie ergießen und zu den sonstigen ideelen Vorteilen auch die Freude am Gewinn gesellen. Um hier von einem klassischen Beispiel zu berichten, was eine mit Fleiß und Umsicht betriebene Gartenkultur zuwege bringt, so sei nur an das Vorgehen des Bürgermeisters Collings in Birmingham erinnert, der in den von ihm gegründeten Arbeitergärten eine rationelle Erdbeerzucht betreiben ließ und dadurch alle Gartenbesitzer zu wohlhabenden Leuten machte. Ich möchte ja nun keineswegs durch die Mitteilung dieser Tatsache den Glauben bei den derzeitigen und künftigen Gartenkolonisten Nürnbergs erwecken oder gar eine Garantie übernehmen, daß sie alle durch ihre Gartenarbeit wohlhabende und vermögende Menschen werden, ich glaube aber, daß bei jeder Arbeiterfamilie die positive Einsparung von niedrig berechnet 30–50 M im Jahr, abgesehen von den vielen anderen Annehmlichkeiten bei den derzeitigen verteuerten Lebensbedingungen, wesentlich ins Gewicht fallen dürfte. Namentlich für kinderreiche Familien, für invalide Arbeiter, die auf eine magere Rente angewiesen sind, ist hier die Möglichkeit geboten, ohne großen Kostenaufwand einen wesentlichen Teil der nötigen Nahrung zu schaffen."

Diesen „Gärtlesgoggerern", wie man sie nannte, ist mehr zu verdanken als Ernten und billige Beiträge zur Begrünung der Stadt: Ohne daß sie es wollten, schufen sie neben ihrer Agri- eine Art Volkskultur. Lange vor Duchamp zeigten sie, daß rostige Badewannen und Wäschezuber, verfremdet ins Grüne gestellt, neben funktionalem Zweitnutzen ästhetische Reize haben können. Und ihre Gartenlaube, einmal „Villa Pappschachtel" genannt, ist manchmal nicht nur ein Wunder an Statik, sondern oft auch eines an Phantasie. Ehe arrivierte Materialkünstler begannen, aus Müll eine Art Kehrricht-art zu kreieren, formten Kleingärtner aus den Resten der Zivilisation burleske Bauten. Bauhausgestählten Stadtplanern sind diese ein Graus. In Wahrheit sind sie gleichsam ein Architektur gewordenes Volkslied: Kleinbürgers Linderhof, sein Sanssouci, sein Versailles, bei dem Bauherr, Architekt und Hilfsarbeiter eines sind; den fürstlichen Lustsitzen à la Sanspareil unvergleichlich im Vorzug, da sie nicht mit abgepreßten Untertanensteuern bezahlt wurden, sondern dem Stadtsäckel zwölf Mark Jahrespacht einbrachten.

Sibylle Meyer/Eva Schulze

In Notzeiten

Zur Verbesserung der Lebensmittelversorgung der Bevölkerung wurde vom Magistrat städtisches Gelände zur privaten Nutzung freigegeben. In den öffentlichen Parks, wie z. B. im Tiergarten, wurden Äcker angelegt und Kartoffeln, Gemüse, Salat und Kohl gezogen. In Hinterhöfen, auf den schmalen Grünflächen zwischen den Häusern und Straßen, auf öffentlichen Plätzen, in Parks, überall wurde mit dem Spaten umgegraben und Gemüse angebaut. Jedes Stückchen Land, auch das kleinste, wurde als Anbaufläche genutzt.

Zwar waren die Möglichkeiten in Berlin, zwischen den Trümmern Kartoffeln oder Kohl zu ziehen, wesentlich begrenzter als in den West- oder Ostzonen, aber die wenigen angelegten Felder und Gärten verbesserten die Lage doch spürbar.

Auch auf Balkonen wurde in jedem verfügbaren Topf Gemüse oder Tabak gezogen. Viele Berliner züchteten Kaninchen, Hühner und Schweine sogar in Wohnungen. Im April 1946 wurden in über 97000 Haushalten in Berlin Hühner, Schweine, Enten, Kaninchen, Schafe, Ziegen, Hühner und Bienen gehalten. Die Besitzer von Schrebergärten hatten in den ersten Nachkriegsjahren große Vorteile gegenüber den anderen.

Frau Berg, Jahrgang 1910, die mit ihrer Schwester und den drei Kindern am Stadtrand Berlins in Frohnau wohnte, war eine glückliche Gartenbesitzerin:

„Und dann fingen wir an, im Garten Tomaten zu züchten. Gott sei Dank, kann ich nur sagen, hatten wir damals noch keine Kanalisation für diesen Teil von Frohnau, so daß wir hier die alte Jauchegrube enorm nutzen konnten. Alle hatten sich einen langen Stiel mit Schöpfer organisiert, und

dann schöpfte man die Jauche rein, dann ein bißchen Sand drauf. Dann wartete man eine Woche, bis sich das abgesetzt hatte, und pflanzte die Tomaten rein. Die Tomaten haben das gut vertragen. Alle machten das so. Man roch es immer. Wir nannten das ‚jauchzen'. Wir hatten auch grünen Salat angepflanzt und Rhabarber und Kohlrabi."

Alwin Seifert

Die Kunst, mit Kompost umzugehen

Erst in den letzten Jahren ist es mir dank dem besonders schwierigen Boden, auf dem ich arbeiten mußte, ganz klar geworden, daß es nicht der Kompost ist, der unsere Kräuter und Sträucher und Bäume so gesund heranwachsen läßt, sondern das milliardenfache Bodenleben selbst und allein, weil es aus dem Kompost auswandern kann, weil es neben den Wurzeln unserer Obstbäume her in die ungedüngte Wiese hinausläuft, Dauerhumus schafft, Kali, Kalk und Phosphorsäure aus den Bodenmineralien freimacht und den Baumwurzeln zur Verfügung stellt.

Ich weiß jetzt, warum Kartoffelstauden schon im ersten Sommer neuer Kompostwirtschaft freibleiben von Kartoffelkäfern und ihren Larven, warum aber neugepflanzte Obstbäume noch ein paar Jahre lang voll von Blattläusen sitzen, bis diese ganz plötzlich verschwinden müssen.

Aber ich weiß nicht, warum unsere Kulturpflanzen nur dann ihre vollkommene Gesundheit und damit volle Abwehrkraft gegen jeden Schädling erreichen, wenn sie mit ihren Wurzeln in reichstmöglichem Bodenleben stehen. Es genügt mir durchaus, mit Goethe „das Erforschliche erforscht zu haben und das Unerforschliche ruhig zu verehren". Daß gesundes Leben nur von reichem Lebendigem kommt, ist mir Weisheit und Erkenntnis genug.

Damit dieses Lebendige nun in der rechten Art in unsere Beete kommt, müssen wir den Kompost feinverteilt mit deren Boden mischen, aber nur mit der obersten lufthaltigen Schicht. Der Kompost darf ja nicht austrocknen, sonst geht das Leben in ihm in scheintote Dauerformen über; deshalb das Vermischen mit der obersten Bodenschicht oder das Abdecken mit Gras oder Laub. Auch unter unserem Holzapfelbaum liegt der schon reife Kompost unter einer Decke von Herbstlaub. Jener Teil unserer Kleinsthelfer, die in dichterem Boden arbeiten, wandert von selber in diesen hinunter. Um leicht und fein mit dem Kompost arbeiten zu können, geben wir ihn durch ein Wurfgitter mit 15 mm Maschenweite. Auf ein saatfertig hergerichtetes Beet mit 6,00 m Länge und der üblichen Breite von 1,20 m fahren wir zwei gute Schubkarren voll dieses gesiebten Komposts und breiten ihn mit einem kurzzähnigen Holzrechen gleichmäßig aus; das gibt eine Decke von genau 1 cm Stärke. Mit einem Wolf-Krümler vermischen wir sie mit der obersten etwa 6 cm tiefen Schicht der Beeterde und rechen diese wieder glatt – und das alles bei schon oder noch warmem Boden. (Ich habe mir angewöhnt, möglichst viele meiner Beete schon im Herbst saat- oder pflanzfertig herzurichten.)

Was bei dem Sieben des Komposts nicht durch das Wurfgitter gegangen ist, kommt als Impfung in den neuen Komposthaufen.

Bei den Beerensträuchern und den Obstbaumscheiben können wir uns die Arbeit etwas leichter machen. Wir können dort den Kompost nicht mit der Erde mischen, weil dicht unter der Oberfläche der wichtigste Teil des Wurzelwerks der Sträucher und Bäume hinstreicht, das wir nicht stören sollen. Wir breiten da den ungesiebten Kompost – zusamt erst halbverrottetem Holz usw. – in einer Stärke von 2 cm aus und decken ihn im Frühjahr mit einer handhohen Schicht von Gras oder Laub zu. Unter reichtragenden Obstbäumen darf diese Kompostschicht 3 cm stark sein oder auch zur Hälfte aus verkompostiertem Stallmist bestehen. Man hat das ganze Jahr über den Eindruck, daß die Erde der Baumscheiben bis in ziemliche Tiefe hinab wirklich „aufgeht“, ohne daß dazu etwas getan werden muß. Schon die bloße Abdeckung der Baumscheiben vermehrt den Gehalt des Bodens an Phosphorsäure.

Das Abdecken von Beeten oder Baumscheiben mit Gras oder Laub hat wohl den Zweck, die Flächen zu beschatten, feucht zu halten und vor Wind, Sonne und Austrocknen zu schützen, mehr aber noch den, das Bodenleben zu füttern. Deshalb kann diese Decke den Sommer über dick sein; im Winter muß sie dünn bleiben, einmal, um die Wühlmäuse nicht zu verlocken, ihre Winterstuben darunter zu bauen, und zum anderen, damit der mindestens für schwere Lehmböden so wichtige Winterfrost genügend tief eindringen kann.

Deshalb werden Beete, die man schon im Herbst saat- oder pflanzfertig hergerichtet hat, mit einer zweifingerdikken Schicht von Gras, Stroh oder Laub abgedeckt. Wenn nebenan der offene Boden schon handtief gefroren ist, dann ist unter solcher Decke immer noch Leben. Zieht man sie irgendwo rasch beiseite, dann kann man sehen, daß geradezu dicht an dicht die Regenwürmer tätig sind, sie in den Boden einzuarbeiten.

Hansjörg Küster

Petersilie

Die Petersilie oder der Peterling (Petroselinum crispum) entstammt der Familie der Doldengewächse (Apiaceae oder Umbelliferae). Das Gewächs ist im allgemeinen zweijährig. Das erste Grün der Pflanze wird erst etwa sieben Wochen nach der Aussaat sichtbar. Nach heidnischer Vorstellung wandert der Samen in dieser Zeit sieben Mal zum Teufel und wieder zurück, nach christlicher Meinung zum heiligen Peter nach Rom, um zu fragen, ob das Keimen erlaubt sei. Wenn man einem anderen Aberglauben folgt und die Petersilie erst am Sankt-Peters-Tag (29. Juni) aussät, bleibt dem Würzkraut nur eine kurze Zeit, um im Verlauf von Spätsommer und Herbst Blätter und lange Pfahlwurzeln auszubilden. Die intensiv dunkelgrünen Blätter sind in viele Abschnitte untergliedert. Es gibt zahlreiche Formen der Blätter, die völlig glatt sein können und dann stärker würzen sollen, allerdings aber leicht mit dem giftigen Schierling und der Hundspetersilie verwechselt werden, oder auch mehr oder weniger stark gekräuselt sind – krausblättrige Petersilie wirkt dekorativer und ist mit dem Laub keiner anderen Pflanze zu verwechseln. Obwohl Petersilienblätter dem Frost recht gut widerstehen können, wird doch ein Teil der Biomasse während des Winters in der verdickten Wurzel aufbewahrt. Der Petersilienpflanze stehen im zweiten Lebensjahr diese Reservestoffe zur Verfügung, wenn sie die gerillten Stengel mit mehreren Blättern und die Blütendolden ausbildet, die sich aus sehr zahlreichen winzigen grünlich-gelben Blüten zusammensetzen. Zur Blütezeit im Hochsommer kann eine Petersilienpflanze – läßt man sie wachsen, wie sie will – die stattliche Höhe von fast einem Meter erreichen. Die typischen, paarweise, gewissermaßen Rücken an Rücken aufgehängten Teilfrüchte sind zugespitzt eiförmig und haben nur wenig hervortretende Rippen.

Die Petersilie stammt aus dem Mittelmeergebiet. Weil sie sehr frühzeitig in Kultur genommen wurde, ist nur schwer zu entscheiden, welcher Bezirk der Mediterraneis als ihre engere Heimat in Frage kommt. Für eine ostmediterrane Herkunft könnte ihr griechischer Name sprechen. Mit sélinon bezeichneten die Griechen eine ganze Reihe von Doldengewächsen, und darunter war die Petersilie das auf den Felsen wachsende (petrós – der Felsen). Ob das petroselinon der Griechen (der Name stand bei allen späteren Taufen Pate) aber wirklich unsere Petersilie bezeichnete, ist nicht sicher. Und als die Griechen die Pflanze benannten, war sie auch schon viele Jahrhunderte in Kultur. Für eine westmediterrane Abstammung der Petersilie spricht dagegen, daß sie an der asiatischen Ostküste des Mittelmeeres, in Ägypten und auf dem Balkan nicht wild wächst, dafür aber an allen weiter im Westen liegenden Gestaden des Meeres und auf den Kanaren. Wie dem auch sei – die Petersilie ist sicher schon vor mehr als 5000 Jahren kultiviert worden. Denn um 3000 vor Christus wurde das Kraut bereits im südlichen Mitteleuropa angebaut, in einer Gegend, in der die Petersilie keinesfalls wild wächst. Die archäologischen Funde von dort belegen somit den Anbau der Pflanze nördlich der Alpen während der Jungsteinzeit, was eine zeitlich davor liegende Kultivierung im Herkunftsland voraussetzt. Aus vorgeschichtlicher Zeit gibt es immer wieder archäologische Funde von Früchten der Petersilie. Die ersten zuverlässigen schriftlichen Quellen über die Pflanze lieferten die Römer: Plinius erwähnte die krausblättrige Petersilie. Weil unter den Doldengewächsen nur die Petersilie krause Blätter hervorbringen kann, ist das Petroselinum des Plinius tatsächlich unsere Petersilie. Sie scheint in römischen Küchen viel verwendet worden zu sein. Außer den Blättern wanderten auch die Früchte in die Kochtöpfe, um Speisen zu würzen. Die römischen Truppen besaßen selbst im fernen Xanten Petersilie, was wiederum archäologische Funde belegen.

Im Mittelalter war die Pflanze ein verbreitetes Gartenkraut. Man schien sie aber in erster Linie nicht als Gewürz, sondern zunächst als Heilpflanze zu schätzen, die man vornehmlich bei Verdauungsstörungen und Erkrankungen der Harnwege gebrauchte. Hinzu kam, daß Petersilie damals als Zauberkraut bekannt war, das Glück und Unheil bringen konnte. So existierte der Aberglauben, daß man beim Petersilie-Säen den Namen einer Person aussprechen konnte, die man innerhalb von wenigen Tagen unter die Erde bringen wollte. Aus der Sage, daß die Petersilie durch die Verschmelzung des Knaben Peter, der Wurzel, mit dem Mädchen Silie, dem grünen Kraut, entstand, könnte eine erotische Bedeutung erkennbar werden. Diese Bedeutung wird klarer in dem Satz: „Petersilie hilft dem Mann aufs Pferd, den Frauen unter die Erd'." Dies bezieht sich darauf, daß Männer durch Verspeisen von Petersilie ihre sexuellen Gelüste anregten, Frauen das Kraut für Abtreibungen nutzten. In der mittelalterlichen Medizin wurde Petersilie ferner gegen Syphilis und Tripper verordnet. In vielen mittelalterlichen Städten, so in Braunschweig und Lübeck, gibt es eine Petersilienstraße; sie war der Bezirk, in dem man die Petersilie nach allgemeiner Ansicht besonders benötigte, die Meile der leichten Mädchen.

Die Bedeutung der Petersilie als Gewürz nahm im Verlauf der Jahrhunderte stetig zu. Eine Richtschnur für ihre Verwendung hatte im 12. Jahrhundert die heilige Hildegard von Bingen gegeben: Petersilie sollte nicht mitgekocht werden, sondern erst kurz vor dem Auftragen an die Speisen kommen, was die Würzkraft des Krautes besser zum Vorschein bringt. Obwohl das nicht unbedingt stimmt, halten sich die meisten Hausfrauen noch heute an diese Regel. Mittelalterliche Kochrezepte empfehlen Petersilie vor allem zu fetthaltigen Speisen, Fleisch, Geflügel und Fisch; Petersilie sollte die schwere Kost besser verdaulich machen. Zu Ende des Mittelalters war Petersilie ein allbekanntes Würzkraut; bis zum heutigen Tage ist sie eines der allerwichtigsten Küchenkräuter geblieben.

Petersilie wird auf Feldern angebaut (den Landwirten wird eine Saatmenge von etwa zehn Kilogramm pro Hektar empfohlen). Traditionell gibt es diese Felder in der Umgebung von Frankfurt, wo man Petersilie für die berühmte Grüne Soße in Mengen benötigt. Vor allem findet man Petersilie aber in Gärten. Der Gärtner muß darauf achten, daß er jeder Pflanze genug Platz zum Wachsen läßt, daß sie in guten Boden kommt und daß man die Samen zeitig im Frühjahr ausbringt. Man erntet am besten immer die jeweils am weitesten entwickelten Blätter, dann können die jüngeren besser nachwachsen. Das Grün von blühenden oder fruchtenden Pflanzen ist längst nicht so würzig wie das von blütenlosen, daher muß die Ernte von Petersilienblättern bis zur Blüte abgeschlossen sein. Petersilie kann man nicht nur im Freien, sondern auch im Blumentopf ziehen. Man kann sich auf diese Weise frischen Peterling auch im Winter verfügbar halten. Doch steht auch die überall erhältliche Gefrierpetersilie dem frischen Kraut in nichts nach. Frische Petersilienblätter werden entweder in der Petersilienmühle oder mit einem Wiegemesser auf einem bald intensiv grün gefärbten Holzbrett zerkleinert. Mit Petersilie kann man so gut wie jede salzige Speise würzen, die bei uns auf den Tisch kommt: Fleisch, Gemüse, Kartoffeln – hier sei an die bekannten Petersilienkartoffeln erinnert –, Reis, Soßen, Salate, Suppen (Petersilie gehört zum Suppengrün), Kräuterbutter, Eierspeisen, Semmelknödel, Würste. Nur mit Süßspeisen verträgt Petersilie sich nicht. Mindestens ebenso wichtig wie das Gewürz sind ganze Petersilienblätter als Garnierung oder Dekoration, die die meisten Restaurantgäste beim Abtragen des Geschirrs wieder mit hinausgehen lassen. So kommt es, daß immer nur ein Teil der angebauten Petersilienmenge auch tatsächlich gegessen wird.

Weniger bekannte Würzen sind Petersiliensamen und die verdickten Wurzeln, wobei letztere auch von der besonders gezüchteten Wurzelpetersilie stammen können, die man als Gemüse verzehren kann. Die Petersilienwurzel kennt man heute noch als Heilmittel bei Blasenerkrankungen und Verdauungsstörungen. Experimentell konnte an Meerschweinchen gezeigt werden, daß die Gebärmutteraktivität durch Petersilie gesteigert wird. In sehr großen Mengen kann das Kraut Rauschzustände hervorrufen, womit ein Teil des mittelalterlichen Petersilien-Aberglaubens eine Begründung erhält.

Heinrich Schipperges
Heilschätze aus dem Garten

Den größten Heilschatz bietet naturgemäß das Pflanzenreich. Heilpflanzen können äußerlich als Balsam, Salbe oder Pflaster angewendet werden; zur inneren Heilung werden sie wirksam als Trank oder als Pulver, als Sirup oder in Pillenform oder als Leckmittel (electuarium), auch Latwerge genannt.

An der Fuldaer Klosterschule schrieb Walahfrid Strabo, der 842 Abt des Klosters Reichenau wurde und 849 auf einer Gesandtschaftsreise verstarb, seinen „Hortulus", der aus 25 Gedichten besteht, die alle Pflanzen seines Klostergartens auf der Reichenau besingen. Dabei werden alle auch als Heilkräuter bezeichnet: Lilien, Rosen, Salbei und Raute, die Iris und Minze, Fenchel, Polei, Kresse und Kümmel, die Bitterwurz und der Bockshornklee, auch die gemeine Bohne, ferner Zitronenkraut, Kürbis, Wermut und Sanddorn, Betonie und Leberklee, der Beifuß und die Katzenminze und schließlich der Meerrettich. Mit Wachstum und Eigenschaften werden jeweils auch die therapeutischen Merkmale beschrieben, so zum Beispiel bei der „ruta", die in der „viridissima silvula" wächst: „Diesen schattigen Hain ziert dunkelfarbiger Raute / Grünes Gebüsch. Ihre Blätter sind klein, und so streut sie wie Schirmchen / Kurz ihre Schatten nur hin, läßt dringen das Wehen des Windes / Und die Strahlen Apollos bis hinab zu den untersten Stengeln. / Rührt man leicht sie nur an, so verbreitet sie starke Gerüche. / Kräftig vermag sie zu wirken, mit vielfacher Heilkraft versehen, / So, wie man sagt, bekämpft sie besonders verborgene Gifte, / Reinigt den Körper von Säften, die ihn verderblich befallen."

Ganz ähnlich besingt Walahfrid Strabo in seinem „Hortulus" die Salbei: „Leuchtend blühet Salbei, ganz vorn am Eingang des Gartens, / süß von Geruch, voll wirkender

Kräfte und heilsam zu trinken. / Manche Gebresten der Menschen zu heilen, erwies sie sich als nützlich. / Ewig in Grüne der Jugend zu stehen, hat sie dadurch verdienet."

Salbei und auch Pfeffer werden immer wieder als Heilmittel gegen Magenbeschwerden herangezogen. So heißt es in einem frühmittelalterlichen Rezept „Ad stomachi dolorem": „Salbei und Pfeffer und Salz in altem Weine getrunken heilt."

In seinem „Liber de cultura hortorum" gibt Walahfrid in poetischer Form auch zahlreiche, oft überraschend praktische Anweisungen zum Gartenbau. Zuerst habe man den ausgewählten Platz herzurichten, die Brennesseln auszuroden, Maulwürfe zu beseitigen und sich nicht zu scheuen, „die schwieligen Hände tagsüber zu bräunen und in vollen Körben den Dünger im dürren Erdreich zu verteilen". Das alles lerne man freilich nicht aus den Büchern; das bereite Mühe und Arbeit (labor et studium), denn das lerne man allein aus der eigenen Erfahrung. Zugleich aber erlebe man die Pflege des Gartens als „eines der vorzüglichsten Kennzeichen des friedlichen Daseins".

Die Pflege medizinischer Kräutergärten hatten sich vor allem arabische Ärzte und Apotheker zur Aufgabe gemacht. Zur Grundlage ihrer Heilkräuterkultur machten sie das Riesenwerk des Dioskurides, eines griechisch-römischen Militärarztes im ersten nachchristlichen Jahrhundert, dessen „Materia Medica" in fünf Büchern im „Haus der Weisheit" zu Bagdad ins Arabische übersetzt worden war. Der Geograph Aš-Šarīf al-Idrīsī (gestorben 1166) nennt Dioskurides als die Quelle, aus der alles schöpft, und einen Schatz, aus dem alle Nutzen zogen: „Daraus habe ich meinen Koran gemacht, und ich habe mich bemüht, seinen wissenschaftlichen Inhalt fast ganz auswendig zu kennen."

In seiner Anleitung zur „Großen Zusammenstellung über die Kräfte der bekannten einfachen Heil- und Nahrungsmittel" schreibt der Arzt und Apotheker Ibn al-Baiṭār (gestorben 1248): „Lob sei Gott, der dem Menschen Mittel schuf, seine Gesundheit zu erhalten, Krankheit durch Umänderung derselben in den gesunden Zustand abzuwenden und zwischen Heilmitteln und Nahrungsstoffen eine feste Grenze zu ziehen. All das, was mir durch Überzeugung und Anschauung als wahr erscheint und bei mir durch Klarheit, nicht durch Erzählung, Festigkeit gewinnt, werde ich als einen kostbaren Schatz aufbewahren, mich ganz allein auf den allvermögenden Gott verlassend. Bei solchem Verfahren habe ich weder den alten noch neueren Ärzten etwas zu entgegnen, die außer mir sich gleichfalls auf die Wahrheit stützen. Mein Vertrauen sind Anschauung und reine Erfahrung, so wie ich es hier ausgesprochen habe."

Auch Hildegard von Bingen setzte bei allen Heilmaßnahmen ihr Vertrauen letztlich auf „Gottes Macht", die mit einer wunderbaren Lebendigkeit „im Unbekannten der Pflanzen" wese, in jenen „geheimen Kräften" nämlich, „die der Mensch noch nicht erforschen konnte". Und so sind nach Hildegard in allen Elementen der Welt, in den Pflanzen und Steinen und Tieren, gewisse Wunderwerke eingeborgen, die dem Menschen an die Hand gegeben werden sollen.

In ähnlicher Weise wird in dem berühmten Wiener Kodex 93, einer reich illustrierten Handschrift des 13. Jahrhunderts, nach einer allgemeinen Anrufung der „Mutter Erde" der Blick auf die Pflanzen gelenkt, auf den tausendfachen Schatz heilsamer Kräuter, welche die gütige Mutter Erde uns schenkt: „Die Pflanzen, die deine Majestät erzeugt, / schenke allen Völkern zu ihrer Rettung. / Überlasse mir diese deine Medizin, / sie gelange zu mir mit all deiner heilenden Macht. / Was ich auch immer daraus herstelle, es möge gut anschlagen. / Wem immer ich diese Medizin gebe, wer sie auch von mir empfängt, / lasse sie alle gesund werden!"

Der Wiener Kodex zeigt dann eine riesige Anzahl von Heiltränken mit je spezifischen Heilanwendungen, so bei Kopfschmerzen, Juckreiz, Blutungen, Magenschwäche, Husten oder Vergiftungen. Da heißt es etwa vom Satirion

(Orchis specialis), dem Knabenkraut: „Wenn jemand einer Frau nicht beischlafen kann: Die Wurzel der Pflanze Priapiscus, und zwar den rechten Hoden (Knolle), der größer ist, zerreibe mit 47 weißen Pfefferkörnern, damit sie in sich habe die Hälfte einer Halbunze, die oben genannte Pflanze und 4 Unzen Honig. Löse diese Arznei in bestem Wein, und wer drei Tage hindurch 9 Skrupel davon zu sich nimmt, wird der Frau beischlafen."

„Eine Kur bei Schlangenbiß" empfiehlt: „Die Pflanze Scordeon (Allium vineale L.; Weinberglauch, Knoblauch) wird abgekocht, und die Brühe reiche mit Wein als Getränk; die zerriebene Pflanze selbst lege auf die Wunde auf. Auch nimmt die um den Körper gewundene Pflanze Scordeon das tägliche und das dreitägige Fieber." Wunderkräfte verspricht ein Heiltrank mit der Brombeere (Eruscus; Rubus fructicosus L.; auch: Mora silvatica [Waldesrast] genannt): „Bei der Monatsblutung der Frauen koche 21 junge Eruscus-Triebe in Wasser bis auf ein Drittel ein, und gib es drei Tage hindurch auf nüchternen Magen zu trinken. Erneuere täglich den Trank." Weiter lesen wir: „Gegen Beschwerden des Zahnfleischs und der Lippen: Koche zarte Eruscus-Zweiglein in Wein; diesen Wein benutze als Mundwasser – das wirkt ganz außerordentlich."

Daß auch die Verliebtheit als Krankheit angesehen wurde und dementsprechend behandelt werden mußte, mag uns aufgeklärte Menschen von heute überraschen. Und doch sollten auch und gerade die unheilbar Verliebten ernstgenommen werden, wenn von den Kranken im Mittelalter die Rede ist.

Wie die Liebe einerseits verblendet und „betört", das heißt zu einem Toren macht, so macht sie aber andererseits auch hellsichtig und einsichtig. Gerade der Irrsinnige in seiner Narrheit wurde zu einem Symbol für diese verrückte Welt. Die christlichen Mystiker begannen im Herbst des Mittelalters von dem abgründigen Wissen der Narren zu sprechen, die tiefsinnig und schwermütig geworden und auf ihre Art dahintergekommen seien. Der aufgeklärte Kardinal Nikolaus von Kues glaubte, daß normalerweise im Gang zu Gott auch die Gefahr der Verrückung, des Verrücktwerdens und der Verrücktheit stecke und daß sich die Extreme des Heiligen und des Ketzers – ähnlich wie bei Genie und Wahnsinn – berührten.

So vielfältig die Erscheinungen der Liebeskrankheit gewesen sein mochten, so reichhaltig, oft auch verwirrend, war das Angebot an Heilmitteln. Nichts ist vielgestaltiger als die Liebe, und was wurde nicht alles sowohl für als auch gegen die Liebe empfohlen! Nach Hildegard unterdrückt die Raute (Ruta graveolens L.) den Samenfluß und damit die Libido des Mannes; sie hilft aber auch bei Menstruationsbeschwerden und gegen die Gicht. Nicht verschwiegen werden sollte ein Liebestrank bei Hildegard, der aus der Hauswurz (Sempervivum tectorum L.), die in den Pyrenäen und im Alpenlande heimisch ist, gebraut wird und Gerbstoffe, Harze und Schleim enthält. Dieser Trank sollte gegen Impotenz wirksam sein, mit Frauenmilch zubereitet auch gegen die Taubheit.

Zur Dämpfung von Schmerzen wie auch zur Anregung der Liebe finden in erster Linie Nachtschattengewächse Verwendung: etwa der Stechapfel (Datura Stramonium) oder das Bilsenkraut (Hyoscyamus niger), immer wieder auch die Alraune (Atropa Mandragora). Zubereitet werden die Pflanzensäfte als Auszug, Aufguß oder Abkochung. Aus den Auszügen, vor allem mit Hilfe von Weingeist, wurden später die „Tinkturen" oder auch, mit Weingeist eingedickt, die berühmten „Extrakte".

In einem mittelalterlichen Manuskript des Pierre Mora wird als Liebesmittel ein Rezept erwähnt, demzufolge Taubenherz, Sperlingsleber, die Niere eines Hasen sowie die Geschlechtsorgane einer Schwalbe, getrocknet und zerstoßen, zu einem Heiltrank zusammengebraut werden. Dem heiligen Albertus Magnus wird ein Pulver zugeschrieben, das aus getrockneten, mit Immergrün und Hauslauch verriebenen Würmern bestand; es mußte aufgelöst eingenommen werden und sollte der Festigung der ehelichen Liebe dienen.

Im Jahre 1323 wurde in Irland eine Petronilla de Meath auf dem Scheiterhaufen verbrannt, nachdem sie gestanden hatte, Liebestränke aus Otternfleisch, Spinnen, Fingerkraut und dem Gehirn ungetaufter Säuglinge gebraut zu haben. Französische Liebestränke aus dem 14. Jahrhundert enthielten neben Arsenik und Quecksilber auch Eidechsen und Rattenschwänze, gedörrte Kröten und Spinnen, das Haar eines gehenkten Verbrechers sowie Eisenkraut, Majoran und Minze.

Spruchweisheit und Volkspoesie sind voll des Lobes über die Wirkung von Liebestränken, aber auch voller Skepsis und wohltuender Nüchternheit: „Der Liebsten Schönheit ohnegleichen betört' mich, als ich sie erschaut. Ihr blauer Blick konnt' mich erweichen und nicht der Farn, den sie zum Trank gebraut." Erinnert sei in diesem Zusammenhang auch an den weisen Rat der Alten, den Seneca in seinen „Epistolae" weitergibt: „Ich will Dir einen Liebestrank verraten, ohne Arzneistoff, ohne Giftkräuter, ohne jeden Bezauberungstrank einer Giftmischerin: Wenn Du geliebt werden willst, so liebe!"

Ganze Sagenkreise und unglaubliche Mären spinnen sich um die Alraunewurzel, deren die Verliebten sich mit Vorliebe bedienten. Eine herausragende Rolle als Ingrediens spielte daher bei allen Liebestränken diese Mandragora, abgeleitet vom persischen „mardom ghiah" (Manneskraut) oder „mehregiah" (Liebeskraut). Auch die Klosterfrau Hildegard von Bingen kennt die Mandragora, mehr freilich als Antiaphrodisiakum oder auch als schmerzstillendes Mittel, das bei Mißstimmungen und Traurigkeit euphorisierend wirke.

Deutlicher nennt die heilige Hildegard den Wein einen Heiltrunk voller „virtutes", voll von „viriditas", von erquickender Lebensgrüne. „Denn der Wein heilt und erfreut den Menschen mit seiner gesunden Wärme und seiner großen Kraft." Wir finden bei Hildegard Dutzende von Rezepten, nach denen Heilkräuter zu kochen sind in gutem Weine. Der Wein wird mit Zutaten versehen, etwa gekochtem Honig, und dann von den Kräutern getrennt; er muß nun abermals aufsieden und wird danach durch ein Säckchen gefiltert, um schließlich als Heiltrank zu dienen.

Im gälischen Kulturkreis findet sich frühzeitig schon ein Heiltrank, den sie „uisge beatha" nannten, was so viel wie Lebenswasser hieß und das genaue Pendant zu „Aquavit" oder „Wodka" darstellt. Religiöse Orden benutzten bei der Pflege ihrer Kranken eine verfeinerte Form von solchem „ouske", aus dem später der Whisky wurde. Vor allem durch die Pestseuchen sah man sich veranlaßt, nach prophylaktischen Maßnahmen zu suchen, wobei der heilende Trunk nicht mehr auf der Basis von Kräutern, sondern von Getreide hergestellt wurde. Im Jahre 1494 findet sich in Schottland erstmals ein Hinweis auf diesen Whisky, der freilich nur als Getränk für die unteren Schichten gedacht war.

Friedrich Justinian von Günderode
Schönheit der englischen Gärten

Von der Landschaft in England überhaupt.

Es ist wohl außer allem Zweifel, daß ein jedes Land etwas besonders Charakteristisches in allen Stücken hat; am meisten leuchten wohl solche Kennzeichen am Menschen selbst herfür, sie erstrecken sich aber auch über leblose Dinge, und soviel ist gewiß, daß die Landschaft in England, auch schon dem Gesichte nach, ganz anders als die in Teutschland, Frankreich oder Holland ist; deren Gegenden sind von jenen weit unterschieden.

Besonders schönes Grün des dortigen Grases; Ursache hiervon.

So macht zum Beispiel auch nur das Gras von dem in andern Gegenden einen sehr verschiedenen Anblick und zeichnet sich durch ein weit lebhafteres und frischeres Grün aus.

Die Ursache, welche man davon angibt, ist sehr glaubwürdig und besteht hauptsächlich in dem Klima; es kommen nämlich Kälte und Hitze nie zu einem sehr hohen Grade in diesen Provinzen, oder sind doch wenigstens nie anhaltend heftig, denn wenn schon die Kälte für den Menschen sehr empfindlich ist, so steigt sie doch deswegen zu keinem hohen Grade, weil sie durch die vielen Nebel und feuchte Seeluft gemildert wird, und eben diese verursachen auch, daß nicht leicht brennende und trockne Hitze stattfinden kann. Da nun das Gras nicht durch trockne Kälte gedrückt und durch zu heftige Hitze verbrannt, sondern unaufhörlich mit feuchter Luft und öfterm Nebel befeuchtet wird, so erhält es sich immerhin in diesem frischen Ansehn und pranget mit dem schönsten und lebhaftesten Grün, welches sich nur gedenken läßt.

Landhäuser, allgemeiner Geschmack bei ihren Gärten.

Die Engländer wenden vieles auf Landhäuser und besonders auf die dabei gelegenen Gärten. In allen Gegenden des Landes trifft man viele Landhäuser an, um London herum sind sie fast unzählig, doch sollen sie tiefer im Lande weit schöner und sehenswürdiger sein.

Das Ausgezeichnete vor andern Ländern dabei ist, daß man nicht die Schönheiten der Natur durch trockne Kunst vertreibet, sondern nur die Kunst dabei anwendet, um die Schönheiten der Natur in ein gutes Licht zu setzen und behülflich zu sein, daß sie überall bleibt, was sie ist, und daß sie nicht, wie man es an so vielen Orten antrifft, durch unnötige und aufgehäufte Zieraten zernichtet und doch wenigstens verstellt und verringert wird. Hauptsächlich bestehn diese Gärten in einer anmutigen Abwechselung von Bosquets, freien grünen Plätzen, Wasserbehältern und mehrerlei Gattungen von Lusthäusern. Die vielen Gattungen ausländischer, besonders amerikanischer Holzarten, welche man da häufig antrifft, tragen ungemein viel dazu bei, ihre Bosquetter schön und angenehm zu machen.

Schöne Wege in den Gärten.

Zur Verhärtung und Unterhaltung der Spazierwege hat man ganz besondere Vorteile in England; in der Mitte werden sie ein wenig erhaben gemacht, so daß kein Wasser darauf stehenbleiben kann; denn haben sie einen rotgelben Kies, welcher durch öfteres Walzen und fleißige Sorgfalt so sehr gehärtet wird, daß der Boden nicht anders ist, als wenn er mit breiten Steinen geplattet wäre und so wie diese von allem Staub und Unreinigkeit abgekehret werden kann.

Außer der Reinlichkeit und Bequemlichkeit im Gehen, welche diese Wege verschaffen, verursachen selbige auch einen ungemein schönen Anblick, besonders, wenn sie sich durch die schönen grünen Plätze hindurchschlängeln und dem Auge die angenehme Abwechselung von schönem Rot und Grün darstellen. Gerade Wege sieht man da nur selten; Mutter Natur, von deren Weise man nicht abweichen will, bildet sie nicht so, sondern gefällt sich in der häufigen Abwechselung und systematischen Unordnung, welche überall herrscht, wenn sie Menschenhände nicht in gewisse regelmäßige Formen einsperrt.

Sogenanntes englisches Gras in denen Gärten, dessen Wartung.

Diese schönen grünen Plätze in den Gärten werden mit ganz besonderer Sorgfalt gezogen und unterhalten, so daß sie einem schönen, grünen Teppich ähnlich sehen; um dazu zu gelangen, müssen sie auf folgende Art behandelt werden. Das Gras wird immerhin, sobald es herauswächset, ganz kurz an der Erde abgeschnitten und alsdann mit schweren Walzen, wie man die Wege härtet, überfahren und platt gedrücket, durch öftere Wiederholung dieses Verfahrens wird der Grasboden so dichte und so hart, daß er wie ein Stubenboden abgekehret und reingehalten werden kann und sich dem Auge auf das angenehmste darstellt.

Johann Peter Eckermann
Mit Goethe in seinem Garten

Montag, den 22. März 1824

Mit Goethe vor Tisch nach seinem Garten gefahren.

Die Lage dieses Gartens, jenseits der Ilm, in der Nähe des Parks, an dem westlichen Abhange eines Hügelzuges, hat etwas sehr Trauliches. Vor Nord- und Ostwinden geschützt, ist er den erwärmenden und belebenden Einwirkungen des südlichen und westlichen Himmels offen, welches ihn besonders im Herbst und Frühling zu einem höchst angenehmen Aufenthalte macht.

Der in nordwestlicher Richtung liegenden Stadt ist man so nahe, daß man in wenigen Minuten dort sein kann, und doch, wenn man umherblickt, sieht man nirgend ein Gebäude oder eine Turmspitze ragen, die an eine solche städtische Nähe erinnern könnte; die hohen dichten Bäume des Parks verhüllen alle Aussicht nach jener Seite. Sie ziehen sich links, nach Norden zu, unter dem Namen des Sternes ganz nahe an den Fahrweg heran, der unmittelbar vor dem Garten vorüberführt.

Gegen Westen und Südwesten blickt man frei über eine geräumige Wiese hin, durch welche in der Entfernung eines guten Pfeilschusses die Ilm in stillen Windungen vorbeigeht. Jenseits des Flusses erhebt sich das Ufer gleichfalls hügelartig, an dessen Abhängen und auf dessen Höhe in den mannigfaltigen Laubschattierungen hoher Erlen, Eschen, Pappelweiden und Birken der sich breit hinziehende Park grünet, indem er den Horizont gegen Mittag und Abend in erfreulicher Entfernung begrenzet.

Diese Ansicht des Parkes über die Wiese hin, besonders im Sommer, gewährt den Eindruck, als sei man in der Nähe eines Waldes, der sich stundenweit ausdehnt. Man denkt, es müsse jeden Augenblick ein Hirsch, ein Reh auf die Wiesenfläche hervorkommen. Man fühlt sich in den Frieden tiefer Natureinsamkeit versetzt, denn die große Stille ist oft durch nichts unterbrochen als durch die einsamen Töne der Amsel oder durch den pausenweise abwechselnden Gesang einer Walddrossel.

Aus solchen Träumen gänzlicher Abgeschiedenheit erwecket uns jedoch das gelegentliche Schlagen der Turmuhr, das Geschrei der Pfauen von der Höhe des Parks herüber oder das Trommeln und Hörnerblasen des Militärs der Kaserne. Und zwar nicht unangenehm, denn es erwacht mit solchen Tönen das behagliche Nähegefühl der heimatlichen Stadt, von der man sich meilenweit versetzt glaubte.

Zu gewisssen Tages- und Jahreszeiten sind diese Wiesenflächen nichts weniger als einsam. Bald sieht man Landleute, die nach Weimar zu Markt oder in Arbeit gehen und von dort zurückkommen, bald Spaziergänger aller Art längs den Krümmungen der Ilm, besonders in der Richtung nach Oberweimar, das zu gewissen Tagen ein sehr besuchter Ort ist. Sodann die Zeit der Heuernte belebt diese Räume auf das heiterste. Hinterdrein sieht man weidende Schafherden, auch wohl die stattlichen Schweizerkühe der nahen Ökonomie.

Heute jedoch war von allen diesen die Sinne erquickenden Sommererscheinungen noch keine Spur. Auf den Wiesen waren kaum einige grünende Stellen sichtbar, die Bäume des Parks standen noch in braunen Zweigen und Knospen; doch verkündigte der Schlag der Finken sowie der hin und wieder vernehmbare Gesang der Amsel und Drossel das Herannahen des Frühlings.

Die Luft war sommerartig, angenehm; es wehte ein sehr linder Südwestwind. Einzelne kleine Gewitterwolken zogen am heitern Himmel herüber; sehr hoch bemerkte man sich auflösende Cirrusstreifen. Wir betrachteten die Wolken genau und sahen, daß sich die ziehenden geballten der untern Region gleichfalls auflösten, woraus Goethe schloß, daß das Barometer im Steigen begriffen sein müsse.

Goethe sprach darauf sehr viel über das Steigen und Fallen des Barometers, welches er die Wasserbejahung und Wasserverneinung nannte. Er sprach über das Ein- und Ausatmen der Erde nach ewigen Gesetzen, über eine mögliche Sündflut bei fortwährender Wasserbejahung. Ferner: daß jeder Ort seine eigene Atmosphäre habe, daß jedoch in den Barometerständen von Europa eine große Gleichheit stattfinde. Die Natur sei inkommensurabel, und bei den großen Irregularitäten sei es sehr schwer, das Gesetzliche zu finden.

Während er mich so über höhere Dinge belehrte, gingen wir in dem breiten Sandwege des Gartens auf und ab. Wir traten in die Nähe des Hauses, das er seinem Diener aufzuschließen befahl, um mir später das Innere zu zeigen. Die weißabgetünchten Außenseiten sah ich ganz mit Rosenstöcken umgeben, die, von Spalieren gehalten, sich bis zum Dach hinaufgerankt hatten. Ich ging um das Haus herum und bemerkte zu meinem besonderen Interesse an den Wänden in den Zweigen des Rosengebüsches eine große Zahl mannigfaltiger Vogelnester, die sich von vorigem Sommer her erhalten hatten und jetzt bei mangelndem Laube den Blicken freistanden; besonders Nester der Hänflinge und verschiedener Art Grasemücken, wie sie höher oder niedriger zu bauen Neigung haben.

Goethe führte mich darauf in das Innere des Hauses, das ich vorigen Sommer zu sehen versäumt hatte. Unten fand ich nur *ein* wohnbares Zimmer, an dessen Wänden einige Karten und Kupferstiche hingen, desgleichen ein farbiges Porträt Goethes in Lebensgröße, und zwar von Meyer gemalt bald nach der Zurückkunft beider Freunde aus Italien. Goethe erscheint hier im kräftigen mittleren Mannesalter, sehr braun und etwas stark. Der Ausdruck des wenig belebten Gesichtes ist sehr ernst; man glaubt einen Mann zu sehen, dem die Last künftiger Taten auf der Seele liegt.

Wir gingen die Treppe hinauf in die oberen Zimmer; ich fand deren drei und ein Kabinettchen, aber alle sehr klein und ohne eigentliche Bequemlichkeit. Goethe sagte, daß er in früheren Jahren hier eine ganze Zeit mit Freuden gewohnt und sehr ruhig gearbeitet habe.

Die Temperatur dieser Zimmer war etwas kühl, und wir trachteten wieder nach der milden Wärme im Freien. In dem Hauptwege in der Mittagssonne auf- und abgehend, kam das Gespräch auf die neueste Literatur, auf Schelling und unter andern auch auf einige neue Schauspiele von Platen.

Bald jedoch kehrte unsere Aufmerksamkeit auf die uns umgebende nächste Natur zurück. Die Kaiserkronen und Lilien sproßten schon mächtig, auch kamen die Malven zu beiden Seiten des Weges schon grünend hervor.

Der obere Teil des Gartens, am Abhange des Hügels, liegt als Wiese mit einzelnen zerstreut stehenden Obstbäumen. Wege schlängeln sich hinauf, längs der Höhe hin und wieder herunter, welches einige Neigung in mir erregte, mich oben umzusehen. Goethe schritt, diese Wege hinansteigend, mir rasch voran, und ich freute mich über seine Rüstigkeit.

Oben an der Hecke fanden wir eine Pfauhenne, die vom fürstlichen Park herübergekommen zu sein schien; wobei Goethe mir sagte, daß er in Sommertagen die Pfauen durch ein beliebtes Futter herüberzulocken und herzugewöhnen pflege.

An der anderen Seite den sich schlängelnden Weg herabkommend, fand ich von Gebüsch umgeben einen Stein mit den eingehauenen Versen des bekanntes Gedichtes:

Hier im Stillen gedachte der Liebende seiner Geliebten –

und ich hatte das Gefühl, daß ich mich an einer klassischen Stelle befinde.

Ganz nahe dabei kamen wir auf eine Baumgruppe halbwüchsiger Eichen, Tannen, Birken und Buchen. Unter den Tannen fand ich ein herabgeworfenes Gewölle eines Raubvogels; ich zeigte es Goethen, der mir erwiderte, daß er dergleichen an dieser Stelle häufig gefunden, woraus ich schloß, daß diese Tannen ein beliebter Aufenthalt einiger Eulen sein mögen, die in dieser Gegend häufig gefunden werden.

Wir traten um die Baumgruppe herum und befanden uns wieder an dem Hauptwege in der Nähe des Hauses. Die soeben umschrittenen Eichen, Tannen, Birken und Buchen, wie sie untermischt stehen, bilden hier einen Halbkreis, den innern Raum grottenartig überwölbend, worin wir uns auf kleinen Stühlen setzten, die einen runden Tisch umgaben. Die Sonne war so mächtig, daß der geringe Schatten dieser blätterlosen Bäume bereits als eine Wohltat empfunden ward. „Bei großer Sommerhitze", sagte Goethe, „weiß ich keine bessere Zuflucht als diese Stelle. Ich habe die Bäume vor vierzig Jahren alle eigenhändig gepflanzt, ich habe die Freude gehabt, sie heranwachsen zu sehen, und genieße nun schon seit geraumer Zeit die Erquickung ihres Schattens. Das Laub dieser Eichen und Buchen ist der mächtigsten Sonne undurchdringlich; ich sitze hier gerne an warmen Sommertagen nach Tische, wo denn auf diesen Wiesen und auf dem ganzen Park umher oft eine Stille herrscht, von der die Alten sagen würden: *daß der Pan schlafe*."

Indessen hörten wir es in der Stadt zwei Uhr schlagen und fuhren zurück.

Johann Wolfgang Goethe
Der wunderbarste Ort von der Welt

Palermo, Sonnabend, den 7. April 1787.

In dem öffentlichen Garten unmittelbar an der Reede brachte ich im stillen die vergnügtesten Stunden zu. Es ist der wunderbarste Ort von der Welt. Regelmäßig angelegt, scheint er uns doch feenhaft; vor nicht gar langer Zeit gepflanzt, versetzt er ins Altertum. Grüne Beeteinfassungen umschließen fremde Gewächse, Zitronenspaliere wölben sich zum niedlichen Laubengange, hohe Wände des Oleanders, geschmückt von tausend roten nelkenhaften Blüten, locken das Auge. Ganz fremde, mir unbekannte Bäume, noch ohne Laub, wahrscheinlich aus wärmern Gegenden, verbreiten seltsame Zweige. Eine hinter dem flachen Raum erhöhte Bank läßt einen so wundersam verschlungenen Wachstum übersehen und lenkt den Blick zuletzt auf große Bassins, in welchen Gold- und Silberfische sich gar lieblich bewegen, bald sich unter bemooste Röhren verbergen, bald wieder scharenweis, durch einen Bissen Brot gelockt, sich versammeln. An den Pflanzen erscheint durchaus ein Grün, das wir nicht gewohnt sind, bald gelblicher, bald blaulicher als bei uns. Was aber dem Ganzen die wundersamste Anmut verlieh, war ein starker Duft, der sich über alles gleichförmig verbreitete, mit so merklicher Wirkung, daß die Gegenstände, auch nur einige Schritte hintereinander entfernt, sich entschiedener hellblau voneinander absetzten, so daß ihre eigentümliche Farbe zuletzt verlorenging, oder wenigstens sehr überbläut sie sich dem Auge darstellten.

Welche wundersame Ansicht ein solcher Duft entfernteren Gegenständen, Schiffen, Vorgebirgen erteilt, ist für ein malerisches Auge merkwürdig genug, indem die Distanzen genau zu unterscheiden, ja zu messen sind; deswegen auch ein Spaziergang auf die Höhe höchst reizend ward. Man sah keine Natur mehr, sondern nur Bilder, wie sie der künstlichste Maler durch Lasieren auseinander gestuft hätte.

Aber der Eindruck jenes Wundergartens war mir zu tief geblieben; die schwärzlichen Wellen am nördlichen Horizonte, ihr Anstreben an die Buchtkrümmungen, selbst der eigene Geruch des dünstenden Meeres, das alles rief mir die Insel der seligen Phäaken in die Sinne sowie ins Gedächtnis. Ich eilte sogleich, einen Homer zu kaufen, jenen Gesang mit großer Erbauung zu lesen und eine Übersetzung aus dem Stegreif Kniepen vorzutragen, der wohl verdiente, bei einem guten Glase Wein von seinen strengen heutigen Bemühungen behaglich auszuruhen.

Gartenjahr und Lebenszeit

Paul Gerhardt

Sommergesang

1

Geh aus, mein Herz, und suche Freud
In dieser lieben Sommerzeit
An deines Gottes Gaben.
Schau an der schönen Gärten Zier
Und siehe, wie sie mir und dir
Sich ausgeschmücket haben.

2

Die Bäume stehen voller Laub,
Das Erdreich decket seinen Staub
Mit einem grünen Kleide.
Narcissus und die Tulipan,
Die ziehen sich viel schöner an
Als Salomonis Seide.

3

Die Lerche schwingt sich in die Luft,
Das Täublein fleugt aus seiner Kluft
Und macht sich in die Wälder.
Die hochbegabte Nachtigall
Ergötzt und füllt mit ihrem Schall
Berg, Hügel, Tal und Felder.

4

Die Glucke führt ihr Völklein aus,
Der Storch baut und bewohnt sein Haus,
Das Schwälblein speist die Jungen.
Der schnelle Hirsch, das leichte Reh
Ist froh und kömmt aus seiner Höh
Ins tiefe Gras gesprungen.

5

Die Bächlein rauschen in dem Sand
Und malen sich in ihrem Rand
Mit schattenreichen Myrten.
Die Wiesen liegen hart dabei
Und klingen ganz vom Lustgeschrei
Der Schaf und ihrer Hirten.

6

Die unverdroßne Bienenschar
Fleucht hin und her, sucht hie und dar
Ihr edle Honigspeise.
Des süßen Weinstocks starker Saft
Bringt täglich neue Stärk und Kraft
In seinem schwachen Reise.

7

Der Weizen wächset mit Gewalt,
Darüber jauchzet jung und alt
Und rühmt die große Güte
Des, der so überflüssig labt
Und mit so manchem Gut begabt
Das menschliche Gemüte.

8

Ich selbsten kann und mag nicht ruhn:
Des großen Gottes großes Tun
Erweckt mir alle Sinnen.
Ich singe mit, wenn alles singt,
Und lasse, was dem Höchsten klingt,
Aus meinem Herzen rinnen.

9

Ach, denk ich, bist du hier so schön
Und läßt du's uns so lieblich gehn
Auf dieser armen Erden,
Was will doch wohl nach dieser Welt
Dort in dem festen Himmelszelt
Und güldnem Schlosse werden?

10

Welch hohe Lust, welch heller Schein
Wird wohl in Christi Garten sein!
Wie muß es da wohl klingen,
Da so viel tausend Seraphim
Mit unverdroßnem Mund und Stimm
Ihr Allelujah singen.

11

O wär ich da! o stünd ich schon,
Ach, süßer Gott, für deinem Thron
Und trüge meine Palmen:
So wollt ich nach der Engel Weis
Erhöhen deines Namens Preis
Mit tausend schönen Psalmen.

12

Doch gleichwohl will ich, weil ich noch
Hier trage dieses Leibes Joch,
Auch nicht gar stille schweigen:
Mein Herze soll sich fort und fort
An diesem und an allem Ort
Zu deinem Lobe neigen.

13

Hilf mir und segne meinen Geist
Mit Segen, der vom Himmel fleußt,
Daß ich dir stetig blühe.
Gib, daß der Sommer deiner Gnad
In meiner Seelen früh und spat
Viel Glaubensfrücht erziehe.

14

Mach in mir deinem Geiste Raum,
Daß ich dir werd ein guter Baum,
Und laß mich wohl bekleiben.
Verleihe, daß zu deinem Ruhm
Ich deines Gartens schöne Blum
Und Pflanze möge bleiben.

15

Erwähle mich zum Paradeis
Und laß mich bis zur letzten Reis
An Leib und Seele grünen:
So will ich dir und deiner Ehr
Allein und sonsten keinem mehr
Hier und dort ewig dienen.

Conrad Ferdinand Meyer

Liederseelen

In der Nacht, die die Bäume mit Blüten deckt,
Ward ich von süßen Gespenstern erschreckt,
Ein Reigen schwang im Garten sich,
Den ich mit leisem Fuß beschlich;
Wie zarter Elfen Chor im Ring
Ein weißer lebendiger Schimmer ging.

Die Schemen hab ich keck befragt:
Wer seid ihr, luftige Wesen? Sagt!

„Ich bin ein Wölkchen, gespiegelt im See."
„Ich bin eine Reihe von Stapfen im Schnee."
„Ich bin ein Seufzer gen Himmel empor!"
„Ich bin ein Geheimnis, geflüstert ins Ohr."
„Ich bin ein frommes, gestorbenes Kind."
„Ich bin ein üppiges Blumengewind -"
„Und die du wählst, und der's beschied
Die Gunst der Stunde, die wird ein Lied."

Joseph von Eichendorff
Der alte Garten

Kaiserkron' und Päonien rot,
die müssen verzaubert sein,
denn Vater und Mutter sind lange tot,
was blühn sie hier so allein?

Der Springbrunn plaudert noch immerfort
von der alten schönen Zeit,
eine Frau sitzt eingeschlafen dort,
ihre Locken bedecken ihr Kleid.

Sie hat eine Laute in der Hand,
als ob sie im Schlafe spricht,
mir ist, als hätt' ich sie sonst gekannt -
still, geh vorbei und weck sie nicht!

Und wenn es dunkelt das Tal entlang,
streift sie die Saiten sacht,
da gibt's einen wunderbaren Klang
durch den Garten die ganze Nacht.

Carl Schneider

Garten und Naturreligion in der Antike

Den Höhepunkt hellenistisch-römischer Naturliebe bildet die Ablösung der Todestrauer durch die Naturstimmung: zuerst entsteht im hellenistischen Alexandreia das *Gartengrab,* das sich bald über die ganze Welt verbreitet und die kalte Grabstele zurückdrängt, ein Grab mit Blumen, Bäumen und Brunnen, dessen Stimmung die schönste der zahlreichen Kepotaphieninschriften auf lateinischem Boden wiedergibt:

> Von meinem Grab herab fliegt ein zierliches attisches Bienlein,
> Selber vom Thymian satt, schenkt es tropfenden Honig in Fülle.
> Süß klingt mir Vogelgesang in den grün umsponnenen Höhlen,
> Delischer Lorbeer grünt nicht fern von unserem Hügel,
> Schimmernd wie edelstes Gold am Weinstock reifen die Trauben.

Für die christliche Lehrentwicklung wird wichtig, daß sich auf dem Boden dieser Naturerlebnisse eine schwere religiöse Krise abzeichnet. Die Natur beginnt die Götter zu verdrängen, das wachsende Naturerlebnis säkularisiert die Religionen. Zwar gilt das nicht allgemein. Gerade die neuen hellenistischen Religionen brachten neue naturmythische Momente: die Totenklage der Natur beim Tod des Adonis, die mythische Entstehung der Blumen aus dem Blut des toten Gottes und den Tränen der trauernden Göttin, Isis als Schwalbe den toten Osiris umflatternd; Zeus selbst trauert darüber, daß er im Titanenkampf Blumen zerstören muß. Wir wissen nicht recht, wieviel religiöse Lebenskraft das hatte und wieweit es nicht novellistisch verflacht war. Aber etwas anderes ist eingetreten: man erlebt mit oder ohne mythische Zwischenschaltung die Nähe des Göttlichen in der Natur. Das geschieht am unmittelbarsten in den zahllosen ländlichen Heiligtümern, Opfern und Götterfesten, aber auch ohne diese. Schilderungen vom ‚heiligen Schauer des Waldes', von der Nähe einer Gottheit in der unheimlich flimmernden Stille des sonnigen Mittags sind ebenso häufig wie Hymnen auf die Sonne, den Wechsel der Jahreszeiten, die geheimnisvollen Bedeutungen von Pflanze, Tier und Stein. Selbst Horaz wird von einem Gewitter religiös gepackt. Der Zauber heiliger Haine, das göttliche Geheimnis um den Schwan oder die Wildtaube, das alles wird religiös gespürt, aber kaum noch mythisch gedeutet. Zum Erlebnis tritt ein rationaler Zug, der zu denken beginnt und auch bei Beibehaltung der alten Götternamen in der Natur nunmehr eine schaffende oder segnende Gottheit wirken sieht, an die der christliche Schöpfer- und Erhaltergott nur anzuknüpfen brauchte. Es gibt hellenistische Dichter und Theologen, die lehren, daß Zeus, wer immer er sei, die Wolken vertreibt oder regnen läßt, daß Hitze und Kälte, Mondwechsel und Wind ‚der Vater' bestimmt hat, daß man um Regen und Sonne beten, für alles andere aber arbeiten muß. In schlichten Weihinschriften dankt man Demeter „für die Früchte"; dem alten Priap, Pan oder Silen legt der Landmann dieselben Blumen oder Äpfel hin wie heute seiner Gottesmutter, die Traube kündet nach wie vor von der Macht des Dionysos und die Ähre von der Güte der Demeter. Sehr oft ist Orpheus als der göttliche Freund der Menschen, Tiere, Pflanzen und Steine dargestellt, nicht nur auf den kostbaren Mosaiken naturschwärmender Villenbesitzer, sondern auf dem Tongerät der Ärmsten und den hölzernen Bechern der Landleute. Auch der Kaisergott hat kosmische Naturbeziehungen: bei Cäsars Tod wird die Sonne dunkel, Hunde und Wölfe heulen heiser, die Vögel krächzen, der Ätna bricht aus, Blitze und Kometen erscheinen am Himmel, Tiere reden, Flüsse stehen still, Blut quillt aus Brunnen. Domitian beten die Tiere der Arena an. Isis, die Erde und Sterne geschaffen hat, schafft in geregelter Ordnung das Wunder der Nilschwelle neu, segnet Zeugung und Ackerbau, gibt den Tieren ihre Nahrung, den Blumen ihre Schönheit. Tief dringt die Bukolik in die Kulte ein: Hirten heißen Götter, aber auch die Kultdiener in Pergamon, bei Sarapis, bei Dionysos. Im Dämmerlicht der Höhle feiern Mithras und Adonis ihre Gottesdienste, Gärten und Gärtchen weiht man dem Adonis, die Apollonaltäre „überfließen von Blumen", die Naturschönheit der Asklepiosheiligtümer bewirkt einen Teil der Heilungen.

Unbekannter Verfasser
Ich hab' die Nacht geträumet

Ich hab' die Nacht geträumet
wohl einen schweren Traum;
es wuchs in meinem Garten
ein Rosmarienbaum.

Der Kirchhof war der Garten,
das Blumenbeet ein Grab,
und von dem grünen Baume
fiel Kron und Blüten ab.

Die Blüten tät ich sammeln
in einen goldnen Krug;
der fiel mir aus den Händen,
daß er in Stücke schlug.

Draus sah ich Perlen rinnen
und Tröpflein rosenrot.
Was mag der Traum bedeuten?
Herzliebster, bist du tot?

Barthold Hinrich Brockes

Fertigkeit zu lesen in dem Buche der Natur

In ieder Wissenschaft und Kunst, die Menschen wissen,
Hat man ja Arbeit, Fleiß und Müh,
Sie zu erlernen, nehmen müssen;
Durch wiederholen fasst man sie.
Die Fähigkeit, die in der Seelen stecket,
Entwickelt sich allmählich, wird erwecket,
Und nimmt durch Ubung zu. Ist denn die Wissenschaft
Im Buch der Creatur, den Schöpfer selbst zu finden,
Und Seine Weisheit, Lieb' und Allmacht zu ergründen,
Nicht einst der Mühe wehrt, daß wir der Seelen Krafft
Offt auf so edlen Vorwurff lencken,
Und, wann wir hören, sehn und schmecken, Des gedencken,
Der uns für so viel Guts, und Seiner Wercke Pracht
So wunderbarlich sinnlich macht?
Je öffter man sich übt, die Creatur zu sehn,
Je fertiger wird man im lesen,
Je deutlicher wird man der Gottheit Wesen,
Des Welt=Buchs Inhalt, Kern und Zweck verstehn,
Und, immer brünstiger, Sein herrlichs Lob erhöhn.

Ach so gewehnet euch, geliebte Menschen, doch
Zu dieser süssen Müh, zu diesem leichten Joch!
Beschäfftigt euch, und lernt aufmercksam, GOTT zu Ehren,
Empfinden, schmecken, sehn und hören!

Stefan George

Es lacht in dem steigenden jahr dir

Es lacht in dem steigenden jahr dir
Der duft aus dem garten noch leis.
Flicht in dem flatternden haar dir
Eppich und ehrenpreis.

Die wehende saat ist wie gold noch ·
Vielleicht nicht so hoch mehr und reich ·
Rosen begrüßen dich hold noch ·
Ward auch ihr glanz etwas bleich.

Verschweigen wir was uns verwehrt ist ·
Geloben wir glücklich zu sein
Wenn auch nicht mehr uns beschert ist
Als noch ein rundgang zu zwein.

Paul Celan

Mohn

Die Nacht mit fremden Feuern zu versehen,
die unterwerfen, was in Sternen schlug,
darf meine Sehnsucht als ein Brand bestehen,
der neunmal weht aus deinem runden Krug.

Du mußt der Pracht des heißen Mohns vertrauen,
der stolz verschwendet, was der Sommer bot,
und lebt, daß er am Bogen deiner Brauen
errät, ob deine Seele träumt im Rot.

Er fürchtet nur, wenn seine Flammen fallen,
weil ihn der Hauch der Gärten seltsam schreckt,
daß er dem Aug der süßesten von allen
sein Herz, das schwarz von Schwermut ist, entdeckt.

Karl Krolow

Spätsommer

Kein Früchtegott
Sieht dem Staubbad der Hühner zu.
Aus den Blätterscheiden
Duftet schweigsames Leben
Und schließt die Schnäbel der Vögel.
Noch ist Sommer mit dem Licht
Des rieselnden Häcksels.

Die grüne Braue der Landschaft
Wird dünn.
Männer mit ruhigen Gesichtern
Gehen einer Windmühle entgegen,
Die mit dem Horizont flüstert.
Ihr Gespräch wird
Vom September belauscht,
Der den Heupferden
Ihre Verstecke nimmt
Und der Luft Sichelhiebe zufügt.

Die Erde hält still.
Sie will überleben.

Conrad Ferdinand Meyer

Fülle

Genug ist nicht genug! Gepriesen werde
der Herbst! Kein Ast, der seiner Frucht entbehrte!
Tief beugt sich mancher allzureich beschwerte,
der Apfel fällt mit dumpfem Laut zur Erde.

Genug ist nicht genug! Es lacht im Laube!
Die saftige Pfirsche winkt dem durstigen Munde!
Die trunknen Wespen summen in die Runde:
„Genug ist nicht genug!“ um eine Traube.

Genug ist nicht genug! Mit vollen Zügen
schlürft Dichtergeist am Borne des Genusses,
das Herz, auch es bedarf des Überflusses,
genug kann nie und nimmermehr genügen!

Elisabeth Langgässer

In den Mittag gesprochen

Schläfriger Garten. Gedankenlos
Wie der Daume über dem Daume.
Sage, wer trägt die Birne im Schoß,
Den Apfel, die Eierpflaume?

Breit auseinander setzt Schenkel und Knie’,
Weil schon Spilling und Mirabelle
Höher sich wölben voll Saft und Magie,
Die Natur auf der Sommersschwelle.

Bis an den Umkreis der Schale erfüllt,
Sind die Früchte nur mit sich selber,
Und in die flimmernden Lüfte gehüllt,
Überläuft es sie blauer und gelber.

Pochender Aufschlag. Was trägt und enthält,
Ist das Ganze von Allen geboren.
Innen ward Außen. Was ungepflückt fällt,
Geht wie Traum an das Ganze verloren.

Scharren im Laube. Ein brütendes Huhn
Sitzt getrost auf zerbrochenem Rade.
Zeit, wohin fließest du? Nach Avalun ...

Süßes, wie heißest du? Kern in den Schuhn
Purpurblaun, gelben? Du wirkendes Ruhn?
Und ein Jegliches antwortet: Gnade!

Theodor Fontane

Herr von Ribbeck auf Ribbeck im Havelland

Herr von Ribbeck auf Ribbeck im Havelland,
ein Birnbaum in seinem Garten stand,
und kam die goldene Herbsteszeit
und die Birnen leuchteten weit und breit,
da stopfte, wenn's Mittag vom Turme scholl,
der von Ribbeck sich beide Taschen voll,
und kam in Pantinen ein Junge daher,
so rief er: „Junge, wiste ne Beer?"
Und kam ein Mädel, so rief er: „Lütt Dirn,
kumm man röwer, ick hebb ne Birn."

So ging es viel Jahre, bis lobesam
der von Ribbeck auf Ribbeck zu sterben kam.
Er fühlte sein Ende, 's war Herbsteszeit,
wieder lachten die Birnen weit und breit;
da sagte von Ribbeck: „Ich scheide nun ab.
Legt mir eine Birne mit ins Grab!"
Und drei Tage drauf, aus dem Doppeldachhaus,
trugen von Ribbeck sie hinaus.
Alle Bauern und Büdner mit Feiergesicht
sangen „Jesus meine Zuversicht!"
Und die Kinder klagten, das Herze schwer:
„He ist dod nu. Wer giwt uns nu ne Beer?"

So klagten die Kinder. Das war nicht recht –
ach, sie kannten den alten Ribbeck schlecht!
Der neue freilich, der knausert und spart,

hält Park und Birnbaum strenge verwahrt.
Aber der alte, vorahnend schon
und voll Mißtraun gegen den eigenen Sohn,
der wußte genau, was damals er tat,
als um eine Birn ins Grab er bat;
und im dritten Jahr aus dem stillen Haus
ein Birnbaumsprößling sproßt' heraus.

Und die Jahre gehen wohl auf und ab,
längst wölbt sich ein Birnbaum über dem Grab,
und in der goldenen Herbsteszeit
leuchtet's wieder weit und breit,
und kommt ein Jung übern Kirchhof her,
so flüstert's im Baume: „Wiste ne Beer?"
Und kommt ein Mädel, so flüstert's: „Lütt Dirn,
kumm man röwer, ick gew di ne Birn!"

So spendet Segen noch immer die Hand
des von Ribbeck auf Ribbeck im Havelland.

Johann Wolfgang Goethe
Früh, wenn Tal, Gebirg und Garten

Dornburg, September 1828

Früh, wenn Tal, Gebirg und Garten
Nebelschleiern sich enthüllen,
Und dem sehnlichsten Erwarten
Blumenkelche bunt sich füllen,

Wenn der Äther, Wolken tragend,
Mit dem klaren Tage streitet,
Und ein Ostwind, sie verjagend,
Blaue Sonnenbahn bereitet,

Dankst du dann, am Blick dich weidend,
Reiner Brust der Großen, Holden,
Wird die Sonne, rötlich scheidend,
Rings den Horizont vergolden.

Annegret Nippa
Erntezeit in einem arabischen Dorf

Die Zeit von Juni bis Anfang Oktober gilt als die schönste im Jahr. Wenn die Ernte einsetzt, ziehen viele Familien für kürzer oder länger in ihre Gärten und kampieren dort in leicht gebauten Lauben, die sie *ʿarīš* nennen. Die Fülle der Früchte, abendliche Feste, warme Nächte und das etwas provisorische Leben verleihen dieser Jahreszeit, in der Mann und Frau am engsten zusammen leben und arbeiten, ihren vergnüglichen Charakter.

Nach der Getreideernte treffen sich die Leute wieder im Dorf auf den Dreschplätzen, die meist im Osten vor dem Ort liegen, damit ein günstiger Westwind die Spreu auf das freie Land blasen kann. Das Dreschen übernehmen die Männer, das Worfeln die Frauen. Beim Einbringen von Korn und Häcksel arbeiten Männer und Frauen weiter Hand in Hand. Das Getreide wird auf die Hausdächer getragen und dort durch eine Öffnung im Dach in die Speicher gefüllt. Der Raum hinter den Getreidesilos dient als Häcksellager. Sobald Getreide und Häcksel im Haus verstaut sind, unterliegt es der Obhut der Frauen.

Die noch anstehende Gemüseernte übernehmen zum großen Teil die Frauen, während die Männer für den Abtransport sorgen. Was man nicht verkaufen will, trägt man zum Weiterverarbeiten und Konservieren in die Häuser.

Zur Haupternte der Oliven und Feigen und zur Weinlese versammelt sich die ganze Familie wieder in den Gärten.

Feigen und Weintrauben werden an Ort und Stelle meist von den Frauen und Kindern zum Trocknen ausgebreitet. Dort, wo man Wein herstellt, sind die Männer mit dem Keltern beschäftigt.

Lieder erklingen von Garten zu Garten, und die Mädchen besingen einen namenlosen Geliebten:

Mein Geliebter säte mir an den Enden der Pflügelängen Gurken.
Womit hast du sie bewässert, mein Geliebter, daß sie über dies Haus hinauswuchsen?

Das Lied entspricht dem Wunsch der Mädchen nach einem Ehemann, der ein starker Mann und zugleich ein geschickter Bauer sein soll. Auch in den Wechselgesängen zwischen Mädchen aus benachbarten Gärten klingt eine erotische Sehnsucht an. Dem Wortlaut nach an eine Freundin gerichtet, enthält der folgende Vers eine Anspielung auf den Geliebten.

Mögest du leben, meine Freundin,
es lebe dein Bruder!
Es leben deine Schwestern
und die Kinder deines Oheims, deines Vaterbruders!
Es leben deine Mutterbrüder,
die deine Mutter verheiratet haben!

Es wird wohl der Bruder gewesen sein, den die Sängerin begehrt und dem das Lied gilt. Dieser Vers eröffnet einen kurzen Einblick in die Sicht junger Mädchen von Heirat und Verwandtschaft. Die Freundin der Sängerin steht wie eine Anstandsdame vor der Anrufung eines jungen Mannes, ihres Bruders; im zweiten Reimpaar folgen die Schwestern der Freundin und die zu derselben Generation gehörenden Kinder ihres Onkels. Als einzige aus der Elterngeneration werden die Mutterbrüder der Freundin genannt. Sie bilden den Schluß des Verses und nennen das Thema: das Heiraten.

Sollte die Sängerin das Ziel ihrer Sehnsucht erreichen und die Frau des Bruders ihrer Freundin werden, dann würden die Freundin und deren Schwestern zu ihren Schwägerinnen und hoffentlich zu ihren besten Vertrauten werden.

Nicht genannt wird die spätere Schwiegermutter. (Viele Erzählungen bei Bauern wie Städtern gehen von einem meist schlechten, zumindest problematischen Verhältnis zwischen Schwiegermutter und Schwiegertochter aus.) Auch der zukünftige Schwiegervater wird nicht genannt, denn die Beziehungen zwischen Schwiegervater und Schwiegertochter sind wie die zwischen Schwiegermutter und Schwiegersohn durch Meidung bestimmt und fallen unter die allen bekannte Inzestregel. Da die Kinder der Mutterbrüder für das System der gewünschten Heiraten irrelevant sind, werden sie auch in diesem Lied unterschlagen.

Genannt werden die Kinder des Vaterbruders, denn seine Töchter gelten als potentielle Ehefrauen ihres Vetters, des Geliebten der Sängerin. Zwar können sie selbst einer Ehe ihres Vetters mit einer anderen Frau nicht direkt widersprechen, doch muß auf jeden Fall mit dem Vater dieser Mädchen ein Konsens über eine derartige, von der Regel abweichende Heirat ausgehandelt werden. Auch die Brüder dieser Mädchen wachen über die Einhaltung der Regeln und wollen wissen, wen ihr Vetter heiratet. Nimmt jener sich nämlich eine andere Frau als seine Kusine, hat die Familie der verschmähten Kusine Anrecht auf finanzielle Kompensation.

Das Lied sagt alles, was ein junges Mädchen sagen darf. Da sie sich weder an die Eltern ihres Geliebten, noch an die eigenen Eltern mit einer direkten Bitte wenden darf, besingt sie alle Gleichaltrigen, die von der erwünschten Heirat betroffen wären, und die Mutterbrüder, die nicht nur dazu dienen, das verborgene Thema zu nennen, sondern allgemein den Ruf haben, die guten Onkel zu sein. In der patriarchalen Gesellschaft entscheiden offiziell die Väter über die Ehe ihrer Kinder, in welcher sie in erster Linie die Verbindung ihres Hauses mit einem anderen Haus sehen und nicht die Verbindung zweier Personen. „Jedes Individuum muß sich den Interessen seiner oder ihrer Familie beugen“, faßt H. Granqvist ihre Beobachtungen und Analysen zu „Heirat und Verwandtschaft“ zusammen.

Viele Verliebte werden nie ein Paar.

Der Tag den Frauen, das Jahr den Männern und der Erntesommer der Familie, so skandieren die palästinensischen Bauern sozial den Ablauf der Zeit. Frauen haben tägliche Ruhepausen, Männer im Laufe des Jahres, die Erntezeit ist gemeinsame Arbeit ohne Pause, jedoch von abendlichen Festen unterbrochen. Diese Zeit entspricht trotz der intensiven Arbeit der Bauern in einer Hinsicht dem Sommerurlaub einer mitteleuropäischen Familie: Schon Monate vorher freut man sich auf den Sommer, auf die Reise in die Gärten und darauf, daß die ganze Familie endlich wieder zusammen sein kann.

Friedrich Hebbel

Herbstbild

Dieß ist ein Herbsttag, wie ich keinen sah!
Die Luft ist still, als athmete man kaum,
Und dennoch fallen raschelnd, fern und nah,
Die schönsten Früchte ab von jedem Baum.

O stört sie nicht, die Feier der Natur!
Dieß ist die Lese, die sie selber hält,
Denn heute lös't sich von den Zweigen nur,
Was vor dem milden Strahl der Sonne fällt.

Georg Trakl

Verklärter Herbst

Gewaltig endet so das Jahr
mit goldnem Wein und Frucht der Gärten.
Rund schweigen Wälder wunderbar
und sind des Einsamen Gefährten.

Da sagt der Landmann: Es ist gut.
Ihr Abendglocken lang und leise
gebt noch zum Ende frohen Mut.
Ein Vogelzug grüßt auf der Reise.

Es ist der Liebe milde Zeit.
Im Kahn den blauen Fluß hinuter
wie schön sich Bild an Bildchen reiht –
das geht in Ruh und Schweigen unter.

Heinrich Albert

Musikalische Kürbs-Hütte, welche uns erinnert menschlicher Hinfälligkeit, geschrieben und in 3 Stimmen gesetzt von Heinrich Alberten

1641

1

Mit der Zeit ich kommen bin,
Fall auch mit der Zeit dahin!

2

Mensch, hierinnen sind wir gleich,
Du magst schön sein, jung und reich:

Unser Pracht kann nicht bestehn,
Beide müssen wir vergehn.

3

Nun ich jung noch bin und grüne,
O so hält man mich im Wert!
Bin ich welk und nicht mehr diene,
Wer ist dann, der mein begehrt?

4

Mensch, ich kann es leichtlich gläuben,
Daß du wünschst, ich möchte bleiben;
Nicht dein Will, auch meiner nicht,
Gottes Wille nur geschicht.

5

Wenn der rauhe Herbst nun kömpt,
Fall ich ab und muß verderben.
Wenn dein Ziel dir ist bestimmt,
Armer Mensch, so mußtu sterben.

6

Sieh mich an
Und denke dran:
Ich muß fort
Von diesem Ort!
Mit dir hält auch
Gott solchen Brauch.

7

Dem Herbst verlangt nach mir,
Mich zu verderben;

Dem Tod, o Mensch, nach dir,
Auch du mußt sterben!

8

Wer wird nach kurzen Tagen
Mich beklagen,
Wenn ich verwelkt nun bin?
Auch dir wird's widerfahren
Nach wenig Jahren,
Wenn dich der Tod nimpt hin.

9

Die Zeit und wir vergehn!
Was wir hie sehen stehn
In diesem grünen Garten,
Verwelkt in kurzer Zeit,
Weil schon des Herbstes Neid
Scheint drauf zu warten.

10

Ich und meine Blätter wissen,
Daß wir dann erst fallen müssen,
Wenn der rauhe Herbst nun kömpt.
Aber du, Mensch, weißt ja nicht,
Ob's nicht heute noch geschicht,
Daß dir Gott das Leben nimpt?

11

Ob ich gleich muß bald von hier,
Kriegstu dennoch Frucht von mir;
Wenn man dich, Mensch, wird begraben,
Was wirst du für Früchte haben?

12

O ich habe schon vernommen,
Daß mein Feind, der Herbst, wird kommen,
Dessen Raub ich werden soll!
Lieber Mensch, gehab dich wohl!

ENDE

Wer hofft aus eurem kleinen Garten
So liebe Früchte zu erwarten,
Als Ihr, mein ALBERT, uns bereit?
Ihr laßt der Kürbse Schrift uns lehren
Die schnelle Wegflucht dieser Zeit,
Und in den Stimmen macht ihr hören
Den Vorschmack süßer Ewigkeit.

Roberthin

Rainer Maria Rilke

Ende des Herbstes

Ich sehe seit einer Zeit,
wie alles sich verwandelt.
Etwas steht auf und handelt
und tötet und tut Leid.

Vom Mal zu Mal sind all
die Gärten nicht dieselben;
von den gilbenden zu der gelben
langsamem Verfall:
wie war der Weg mir weit.

Jetzt bin ich schon bei den leeren
und schaue durch alle Alleen.
Fast bis zu den fernsten Meeren
kann ich den ernsten schweren
verwehrenden Himmel sehn.

Friedrich Hölderlin

Hälfte des Lebens

Mit gelben Birnen hänget
und voll mit wilden Rosen
das Land in den See,
ihr holden Schwäne,
und trunken von Küssen
tunkt ihr das Haupt
ins heilignüchterne Wasser.

Weh mir, wo nehm' ich, wenn
es Winter ist, die Blumen, und wo
den Sonnenschein
und den Schatten der Erde?
Die Mauern stehn
sprachlos und kalt, im Winde
klirren die Fahnen.

Stefan George

Komm in den totgesagten park

Komm in den totgesagten park und schau:
Der schimmer ferner lächelnder gestade ·
Der reinen wolken unverhofftes blau
Erhellt die weiher und die bunten pfade.

Dort nimm das tiefe gelb · das weiche grau
Von birken und von buchs · der wind ist lau ·
Die späten rosen welkten noch nicht ganz ·
Erlese küsse sie und flicht den kranz ·

Vergiss auch diese lezten astern nicht ·
Den purpur um die ranken wilder reben ·

Und auch was übrig blieb von grünem leben
Verwinde leicht im herbstlichen gesicht.

Ludwig Christoph Heinrich Hölty

Der Gärtner an den Garten im Winter, eine Idylle

In Silberhüllen eingeschleyert
Steht jetzt der Baum,
Und strecket seine nackten Äste
Dem Himmel zu.

Wo jüngst das reife Gold des Fruchtbaums
Geblinket, hängt
Jetzt Eiß herab, das keine Sonne
Zerschmelzen kan.

Entblättert steht die Rebenlaube,
Die mich in Nacht
Verschloß, wenn Phoebus flammenathmend
Herniedersah.

Das Blumenbeet, wo Florens Töchter
In Morgenroth
Gekleidet, Wohlgeruch verhauchten,
Versinkt in Schnee.

Nur du, mein kleiner Buchsbaum, pflanzest
Dein grünes Haupt
Dem Frost entgegen, und verhöhnest
Des Winters Macht.

Mit Goldschaum überzogen, funkelst
Du an der Brust
Des Mädchens, das die Dorfschalmeye
Zum Tanze ruft.

Ruh sanft, mein Garten, bis der Frühling
  Zur Erde sinkt,
Und Silberkränze auf die Wipfel
  Der Bäume streut.

Dann gaukelt Zephyr in den Blüthen,
  Und küßet sie,
Und weht mir mit den Düften Freude
  In meine Brust.

Johann Wolfgang Goethe

Frühling übers Jahr

Das Beet schon lockert
Sich's in die Höh',
Da wanken Glöckchen
So weiß wie Schnee;
Safran entfaltet
Gewalt'ge Glut,
Smaragden keimt es
Und keimt wie Blut.
Primeln stolzieren
So naseweis,
Schalkhafte Veilchen
Versteckt mit Fleiß;
Was auch noch alles
Da regt und webt,
Genug, der Frühling
Er wirkt und lebt.

Doch was im Garten
Am reichsten blüht,
Das ist des Liebchens
Lieblich Gemüt.

Da glühen Blicke
Mir immerfort,
Erregend Liedchen,
Erheiternd Wort.
Ein immer offen,
Ein Blütenherz,
Im Ernste freundlich
Und rein im Scherz.
Wenn Ros' und Lilie
Der Sommer bringt,
Er doch vergebens
Mit Liebchen ringt.

Heinrich Christian Boie/Luise Mejer
Briefe über den Garten im Frühling

Meldorf, 14. April 1784

Boie

Verdorben sind mir fast alle Stunden der vorigen Woche durch das ewige, unausstehliche Schmausen, das denn endlich gestern Abend sein glückliches Ende erreicht hat. Nun hab ich den ganzen Morgen wieder gearbeitet, und der Himmel wird mir durch den Berg unabgetaner Sachen helfen, der sich wieder auf meinem Schreibtisch angehäuft hat. Aber welch langsamer Gang der Posten! Deinen Brief vom 5ten erhielt ich erst heute. Auch Dir muß es nicht besser gehen, denn Du erwähnst keinen meiner Briefe. Sehr glücklich haben mich die wenigen Zeilen Deines heutigen Briefes gemacht. Weiß ich doch nun, daß Du in Osterode angelangt und gesund bist. Ich erinnere mich mit Freude, wie ruhig Du vorigen Sommer in Osterode lebtest und wie ganz [Du] öfters mit Deinem „Einzigen" beschäftigt warst. Der Himmel wird Dir auch itzt solche Tage geben.

Ich bringe fast alle Nachmittage eine Stunde ein meinem neuen Garten zu, säe, pflanze und fühle schon, daß dies selbst gepflegte Kind mich glücklicher machen wird als alles, was ich hier bisher hatte. Nach meinem jetzigen Plan leg ich vor dem Saal, wo unsere Sommerwohnung sein wird, ein großes ovales Boulingrin [Rasenplatz] an, in dessen Mitte ich auf einem kleinen Hügel Rosen pflanzen will. Rund um dasselbe soll sich eine Blumenrabatte ziehen und hinten das Boskett, das ganz bis ans Ende des Gartens in gerader Linie gehen soll und dann mit zweien Armen den übrigen Teil des Gartens, wo Obstbäume und Küchengewächse gezogen werden, einfassen, so daß ich durch und um den ganzen Garten einen schattigen Gang bekomme. Ich projektiere auch eine Laube von lauter schlingenden Stauden und Gewächsen, die die schönsten von allen Lauben geben. Seit gestern haben wir endlich Frühlingswetter, und heute regnet es so sanft und milde, daß dadurch wieder Leben in die erstorbene Natur kommen muß. Es ist auch Zeit. Der arme Landmann weiß nicht mehr, woher er Nahrung für sein Vieh nehmen soll, und auf dem Felde ist noch kein Hälmchen Gras.

Vorigen Monat war ich mit der Gesellschaft in Heide zum Schmause. Es ist in diesen Tagen wieder viel von meiner Verheiratung gesprochen worden. Johann hat erzählt, daß ich außer dem Bilde der La Roche, das jetzt unter dem Deinigen hängt, eins aus Hamburg mitgebracht hätte, das ich nicht zeigte. Das Bild (es ist Amaliens) soll nun von Bedeutung sein.

Von den Stolbergen hab ich noch kein Wort. Auch Voß schreibt nicht. Für's ‚Museum' hab ich eine sehr artige Epistel von einem Frauenzimmer bekommen, die ich nach ihren Briefen kennen muß, aber doch nicht erraten kann. Wenn Du wieder in Ruhe bist, werde ich von verschiedenen Stücken Dein Urteil erfahren. Mich dünkt, daß ich selbst wenig Teil daran nehme, seitdem Du's nicht liesest.

Meldorf, 1. Mai 1785

Boie

Es geht recht gut mit meinem Fuße. Vielleicht hat auch die Freude über den Garten den Schmerz mit vertreiben helfen. Hundertachtzig verschiedene Sträucher und Bäume enthält der Garten itzt. Von den hannöverschen, die nun alle gepflanzt sind, scheint nichts in Gefahr als die libanotische Zeder. Über dreißig Rosenarten hab ich. Auch hab ich gestern Maltheserlilien gepflanzt und die Rosen für den Winter. Meine Sommergewächse sind schon aufgegangen, und auch Melonen werden Dir entgegenreifen. Erinnerst Du Dich noch der, die Du mir einst aus Herrenhausen in Deiner Posche mitbrachtest? – Rechts zur Seite der Gartentür bring ich ein Geländer von meist hochrankenden Rebengewächsen an, die zum Teil schön blühen, und uns den Anblick der zur Seite liegenden Mistbeete verbergen sollen. Mein Anton legt den Buchsbaum, und benimmt sich besser dabei als beim Aufwarten, das ihm wohl in langer Zeit noch nicht recht anstehen wird.

Meldorf, 4. Mai 1785

Kann meine Geliebte es meinem Garten verzeihen, daß ich auch heute wieder kurz, flüchtig und kalt schreibe? Ich habe wieder den ganzen Tag pflanzen lassen, und habe mich nie weit davon entfernen dürfen, weil es darauf ankam, ob das Ganze Wirkung tun würde. Ich denk es so ziemlich getroffen zu haben, doch Du verstehst mich ohne Zeichnung nicht, die ich doch nicht machen kann, und könnt ich sie machen, wo bliebe das Vergnügen der Überraschung? Ich habe über 200 verschiedene Bäumchen und Sträucher gepflanzt. Von Rosen allein werd ich 40 verschiedne Arten haben.

Ich teile so ganz Dein Frühlingsgefühl, und umarme Dich in Gedanken für alles Gute und Liebe, was Du mir bei der Gelegenheit sagst.

Hat Du auch schon Spargel gegessen? Ich heute die ersten, und zwar selbst gezogen. Salat und Radiese hab ich schon seit vierzehn Tagen.

Ich schlaf ein mit dem Gedanken, der mich allenthalben begleitet. Dein bis ins Grab.

Celle, 6. Mai 1785

Luise

Tausend Dank, mein Boie, für das Geschenk des Nanquin, noch mehr aber für Deinen lieben, süßen Brief. Gern will ich Dir im Brunnen trinken Gesellschaft leisten, denn ich traue dem Pyrmonter sehr viel zu, und so schwer ist es ja auch nicht, drei Wochen zu trinken, um den Vorteil zu erhalten, das ganze Jahr gesund zu sein. Aber, lieber Junge, ich bin ein strenger Arzt, arbeiten darfst du durchaus nicht beim Brunnen. Dein Sekretär mag Dir denn manches abnehmen.

Verzeih, daß ich Dir heute Myrtenzweige schicke, die Wurzeln haben. Sie sind das Postgeld nicht wert, aber ich konnte dem Wunsch nicht widerstehen, eine kleine Myrtenkolonie anzulegen. Ich bitte Dich, setze jeden [Zweig] in einen aparten Topf, in gut zubereitete Erde, und stelle sie alle in ein Zimmer, wo die Sonne sie nicht trifft. In 14 Tagen bis 3 Wochen dürfen sie Sonne haben. Empfiehl sie in Deiner Abwesenheit der Fiandt. Schreib mir ja, ob sie gut angekommen, und lache nicht.

Freitag grüßt herzlich. Ich habe von ihm einen Brief. Er ist zwei Tage in Hannover gewesen, sich beim Herzog von York für den Kammerherrn-Titel zu bedanken. Der General Freitag führt heimlich ein Tagebuch von den Besuchen des Prinzen William, der nun ganz in unserm ehemaligen Zirkel lebt, und sich sehr zu bilden anfängt. Der König soll mit Vergnügen den Umgang mit Bürgerlichen sehen [nach dem], das der General allenthalben bezeugt. Es wäre doch sonderbar, wenn der Umgang mit Bürgerlichen den Prinzen leichter bildete als der des Adels. Dafür kannst Du aber denken, daß die armen Bürgerlichen [nun] ganz erschrecklich vom Adel verfolgt werden. Freitag schreibt, es wäre jetzt [in Hannover] wie in England – Whigs und Tories.

Das Wetter ist vortrefflich. Die gute Pestel grüßt. Ich glaube, ihr Wunsch macht es, daß Deine Reise sich verzögert!

Eine Bitte, mein Boie, die Du mir gütigst beantwortest. Du hast in unsrer Schlafkammer zwei Betten mit blau und weiß gestreiften Umhängen. Hast Du in dem einen Bette auch Inbetten? – Um mein Bett habe ich grüne Tamy-Gardinen wieder genommen, das recht gut aussieht und nicht teuer ist. In dem Bett kann Emilie künftig schlafen. Siehst Du es gern, daß ich [dazu], auf allen Fall, noch ein ganzes Bett mitbringe? Ich weiß nur nicht, wo Du es hinstellen willst, vielleicht hast Du Betten genug.

Celle, 9. Mai 1785

Die Erlaubnis zur Haus-Trauung ohne Aufgebot hab ich erhalten. Auch hab ich meinen Trauring. Reinhold wird darüber lachen, er ist ein viertel so dick wie der seinige.

Sag mir, ob die Elbe an Deiner Seite gar keinen Schaden getan? Alle unsre Gegenden an der Elbe hinauf sind durch die dreimalige Durchbrechung der Dämme auf lange, lange Zeit ruiniert. Der König hat den einen Damm voriges Jahr machen lassen, man sagt, er müsse fehlerhaft gemacht sein. Du hast keine Idee von den vielen Beschreibungen des schrecklichen Unglücks. Graf Bernstorff zu Gartow ist in seinem Wohnhause, das hoch liegt, eingeschlossen. Souterrains, Hof, alles voll Wasser, die Spitzen der hohen Bäume im Garten ragen nicht einmal hervor.

Nur ein paar Fragen, die Dir die Fiandt beantworten kann. Sind die Bettlaken einzeln oder paarweise gezählt? Haben die dortigen Domestiken ein Bettlaken oder zwei auf ihren Betten? Haben sie von den weißen wollnen Decken im Sommer, oder schlafen sie auch im Sommer unterm Federbett, so wie hier auf dem Lande an vielen Orten der Gebrauch ist?

Wenn Du nach Hamburg kommst, habe ich die Bitte für Dich, ein paar hübsche Kupferstiche von Angelika [Kaufmann] der Pestel mitzubringen, die wir ihr an ihrem Geburtstage geben wollen. Sie müssen beide von *einer* Größe sein. Die von Heloise und Abälard wähle nicht. Findest Du die neuesten [von ihr] nicht, so nimm ‚Henry and Emma' und ‚Palemon and Lavinia'. Beide sind von Wert, und recht hübsch.

Sei vernünftiger als ich bin. Wir sehen und [bald] auf immer, Boie. Auf immer!

Meldorf, 11. Mai 1785

Boie

Habe Dank für Deinen Einfall mit den Myrten. Ich will sie lieben als das beste, was aus Deiner Hand kommt. Auch die Zitronenkerne sind gepflanzt. Unter meine liebsten Plane für die Zukunft gehört ein kleines Gewächshaus.

Ich denke nicht, daß wir noch ein Bett brauchen. Ich habe für beide Bettstellen in unserer Schlafkammer Inbetten, und mein bisheriges Bett, das sehr gut ist, bestimme ich für Emilien.

Zu den kleinen Bedürfnissen, die man hier nicht kennt, gehört ein sogenanntes Sparende, worauf man die zu kurzen Enden Lichts steckt. Ich schreibe nicht gern bei niedrigen Lichtern, um nicht in die Flamme zu sehn. Kennst Du dergleichen, so bring eins mit. Nachmachen kann unser Klempner recht gut, und er arbeitet auch wohlfeiler, als Du's dort wirst haben können. – Auch sagt die Fiandt, daß uns in der Küche noch ein Quirl fehlt, der hier nicht zu erhalten ist, eben so ein Rolleisen, womit man Tortenteig schneidet.

Celle, 13. Mai 1785

Luise

Dein Gärtchen wird in ein paar Jahren in Ruf kommen wegen der Seltenheit der verschiedenen Gesträuche und Bäume. Ich bewundre nur, wie Du noch einen Gärtner dort findest, der Dir alles nach Deinem Sinn pflanzt. Meine Freude über alles, was Du mir von dem Garten schreibst, kann ich Dir nicht sagen. – Ich gehe täglich spazieren, und bitte mit dem Landmann um Regen. Du glaubst nicht, wie jetzt alles viel teurer wird. Die Wassernot hat auch für die traurige Folgen, die weit davon entfernt sind.

Lotte Bernstorff wird in acht Tagen konfirmiert. – Ganz leise sag ichs Dir: Vossens Gedichte hab ich noch nicht angesehen, weil ich zum voraus weiß, daß ich sie jetzt ohne Dich nur mit halbem Gefühl lese. Leb wohl, Einziger, ich bin immer mit meinem Herzen bei Dir, mein Boie.

Meldorf, 15. Mai 1785

Boie

Deine Myrtenbäume, meine Süße, sind gepflanzt und in ein schattiges Zimmer gesetzt. So gibt mir der Himmel immer wieder etwas, meine Täuschung zu unterhalten, bis ich Dich selbst habe. Noch vor einem Monate glaubt ich heut [15. Mai] oder morgen reisen zu können, und noch kann ich nicht einmal den Tag meiner Abreise bestimmen. Ich sage nicht, was ich bei dieser Zögerung leide. Unter andern hatt' ich gestern einen sehr artigen Brief von der Frau v. d. Recke, die Du besser unter dem Namen Elisa kennen wirst. Sie schickt mir eine ihrer würdige Epistel an Fritz Stolberg fürs ‚Museum'. Sie geht mit Göckingk und seiner Frau in diesen Tagen nach dem Karlsbade, wo sie Herdern, Boden und die Gräfin Bernstorff aus Weimar treffen.

Einen Wagen zur Reise kann ich in Hamburg mieten und ihn zurück schicken. Meine Erlaubnis zur Trauung außerhalb Landes kostet nicht viel mehr als die Deinige. – Wir leiden hier nichts vom Wasser, das Bett des Stroms ist hier Meilen breit, nur muß kein Sturm aus Nordwest dazu kommen.

Unbekannter Verfasser
Der schöne bavngart

Der schoͤne bavngart,
daz ist ditze bůch daz zart,
da sich der mensch inne ergen sol,
des hertze ist iamers vol,
in inner beschawede
nach geistlicher vræde.
Div vogelin hoͤrt er singen,
div wazzer luͣt erchlingen.
Daz ist, daz im ditze buͤchelin vil seit,
ob ez der heilige geist mit sinem suͤzzen lieht durchweit,
daz er versten beginnet,
wie getriwlichen vns got minnet
vnd in der liebe alle zit gein vns brinnet,
vnd wie wislichen er chan minnen.
Da sol der mensch sich also inne erswimmen,
vnz er gelern
der tugent cheren,
daz er in den tugenten rosen
also wislichen gelern chosen,
vnzz im der smach so nahen ge,
daz er im vertribe aller bechorunge we,
daz in der heilige geist also erluhtechlichen gruͤz
mit sines tavwes suͤzze,
daz daz hertz in tugenden blůmen swebe
vnd immer mer in so geistlichem sinne lebe.
Daz die vntugende alle werden gebunden
vnd die bechorunge vberwunden,
dar zů geit im ditze bůch helfe vnd rat,
swer ez *[2^{r}]* reht verstat,
wan ez manichvaltich geistilich ler in im hat beslozzen.

Swer ez suͤchet vnverdrozen,
begirlichen vnd minnechliche,
der wirt von im erlůhtet saelichlich
vnd verlivst auch sin zit *nicht* vͤpfichlich,
wan in der andaht
wart sin gedaht,
daz ez dem menschen sælde solde bringen,
der sin begert in minnen.
Mag aber sin niht mer gewesen,
so ist ez doch dem menschen nuͤtze, die wil er
ez hoͤrt lesen.

Joseph von Eichendorff
Frühlingsnacht

Übern Garten durch die Lüfte
hört' ich Wandervögel ziehn,
das bedeutet Frühlingsdüfte,
unten fängts schon an zu blühn.

Jauchzen möcht' ich, möchte weinen,
ist mir's doch, als könnt's nicht sein!
Alte Wunder wieder scheinen
mit dem Mondesglanz herein.

Und der Mond, die Sterne sagen's,
und in Träumen rauscht's der Hain,
und die Nachtigallen schlagen's:
„Sie ist deine, sie ist dein!"

Annette von Droste-Hülshoff

Im Grase

Süße Ruh, süßer Taumel im Gras,
von des Krautes Arome umhaucht,
tiefe Flut, tief, tief trunkne Flut,
wenn die Wolk' am Azure verraucht,
wenn aufs müde, schwimmende Haupt
süßes Lachen gaukelt herab,
liebe Stimme säuselt und träuft
wie die Lindenblüt' auf ein Grab.

Wenn im Busen die Toten dann,
jede Leiche sich streckt und regt,
leise, leise den Odem zieht,
die geschloßne Wimper bewegt,
tote Lieb', tote Lust, tote Zeit,
all die Schätze, im Schutt verwühlt,
sich berühren mit schüchternem Klang
gleich den Glöckchen, vom Winde umspielt.

Stunden, flücht'ger ihr als der Kuß
eines Strahls auf den trauernden See,
als des ziehenden Vogels Lied,
das mir niederperlt aus der Höh,
als des schillernden Käfers Blitz,
wenn den Sonnenpfad er durcheilt,
als der heiße Druck einer Hand,
die zum letzten Male verweilt.

Dennoch, Himmel, immer mir nur
dieses eine: nur für das Lied
jedes freien Vogels im Blau
eine Seele, die mit ihm zieht,
nur für jeden kärglichen Strahl
meinen farbigschillernden Saum,

jeder warmen Hand meinen Druck,
und für jedes Glück meinen Traum.

Alexander Demandt

Der Garten als Metapher für Geschichte

Wichtiger als der Baum ist der Garten als Denkbild der Geschichte. Er ist allegorisch bereits im Altertum verwendet, dort aber nicht auf Geschichte bezogen worden. In der Neuzeit veranschaulicht er das geordnete Nebeneinander der Völker, die alle blühen und vergehen und dennoch ein schönes Ganzes bilden. So deuchte es Herder, daß man *„die Erde als einen Garten ansehen könnte, wo hier diese, dort jene menschliche Nationalpflanze in ihrer eigenen Bildung und Natur blühet"*. In dieses Bild läßt sich dann weiterhin die Ungleichzeitigkeit der Kulturblüten bringen: die Etrusker sind für Herder eine *„frühgereifte Frucht, [. . .] die in einer Ecke des Gartens nicht ganz zur Süßigkeit ihrer Mitschwestern, die sich des milderen Glanzes der Sonnenwärme erfreuen, gelangen konnte. Das Schicksal hatte den Ufern des Arno eine spätere Zeit vorbehalten, in der sie reifere und schönere Früchte brächten"*. Es ist die mittelalterliche Toskana um das „blühende" Florenz. Als einen kleineren Garten zeichnete Herder das antike Griechenland, der mannigfaltige Blüten und Früchte brachte. Der Mensch ist unsichtbar ins Bild gedacht als derjenige, der die Blüten und Früchte wahrnimmt. Der Vergleich zwischen der Weltgeschichte und einem Pflanzengarten drückt das Geschichtsbild des Historismus in einer besonders sinnfälligen Weise aus.

Trotzdem finden wir es auch in ganz anderem Kontext. 1957 ist das Gleichnis des Gartens von Mao Tse-tung aufgegriffen worden. Gewarnt durch Polen und Ungarn gab er die Losungen aus: „*Hundert Blumen blühen nebeneinander! Hundert Denkrichtungen streiten miteinander! Zusammenleben auf lange Zeit! Gegenseitige Kontrolle!*" Er wollte damit das „*Aufblühen der sozialistischen Kultur*" in China fördern. Mao erläuterte dies: Bei den neuen Dingen in der Geschichte könnte man im Anfangsstadium oft nicht unterscheiden, ob sie sich zu „*duftenden Blumen*" oder aber zu „*giftigem Unkraut*" entwickeln. In der sozialistischen Gesellschaft seien die Wachstumsbedingungen für das gute Neue unvergleichlich besser als in älteren Ordnungen. Statt der bisherigen Unterdrückung herrsche nun freie Diskussion, in der sich die Sonderung vollziehe. Richtige Ansichten dürften nicht „*im Treibhaus hochgepäppelt werden, ohne je Wind und Regen gesehen zu haben*", sondern müßten sich durchsetzen. Freilich verträte jede Gruppe eine andere Einsicht, „*was Blumen und was Giftkräuter sind*", und daher müsse dies im Hinblick auf den „*sozialistischen Weg*" und die Parteiführung entschieden werden. Sobald das klar sei, wären die „*richtigen Methoden zur Vertilgung des Unkrauts*" anzuwenden. Diese Metaphorik kann Mao aus der altchinesischen Literatur oder von Lenin haben. Marxens Empfehlung der „radikalen" materiellen Gewalt ist von seinen Nachfolgern übernommen worden, allerdings nicht nur dort. Hitler forderte gegenüber dem „*staatsfeindlichen Verbrechertum, [...] brutal und rücksichtslos die wilden Schößlinge herauszuschneiden, das Unkraut auszujäten*".

Neben der bewußten „Säuberung" wird auch das angeblich unvermeidliche Opfer des Fortschritts botanisch veranschaulicht. Dies leistet das Bild vom Trampeltier auf der Blumenwiese. Herder hatte erklärt, der „*Gang der Vorsehung geht auch über Millionen Leichname zum Ziel*", indem die Reformatoren aller Zeiten „*unter sich Unschuldiges zertreten*". Hegel meinte von den Geschäftsführern des Weltgeistes: „*aber solche große Gestalt muß manche unschuldige Blume zertreten, manches zertrümmern auf ihrem Wege*". Herders Leichname sind dahin, aber Hegels Blumen wachsen nach. Dieser tröstliche Aspekt mag die Beliebtheit des Gleichnisses in den beiden Hegelschulen erklären. Droysen fand, daß die Griechen sich nicht entwickeln konnten, „*ohne daß tausend Rechte gekränkt, schönste Blüten geknickt, lebensvollste Gestaltungen entkräftet und zerstört wurden*", und Engels entschuldigte die Gewaltsamkeiten bei der Zivilisierung der Slawen durch die Deutschen: „*dergleichen läßt sich nicht durchsetzen, ohne manch sanftes Nationenblümlein gewaltsam zu zerknicken. Aber ohne Gewalt und eherne Rücksichtslosigkeit wird nichts durchgesetzt in der Geschichte, und hätten Alexander, Cäsar und Napoleon dieselbe Rührungsfähigkeit besessen, an die jetzt der Panslawismus zugunsten seiner verkommenen Klienten appelliert, was wäre da aus der Geschichte geworden?*" So dient das Bild des Gartens und der Wiese als Idylle einer friedlichen Toleranz oder als Legitimation von Gewalt, wie man will.

Während die Metaphorik des Gartens einen Gärtner verlangt, kommt das Gleichnis des Waldes mit der Natur allein aus: hier verwirklicht sich die Ordnung von selbst. Dieses Gleichnis brauchte Kant, um angesichts der fortwährenden kriegerischen Gegensätze unter den Völkern – stärker noch durch die Aufrüstung als durch die Kriege selbst unangenehm – dennoch einen Grund zur Hoffnung zu haben. Wie schon Hesiod mit seiner „guten Eris" und Heraklit mit dem Prinzip des fruchtbaren Gegensatzes, so deutete auch Kant den Antagonismus als fördernde Kraft: „*So wie die Bäume in einem Walde eben dadurch, daß ein jeder dem anderen Luft und Sonne zu benehmen sucht, einander nötigen, beides über sich zu suchen und dadurch einen schönen geraden Wuchs bekommen; statt daß die, welche in Freiheit und voneinander abgesondert ihre Äste nach Wohlgefallen treiben, krüppelig schief und krumm wachsen.*" Auch dieses Gleichnis kommt nicht ganz ohne den Menschen aus. Er fehlt zwar als Gärtner, aber er ist als Beobachter eingeplant. Was in dem Bilde als erfreulich und als unerfreulich bezeichnet wird, entspringt nicht der Perspektive der Natur, sondern derjenigen des Spaziergängers. Das Bild des Völkerwaldes hat den Nachteil, Kants eigentliche Geschichtsidee, den Fortschritt, nicht ausdrücken zu können. Der Wald steht da, wie er ist, er perfektioniert sich nicht.

In der Rhetorik des Vormärz dienten Wald und Garten als Denkbilder einer freiheitlichen Staatsform, in der Propaganda des Nationalsozialismus erscheint der Wald als Muster einer biologischen Lebensgemeinschaft. Sie sei in ihrem organischen Gleichgewicht dann gefährdet, wenn ein bestimmter Typus, der „*unter normalen Verhältnissen nur einen ganz bescheidenen Bestandteil des Bevölkerungssystems ausmacht, ungezügelt seine volle Fortpflanzungskraft entfalten kann*“. Hier ist der Förster denn doch von Nöten. Elias Canetti hat die Sympathie der Deutschen für den Wald daraus abgeleitet, daß dieser als Sinnbild für das Heer verstanden werde. Das tat ja schon Shakespeare im „Macbeth“: *Birnam forest come to Dunsinane.* Wer Canetti widerspricht, setzt sich dem Verdacht aus, seinen Militarismus zu verheimlichen. Dennoch wird man ein weniger eng gefaßtes, deswegen aber keineswegs weniger deutsches Motiv annehmen dürfen: die Vorleibe für Zucht und Ordnung, für die wie der Wald so das Heer nur ein Exempel ist.

Wiewohl die Bilder aus dem Pflanzenleben überwiegend den friedlichen und erfreulichen Charakter des Zusammenlebens unter den Völkern wiedergeben, so können sie auch das Gegenteil demonstrieren. Dazu dient das Bild des Parasiten, des „*Mitessers*“. Herder sagte von den Juden: „*das Volk Gottes, dem einst der Himmel selbst sein Vaterland schenkte, ist Jahrtausende her, ja fast seit seiner Entstehung eine parasitische Pflanze auf Stämmen anderer Nationen*“. Nachdem Herder die geringe Bodenständigkeit der Griechen und deren „*Verpflanzungen*“ gelobt hatte, fragt man sich , ob es die – im Vergleich zu den Griechen – weniger geschlossene Siedlungsweise oder einfach Antipathie gegen die Juden ist, welche die andersartige Metaphorik veranlaßt hat. Einfacher ist das bei Hitler, wenn er erklärte, die Nation sei nicht gewillt, „*sich noch länger von diesen Parasiten aussaugen zu lassen*".

Die Metapher des Parasiten ist bei Herder aus der pflanzlichen Welt genommen, kann aber auch aus dem tierischen Bereich stammen. Hebbel meinte, Friedrich Barbarossa und Friedrich II. hätten zu Deutschland kein anderes Verhältnis gehabt als der „*Bandwurm zum Magen*". Nietzsche hieß in einer Anlehnung an die serbische Mythologie das Christentum den „*Vampyr des Imperium Romanum*" und betrachtete den „*Parasitismus als einzige Praxis der Kirche*". Marx beschrieb die Beamtenschaft Frankreichs als „*fürchterlichen Parasitenkörper, der sich wie eine Netzhaut um den Leib der französischen Gesellschaft schlingt und ihr alle Poren verstopft*" und definierte die soziale Rolle der Juden Polens durch ihren Sitz als Mitesser in den „*Poren der polnischen Gesellschaft*". Engels nannte die Kaufleute des Frühkapitalismus eine „*Klasse von Parasiten, [...] echte gesellschaftliche Schmarotzertiere*", und Lenin sprach wiederholt vom „*Parasitismus*" des Kapitalismus. Keiner der Autoren macht den Versuch, den jeweiligen „Parasiten" ein Recht und eine Funktion zuzuweisen, die der Begriff einmal ausgedrückt hat. Im Griechischen wurden mit παράσιτοι (Mitesser) ursprünglich Priester, die gemeinsam aßen, später Spaßmacher bezeichnet, die reiche Herren zur Belustigung der Gäste an die Tafel baten – hier haben wir es mit einem Verhältnis auf Gegenseitigkeit zu tun, einer „Symbiose" wie die Biologen sagen. Für das Schmarotzen in der Natur erscheint der Begriff „Parasit" gleichfalls bereits im Altertum.

Die universalgeschichtliche Pflanzen-Metaphorik gilt bevorzugt einem bestimmten Bereich innerhalb der Geschichte, der Kultur. Der Grund dafür liegt in der Begriffsgeschichte dieses Wortes. Es stammt aus dem Altertum, das zwar eine Kultur, aber kein Wort dafür besaß. Im Lateinischen bezeichnet *cultura* prägnant den Anbau und die Pflege der landwirtschaftlichen Nutzpflanzen. Bereits Cicero sprach indessen von einer *cultura animi*, einer Geistespflege, die er mit der Philosophie gleichsetzte. Horaz verwendete *cultura* sodann ohne erklärenden Bezugsgegenstand für die moralische Besserung des Menschen, ließ aber den ursprünglichen Wortsinn sehr deutlich durchscheinen, indem er den rohen Menschen mit einem verwilderten Acker verglich. Der Ort, wo die jungen Leute herangebildet wurden, war das *seminarium*, die „Pflanzschule" des Geistes. Die intellektuelle und sittliche Melioration bleibt bei den Alten auf den einzelnen Menschen beschränkt, ist noch nicht Gegenstand von Geschichte.

Dies erfolgte erst im 18. Jahrhundert. Damals bedeutete der Begriff „Kultur" nicht, wie heute, einen *Sektor* menschlicher Tätigkeiten, sondern jenen *Prozeß* der Kultivierung, der die Menschheit aus primitiven Lebensverhältnissen zu höherer Gesittung führte, er beschließt somit im Kern die ganze Geschichtsphilosophie der Aufklärung in sich. Noch Herder war seines Ursprungs bewußt: „*Wollen wir die zweite Genesis des Menschen, die sein ganzes Leben durchgeht, von der Bearbeitung des Ackers Cultur oder vom Bilde des Lichts Aufklärung nennen: so stehet uns der Name frei: die Kette der Cultur und Aufklärung reicht aber sodann bis ans Ende der Erde*". Seitdem ist der Begriff „Kultur" mit seinem neuen Sinn so fest verwachsen, daß er als Gebrauchs-Metapher seine Herkunft nicht mehr in Erinnerung ruft und selbst Gegenstand metaphorischer Ausdrucksweise wird. Insofern ist die „Blüte der Kultur" eine Metapher für eine Metapher.

Die Pflanzen-Metaphorik für Hoffnung und Ordnung in der Geschichte ist immer das Ergebnis einer bestimmten Anlage dieser Gleichnisse. Daß sie, anders gewendet, auch das Gegenteil veranschaulichen können, lehrt schon Jean Paul: „*So ist das Bild von Aufblühen und Abwelken der Völker kein volles; denn jedes Volk hängt heute zu gleicher Zeit bedeckt voll Blüten, Früchte, Knospen und Welk-Laub, und morgen wieder voll, nur von andern aber.*" Hier wird die Gleichzeitigkeit der auf der Bildebene zusammengehörigen (z.B. Frühlings-)Symptome bestritten und zugleich die Regelhaftigkeit der Entwicklung abgelehnt: Jean Paul erklärte, daß die Geschichte uns „*zwischen dem trägen Aufwachsen und trägen Abwelken der Völker so oft mit einem schnellen Blütenaufbruch unterbricht und überrascht*“, ja im Hinblick auf die Umstürze des 18. Jahrhunderts heißt es: „*So oft grub eine Zeit den ausgerissenen Baum bei dem Gipfel in die Erde; aber siehe letzterer wurde Wurzel und diese jener.*“ Mit dieser kühnen Abwandlung des platonischen Gleichnisses vom verkehrten Baum ist das Unwetter als chaotische und destruktive Naturgewalt ins Bild gebracht, und damit wird klar, daß nur ein Naturbild, das durch unsere Wünsche geschönt und beschnitten ist, den hoffnungsreichen und ordnungsstiftenden Sinn ausstrahlt, der in der Pflanzen-Metaphorik gewöhnlich vermittelt werden soll.

Johann Wolfgang Goethe

Im Gegenwärtigen Vergangnes

Ros' und Lilie morgentaulich
Blüht im Garten meiner Nähe;
Hinten an, bebuscht und traulich,
Steigt der Felsen in die Höhe.
Und mit hohem Wald umzogen,
Und mit Ritterschloß gekrönet,
Lenkt sich hin des Gipfels Bogen,
Bis er sich dem Tal versöhnet.

Und da duftet's wie vor alters,
Da wir noch von Liebe litten
Und die Saiten meines Psalters
Mit dem Morgenstrahl sich stritten.

Wo das Jagdlied aus den Büschen
Fülle runden Tons enthauchte,
Anzufeuern, zu erfrischen,
Wie's der Busen wollt' und brauchte.

Nun die Wälder ewig sprossen,
So ermutigt euch mit diesen,
Was ihr sonst für euch genossen,
Läßt in andern sich genießen.
Niemand wird uns dann beschreien,
Daß wir's uns alleine gönnen;
Nun in allen Lebensreihen
Müsset ihr genießen können.

Und mit diesem Lied und Wendung
Sind wir wieder bei Hafisen,
Denn es ziemt des Tags Vollendung
Mit Genießern zu genießen.

Nachwort von Wolfgang Beck

Der Lektor im Büchergarten

Das Paradies ist ein Garten – in jüdisch-christlicher wie in islamischer Tradition. Diese Vorstellung wirkt weiter, auch im vielfältigen metaphorischen Gebrauch des Wortes „Garten“. Es klingen an: Verheißungen von Glück, Schönheit, Gottesnähe; Erwartungen von Wohlbefinden, geheimnisvollen Entdeckungen, freudigen Erlebnissen und Empfindungen; Sicherheit vor Gefahr und Tod, Ort menschlicher Regungen in ihrem ganzen Reichtum. Es erstaunt nicht, daß ein solch weitgespannter, angenehmste Assoziationen weckender Bedeutungshorizont auch Verbindungen eingeht mit der Welt des Buches, das selbst als Metapher mannigfache Anwendung findet. Lesen zu lernen im „Buche der Natur“ empfiehlt Berthold Hinrich Brockes (S. 294), doch das Umgekehrte, der Vergleich des Buches mit einem Garten, „den man in der Tasche trägt“, findet ebenso statt. Ja, der Vergleich kann sogar zugunsten des Buches ausfallen, wie in einem berühmten, im 13. Jahrhundert in Persien entstandenen Werk der Weltliteratur, im „Rosengarten“ des Scheich Saadi:

> Wozu soll denn von Rosen für Dich ein ganzer Strauß?
> Aus meinem Rosengarten nimm Dir ein Blatt heraus.
> Nach fünf, sechs Tagen mußt Du die Rosen welken sehn,
> Die Schönheit meines Gartens wird immerfort bestehn.

Wenn schon ein einzelnes Buch als Garten gelten kann, das zu lustwandelnder Lektüre einlädt, so erst recht eine Vielfalt von Büchern, ein ganzer Verlag, in dem Lektoren und Verleger als Gärtner wirken. Günther Schiwy, dem diese Garten-Anthologie gewidmet ist, war und ist ein Gärtner mit Leidenschaft – beruflich bis vor kurzem im Verlag

C.H. Beck und privat im Garten seines Hauses in Steinebach. Seit dem Jahr 1975 hat Günther Schiwy das Programm dieses Verlags maßgeblich mitgestaltet, nachdem er bereits zuvor in einem anderen Verlag tätig gewesen war. Der im Jahr 1932 in Lehrte bei Hannover Geborene und dort Aufgewachsene hat sowohl ein Studium der Theologie wie der Philosophie und Literaturwissenschaften abgeschlossen, außerdem promoviert. Seine gründliche Ausbildung, seine weitgefächerten Kenntnisse und Interessen sind nicht nur der Verlagsarbeit zugutegekommen, sie flossen auch ein in seine fruchtbare Nebentätigkeit als Autor religionswissenschaftlicher und theologischer, philosophischer und sprachwissenschaftlicher Bücher. Schon früh, im Jahre 1969, machte er sich einen Namen mit einem vielgelesenen Buch über den französischen Strukturalismus.

Im Verlag C.H. Beck leitete Günther Schiwy die „Beck'sche Reihe"; daneben verdanken sich zahlreiche Werke aus dem gebundenen Programm seiner Initiative und Fürsorge. Inhaltliche Schwerpunkte seiner Arbeit waren Philosophie und Religionswissenschaften, Sprach- und Kulturwissenschaften, Geschichte und nicht zuletzt vielfältigste Themen der aktuellen Gegenwart. Ohne Günther Schiwys geschärften Blick für politische und gesellschaftliche Entwicklungen, Wandlungen des Zeitgeists, globale Krisen und Probleme wären manche wichtigen Bücher nicht entstanden, die zur Aufklärung und Bewußtseinsbildung beigetragen und der „Beck'schen Reihe" ihr Profil verliehen haben.

Der Lektor als Gärtner im Büchergarten: Der Beck'sche Garten gleicht weniger einer durchkomponierten französischen Anlage, deren geometrische Gestalt sich von einem einzigen Aussichtspunkt erschließt, als einem weitläufigen englischen Park, den es zu erforschen und zu erwandern gilt. Einheit und Vielheit sind in einer komplexen Balance. Einige Zonen sind überwiegend Nutzgarten, andere Zier-, Lust- und Erholungsgarten. Areale mit abgegrenzten blühenden Blumenbeeten wechseln mit freier Landschaft. Ehrwürdige, ihre Umgebung majestätisch beherrschende Bäume stehen in gemessener Distanz zu lichten Hainen. Durchwegs herrscht der Eindruck von Üppigkeit vor. Jahreszeiten sind nicht auszumachen: Knospen, Blüten, Früchte, verwelktes Laub, alles findet sich zugleich. Es ist ein südlicher Garten, in dem kein Winter der Fülle und dem Überfluß ein plötzliches Ende setzt.

Der Garten ist selbstverständlich gehegt und gepflegt. Gärtner pflanzen, wässern, kompostieren, schneiden, ernten, setzen Zwiebeln und Sprößlinge, durchforsten verwilderte Winkel. Und sie vernachlässigen nicht die höheren Aufgaben; denn Gartenbaumeister und Gestalter sind sie zugleich. Neue Wege werden angelegt, Aussichtshügel angehäuft, Baumgruppen freigestellt, Durchblicke geschaffen, exotische Stauden gepflanzt. Der Garten ist ein Kunstwerk im ständigen Wandel. Wenn sich an ihm seine Besucher erfreuen, so wissen wir, wem es zu verdanken ist.

Günther Schiwy war ein solcher Gärtner und Gestalter, arbeits- und unternehmungslustig, begeisterungsfähig, ideenreich, gut gelaunt (der Heiterkeit des sonnenbeschienenen Gartens entsprechend). Das Gartenlob klingt aus und mündet ein im Lektorenlob.

Autoren- und Quellenverzeichnis

Alle zitierten Werke sind im Verlag C.H. Beck erschienen.
Kursive Überschriften stammen von den Herausgebern.

Stefano Bianca
Bei C.H. Beck erschienen: Hofhaus und Paradiesgarten. Architektur und Lebensformen in der islamischen Welt. 1991.
Höfische Gartenanlagen in den islamischen Ländern 100
Aus: Hofhaus und Paradiesgarten, S. 108–123.

Christabel Bielenberg
Bei C.H. Beck erschienen: Als ich Deutsche war 1934–1945. Eine Engländerin erzählt. ^{5}1993.
Gartengespräche mit dem Blockwart 187
Aus: Als ich Deutsche war. S. 51–62.

Franz Blei (1871–1942)
Die Frau 247
Aus: Walther Killy (Hrsg.): Die deutsche Literatur. Texte und Zeugnisse. Band 7: Walter Killy (Hrsg.): 20. Jahrhundert. ^{2}1988. S. 255 f.

Heinrich Christian Boie (1744–1806)
Bei C.H. Beck erschienen: Ich war wohl klug, daß ich Dich fand. Heinrich Christian Boies Briefwechsel mit Luise Mejer 1777–1785. Herausgegeben von Ilse Schreiber. Nachdruck 1980.
Briefe über den Garten im Frühling 315
Aus: Ich war wohl klug, daß ich Dich fand. S. 327 f., 472–475.

Barthold Hinrich Brockes (1680–1747)
Fertigkeit zu lesen in dem Buche der Natur 298
Aus: Walther Killy (Hrsg.): Die Deutsche Literatur. Texte und Zeugnisse. Band 4: Christoph Perels, Walter Killy (Hrsg.): 18. Jahrhundert. 1983. S. 372.

Martin Brons
Schrebergärtner (gemeinsam mit Hermann Glaser) 262
Aus: Hermann Glaser, Wolfgang Ruppert, Norbert Neudecker (Hrsg.): Industriekultur in Nürnberg. ^{2}1983. S. 215 f.

Paul Celan (1920–1970)
Mohn 299
Aus: Heinz Ludwig Arnold (Hrsg.): Die deutsche Literatur 1945–1960 in vier Bänden. 1995. Band 1, S. 462.

Matthias Claudius (1740–1815)
Abendlied eines Bauersmanns. 222
Aus: Ludwig Reiners (Hrsg.): Der ewige Brunnen. Ein Hausbuch deutscher Dichtung. 1995. S. 583.

Simon Dach (1605–1659)
Klage über den endlichen Vntergang vnd ruinirung der Musicalischen Kürbs-Hütte vnd Gärtchens. 13. Jan. 1641 211
Aus: Albrecht Schöne: Kürbishütte und Königsberg. Modellversuch einer sozialgeschichtlichen Entzifferung poetischer Texte. Am Beispiel Simon Dach. [2]1982. S. 9–15.
Horto recreamur amoeno 228
Aus: Eberhard Haufe (Hrsg.): Wir vergehn wie Rauch von starken Winden. Deutsche Gedichte des 17. Jahrhunderts. 1985. Band 1, S. 315–317.

Alexander Demandt
Bei C.H. Beck erschienen: Metaphern für Geschichte. Sprachbilder und Gleichnisse im historisch-politischen Denken. 1978; Der Fall Roms. Die Auflösung des römischen Reiches im Urteil der Nachwelt. 1984; Deutschlands Grenzen in der Geschichte. [3]1993; Mit Fremden leben. Eine Kulturgeschichte von der Antike bis zur Gegenwart (Herausgeber). 1995; Macht und Recht. Große Prozesse in der Geschichte (Herausgeber). [3]1991; Das Privatleben der römischen Kaiser. 1996.
Der Garten als Metapher für Geschichte 325
Aus: Metaphern für Geschichte. S. 109–113.

Heimito von Doderer (1896–1966)
Bei C.H. Beck erschienen u.a.: Die Dämonen; Die erleuchteten Fenster; Der Grenzwald; Die Merowinger oder Die totale Familie; Ein Mord den jeder begeht; Die Strudlhofstiege; Die Wasserfälle von Slunj.
Paulas Gärtchen 152
Aus: Die Strudlhofstiege, S. 220–225.

Hilde Domin
Herbstzeitlosen 210
Aus: Heinz Ludwig Arnold (Hrsg.): Die deutsche Literatur 1945–1960 in vier Bänden. 1995. Band 4, S.159.

Annette von Droste-Hülshoff (1797–1848)
Im Grase 324
Aus: Ludwig Reiners (Hrsg.): Der ewige Brunnen. Ein Hausbuch deutscher Dichtung. 1995. S. 345.

Johann Peter Eckermann (1792–1854)
Bei C.H. Beck erschienen: Gespräche mit Goethe in den letzten Jahren seines Lebens. [2]1984.
Mit Goethe in seinem Garten 281
Aus: Gespräche mit Goethe. S. 87–91.

JOSEPH VON EICHENDORFF (1788–1857)
Prinz Rokoko 53
Aus: O Botannien, von deinen Blumen ein Korb voll. Deutsche Gedichte aus 150 Jahren, gesammelt und mit Buchschmuck versehen von Florentine von Liliencron. 1896. S. 98.
Der alte Garten 294
Frühlingsnacht 323
Aus: Ludwig Reiners (Hrsg.): Der ewige Brunnen. Ein Hausbuch deutscher Dichtung. 1995. S.939 bzw. 105.

HANS MAGNUS ENZENSBERGER
fremder garten 166
Aus: Heinz Ludwig Arnold (Hrsg.): Die deutsche Literatur 1945–1960 in vier Bänden. 1995. Band 3, S. 512.

THEODOR FONTANE (1819–1898)
Ein Sommer in London. Richmond 142
Aus: Walther Killy (Hrsg.): Die Deutsche Literatur. Texte und Zeugnisse. Band 6: Benno von Wiese (Hrsg.): 19. Jahrhundert. [2]1984. S. 569–572
Im Garten 251
Herr von Ribbeck auf Ribbeck im Havelland 302
Aus: Ludwig Reiners (Hrsg.): Der ewige Brunnen. Ein Hausbuch deutscher Dichtung. 1995. S. 95 bzw. 244f.

EGON FRIEDELL (1878–1938)
Bei C.H. Beck erschienen: Kulturgeschichte Ägyptens und des Alten Orients. Leben und Legende der vorchristlichen Seele. Nachdruck 1989; Kulturgeschichte Griechenlands. Leben und Legende der vorchristlichen Seele. 1994; Kulturgeschichte der Neuzeit. Die Krisis der europäischen Seele von der Schwarzen Pest bis zum ersten Weltkrieg. 1989.
Die Blumen der Griechen 20
Aus: Kulturgeschichte Griechenlands. S. 28f.
Erwachen des neuzeitlichen Natursinns 58
Aus: Kulturgeschichte der Neuzeit. S. 621–623.

HORST FUHRMANN
Bei C.H. Beck erschienen: „Fern von gebildeten Menschen". Eine oberschlesische Kleinstadt um 1870. 1989; Einladung ins Mittelalter. [4]1989; Von Petrus zu Johannes Paul II. Das Papsttum: Gestalt und Gestalten. [2]1984; Überall ist Mittelalter. 1996.
Klostergärten im Mittelalter 38
Der Text ist ein Originalbeitrag.

Luise Mejer
S. Boie.

Conrad Ferdinand Meyer (1825–1898)
Liederseelen 293
Aus: Walther Killy (Hrsg.): Die Deutsche Literatur. Texte und Zeugnisse. Band 6: Benno von Wiese (Hrsg.): 19. Jahrhundert. ²1984. S. 524 f.
Fülle 300
Aus: Ludwig Reiners (Hrsg.): Der ewige Brunnen. Ein Hausbuch deutscher Dichtung. 1995. S. 313.

Sibylle Meyer
Bei C.H. Beck erschienen: (Gemeinsam mit Eva Schulze): Wie wir das alles geschafft haben. Alleinstehende Frauen berichten über ihr Leben nach 1945. Von Liebe sprach damals keiner. Familienalltag in der Nachkriegszeit. 1985; Balancen des Glücks. Neue Lebensformen: Paare ohne Trauschein, Alleinerziehende und Singles. ²1992.
In Notzeiten 264
Aus: Wie wir das alles geschafft haben. S. 107 f.

Harald Mielsch
Bei C.H. Beck erschienen: Die römische Villa. Architektur und Lebensform. 1987.
Mythologische Landschaften 32
Aus: Die römische Villa. S.107–112.

Eduard Mörike (1804–1875)
Scheiden von Ihr 173
Aus: Gerhard Hay, Sibylle von Steinsdorff (Hrsg.): Deutsche Lyrik vom Barock bis zur Gegenwart. 1980. S.169.

Helmuth James von Moltke (1907–1945)
Bei C.H. Beck erschienen: Briefe an Freya 1939–1945. Herausgegeben von Beate Ruhm von Oppen. ²1991.
Ratschläge für den Garten 182
Aus: Briefe an Freya. S. 138 f.

Hassouna Mosbahi
S. Heller.

Friedrich von Müller (1779–1849)
Bei C.H. Beck erschienen: Unterhaltungen mit Goethe. ²1982.
Lob der französischen Gartenformen 57
Aus: Unterhaltungen mit Goethe. S. 148.

Christlob Mylius (1722–1754)
Vauxhall 66
Aus: Michael Maurer (Hrsg.): O Britannien, von deiner Freiheit einen Hut voll. Deutsche Reiseberichte des 18. Jahrhunderts. 1992. S. 140f.

Christoff Neumeister
Bei C.H. Beck erschienen: Das antike Rom. Ein literarischer Stadtführer. [2]1993.
Ein Privatpark über Massengräbern 35
Parks und Villen am Tiber 98
Aus: Das antike Rom. Ein literarischer Stadtführer. S. 57–60 bzw. 213f.

Annegret Nippa
Bei C.H. Beck erschienen: Haus und Familie in arabischen Ländern. Vom Mittelalter bis zur Gegenwart. 1991.
Erntezeit in einem arabischen Dorf 304
Aus: Haus und Familie in arabischen Ländern. S. 118–121.

Novalis (Georg Philipp Friedrich Leopold von Hardenberg, 1722–1801)
Bei C.H. Beck erschienen: Werke. Herausgegeben und kommentiert von Gerhard Schulz. [3]1987.
Roman und englischer Garten 66
Aus: Werke. S. 559.

André Parrot
Bei C.H. Beck erschienen: Sumer und Akkad. Die mesopotamische Kunst von den Anfängen bis zum 12. vorchristlichen Jahrhundert (= Universum der Kunst, Bd. 1). [4]1983.
Der Garten Eden 18
Aus: Sumer und Akkad. S. 83f.

Friedrich Paulsen (1846–1908)
Der Garten der Mutter 260
Aus: Ingeborg Weber-Kellermann: Landleben im 19. Jahrhundert. [2]1988. S. 141.

Rainer Maria Rilke (1875–1926)
Ende des Herbstes 311
Aus: Ludwig Reiners (Hrsg.): Der ewige Brunnen. Ein Hausbuch deutscher Dichtung. 1995. S. 315.

Bernd Roeck
Bei C.H. Beck erschienen: Als wollt' die Welt schier brechen. Eine Stadt im Zeitalter des Dreißigjährigen Krieges. 1991; Vespasiano da Bisticci: Große Männer und Frauen der Renaissance (Herausgeber). 1995.

Aus: Als wollt' die Welt schier brechen. S. 40–42.

Friedrich Schiller (1759–1805)
Bei C.H. Beck erschienen: Der Briefwechsel zwischen Schiller und Goethe. 3 Bde. Hrsg. von Siegfried Seidel. 1984.

Aus: Der Briefwechsel zwischen Schiller und Goethe. S. 299 f.

Heinrich Schipperges
Bei C.H. Beck erschienen: Gute Besserung. Ein Lesebuch über Gesundheit und Heilkunst. 1994; Die Kranken im Mittelalter. [3]1993; Hildegard von Bingen. 1995.

Aus: Hildegard von Bingen. S. 65–69.

Aus: Die Kranken im Mittelalter. S. 150–158.

August Wilhelm Schlegel (1767–1845)

Aus: Walther Killy (Hrsg.): Die Deutsche Literatur. Texte und Zeugnisse. Band 5: Hans-Egon Hass (Hrsg.): Sturm und Drang, Klassik, Romantik. 1966. S. 1803–1807.

Carl Schneider
Bei C.H. Beck erschienen: Geistesgeschichte der christlichen Antike. 1970; Die Welt des Hellenismus. Lebensformen in der spätgriechischen Antike. 1975.

Aus: Die Welt des Hellenismus. S. 109–112.

Aus: Geistesgeschichte der christlichen Antike. S. 214–243.

Betty Scholem (1866–1946)
Bei C.H. Beck erschienen: Betty Scholem, Gershom Scholem: Mutter und Sohn im Briefwechsel 1917–1946. Herausgegeben von Itta Shedletzky in Verbindung mit Thomas Sparr. 1989.

Aus: Mutter und Sohn im Briefwechsel. S. 107 f., 264 f., 295 f., 303–305, 336 f., 368–370, 390 f., 440.

Aus: Geistlicher Herzen Bavngart. Ein mitteldeutsches Buch religiöser Unterweisung aus dem Ausgsburger Franziskanerkreis des 13. Jahrhunderts. 1969 (Münchener Texte und Untersuchungen zur deutschen Literatur des Mittelalters. Bd. 24.). S. 188f.

Georg Rodolf Weckherlin (1584–1653)
Schönheit nicht währhaft 229
Aus: Eberhard Haufe (Hrsg.): Wir vergehn wie Rauch von starken Winden. Deutsche Gedichte des 17. Jahrhunderts. 1985. Band. 1, S. 93f.

Maria von Wedemeyer (1924–1977)
Bei C.H. Beck erschienen: Brautbriefe Zelle 92. Dietrich Bonhoeffer – Maria von Wedemeyer. Herausgegeben von Ruth-Alice von Bismarck und Ulrich Kabitz. 1995.
Brief an Dietrich Bonhoeffer im Gefängnis Tegel 184
Aus: Brautbriefe Zelle 92. S. 28–30.

Johannes Willms
Bei C.H. Beck erschienen: Paris. Hauptstadt Europas 1789–1914. 1988; Der 9. November. Fünf Essays zur deutschen Geschichte (Herausgeber). ^{2}1995.
Der Garten des Palais-Royal 123
Aus. Paris. Hauptstadt Europas 1789–1914. S. 17–19.

Naturphilosophie

Gernot Böhme (Hrsg.)
Klassiker der Naturphilosophie
Von den Vorsokratikern bis zur Kopenhagener Schule
1989. 458 Seiten mit 4 Abbildungen und 24 Porträtabbildungen. Leinen

Gernot Böhme/Hartmut Böhme
Feuer, Wasser, Erde, Luft
Eine Kulturgeschichte der Elemente
1996. Etwa 352 Seiten mit 47 Abbildungen. Leinen
Kulturgeschichte der Natur in Einzeldarstellungen

Karen Gloy
Das Verständnis der Natur
Band 1: Die Geschichte des wissenschaftlichen Denkens
1995. 354 Seiten. Leinen

Karen Gloy
Das Verständnis der Natur
Band 2: Die Geschichte des ganzheitlichen Denkens
1996. 274 Seiten. Leinen

Carolyn Merchant
Der Tod der Natur
Ökologie, Frauen und neuzeitliche Naturwissenschaft
Aus dem Amerikanischen von Holger Fliessbach
2., unveränderte Auflage.
1994. 323 Seiten mit 20 Abbildungen. Paperback
Beck'sche Reihe Band 1084